W0323309

aufbau taschenbuch

AUFBAU VERLAGSGRUPPE

WALTER-JÖRG LANGBEIN, 1954 geboren, hat evangelische Theologie studiert, bevor er freier Autor wurde. Er hat zahlreiche Sachbücher zu den Themen Religion und Bibel geschrieben.

Im Aufbau Taschenbuch Verlag erschienen von ihm: »Das Sakrileg und die heiligen Frauen« sowie »Lexikon der biblischen Irrtümer«. Im Verlag Rütten & Loening legte er mit »Die Geheimnisse der sieben Weltreligionen« einen umfassenden Blick auf die großen Glaubensbekenntnisse vor.

Maria Magdalena, ursprünglich als Hure diffamiert, erweist sich neben Jesus als die herausragende Figur des Christentums. Nach und nach werden die Quellen, zu denen nicht nur die biblischen Texte gehören, gesichtet und gedeutet. Erstaunliches tritt zutage: Maria Magdalena war nicht nur die Gefährtin Jesu – sie steht auch für das unterdrückte weibliche Element im Christentum und weist auf viel ältere, beinahe vergessene Religionen zurück.

Die Wahrheit über Maria Magdalena – eine Spurensuche der besonderen Art.

Walter-Jörg Langbein

Maria Magdalena

Die Wahrheit über die Geliebte Jesu

Aufbau Taschenbuch Verlag

ISBN-10: 3-7466-8146-4
ISBN-13: 978-3-7466-8146-7

1. Auflage 2006
© Aufbau Taschenbuch Verlag GmbH, Berlin 2006
Umschlaggestaltung Dagmar & Torsten Lemme
unter Verwendung eines Fotos von getty images
Druck und Binden GGP Media GmbH, Pößneck
Printed in Germany

www.aufbau-taschenbuch.de

in memoriam

Hans-Thomas Zahn

8.2.1949 – 8.3.2006

Inhaltsverzeichnis

Der Weg zur Kreuzigungsstätte wurde so für die Verurteilten zur demütigenden, unbeschreiblich schmerzhaften Tortur. Gewöhnlich in Gruppen, aneinander gefesselt, strauchelten sie ihrem qualvollen Tod entgegen – durch die belebtesten Straßen getrieben. Es gehörte zum Kalkül der Römer, die im Volk beliebten Rebellen als schwache Geschöpfe vorzuführen, ja lächerlich zu machen.

Maria Magdalena stand wie versteinert an der Stätte des Grauens. Auf dem alten Steinbruch von Golgatha ragten bereits drei Kreuzstämme empor. Jesus näherte sich wankend dem Ort seines Todes mit zwei Leidensgenossen. Henkersknechte trieben mit mächtigen Schlägen Nägel durch seine Handwurzeln ins Holz des Querbalkens. Dann hoben sie ihn hoch und befestigten den Querbalken am Kreuz. Auch diese Prozedur stellte für den Delinquenten eine unermeßliche Qual dar. Schließlich wurden Jesu Füße an den Kreuzstamm genagelt.

Hatten die Römer noch vor dem sterbenden Jesus Angst? Das jüdische Passahfest stand unmittelbar bevor. Befürchteten die diktatorischen Machthaber, Jesus könne im Tod einen blutigen Aufstand auslösen? Man rechnete mit mehr als einer Million Juden, die zur Passahfeier nach Jerusalem kommen würden. Die religiöse Massenveranstaltung war für die verhaßten Römer nicht ohne Brisanz! Erinnerten sich doch die frommen Juden in Dankbarkeit an Moses! Dank Gottes Hilfe – davon waren die Kinder Israels überzeugt – konnte Moses sein Volk aus der ägyptischen Sklaverei durch die Wüste ins Gelobte Land führen.

Wie würden die Massen auf Jesus am Kreuz reagieren? Immerhin hielten nicht wenige Israeliten Jesus für den sehnlich erwarteten Messias. Die Römer wollten kein Risiko eingehen.

Jesus mußte noch vor dem Passahfest am Kreuz sterben und begraben werden.

Jesu letzter schwerer Gang führte ihn vermutlich vom Hasmonäerpalast zum Xystus-Platz, über die sogenannte Königspromenade in die Oberstadt, weiter über die Marktstraße durch das Gennator und schließlich durch die herodianische Neustadt. Außerhalb der Stadtmauer, direkt an der Straße nach Caesarea, sollte er auf dem alten Steinbruch Golgatha am Kreuz sterben.

Menschen nahmen seinen Tod hin, die nur Tage zuvor andächtig seinen Worten gelauscht hatten. Wie ein Popstar unserer Tage war Jesus einst von Scharen von Anhängern bedrängt worden. So mußte er am See Genezareth der geradezu bedrohlichen Zahl von Anhängern fluchtartig ausweichen. Unzählige Menschen waren aus dem ganzen Land herbeigeströmt, um den Meister zu sehen und seine Worte zu hören. Jesu Ruf als Heiler muß gewaltig gewesen sein. Im Evangelium nach Matthäus heißt es (Kapitel 4, Verse 24 und 25): »Und die Kunde von ihm erscholl durch ganz Syrien. Und sie brachten zu ihm alle Kranken, mit mancherlei Leiden und Plagen behaftet, Besessene, Mondsüchtige und Gelähmte, und er machte sie gesund. Und es folgte ihm eine große Menge aus Galiläa, aus den zehn Städten, aus Jerusalem, aus Judäa und von jenseits des Jordans.«

Jesus wußte offenbar, was da auf ihn zukommen würde. Der Andrang konnte für ihn und seine Jünger gefährlich werden. So ordnete er eine Sicherheitsmaßnahme an (Evangelium nach Markus, Kapitel 3, Vers 9): »Und er sagte zu seinen Jüngern, sie sollten ihm ein kleines Boot bereithalten, damit die Menge ihn nicht bedränge.«

Von einem Fischerboot aus predigte er den unzähligen

Menschen, die bis ans Ufer heranrückten. Ähnlich tumultartig muß es zugegangen sein, als Jesus seinen Anhängern das Vaterunser beibrachte.

Manchmal kamen hilfesuchende Anhänger erst gar nicht an Jesus heran, so viele Menschen waren aus nah und fern erschienen. In Kapernaum versuchten einige Gläubige einen Gelähmten zu Jesus zu bringen. Sie fanden das Haus, in dem er predigte. Den Kranken aber konnten sie nicht vor Jesus tragen, so viele Menschen hatten sich vor dem Haus versammelt. Also schafften sie den Mann auf das Dach, deckten es zumindest teilweise ab und ließen ihn ins Haus hinab. Ausdrücklich wird in den Evangelien nach Markus (Kapitel 2, Vers 4) und nach Lukas (Kapitel 5, Vers 19) auf die große Volksmenge hingewiesen, die Jesus förmlich belagerte.

Der qualvolle Weg der Todeskandidaten zum Kreuz wurde von den Römern stets als grausames Spektakel zelebriert. Das Leiden der Verurteilten sollte abschrecken. Beliebter machten sich die Römer mit ihren drakonischen Strafen nicht. Sie glaubten aber, auf diese Weise potentielle Aufständische davon abhalten zu können, sich gegen die römische Vorherrschaft aufzulehnen. Ohne Zweifel zählte Jesus besonders viele Juden zu seinen Anhängern, die unter der römischen Fremdherrschaft litten.

Wie viele Menschen mögen das Leiden Jesu auf dem Weg nach Golgatha neugierig begafft haben? Wie viele mitleidlose Menschen mögen seinen letzten Gang verfolgt haben, die ihm nur wenige Tage zuvor bei seinem Einzug in Jerusalem einen begeisterten Empfang bereitet hatten? Wie viele Menschen, die ihm als Messias gehuldigt hatten, schrien nun haßerfüllt »Kreuzigt ihn!«?

Und wo waren Jesu Jünger, mit denen er Monate, vielleicht sogar einige Jahre durchs Land gezogen war? Als Jesus angsterfüllt im Garten Gethsemane wartete, wachten sie nicht, sondern schliefen ein. Und als Jesus von römischen Soldaten verhaftet und abgeführt wurde, ergriffen sie alle entsetzt die Flucht. Später sollte der Jünger Petrus seinen Herrn dreimal verleugnen. Ein Bekenntnis zu Jesus wäre allerdings auch lebensgefährlich für Petrus geworden. Wer sich als Rebell erhob, mit dem wurde kurzer Prozeß gemacht. Und wer sich als Anhänger eines Rebellen zu erkennen gab, mußte ebenfalls mit dem Tod am Kreuz rechnen. Aufruhr wurde als Hochverrat mit dem Tode bestraft. Verwandte von Hingerichteten, die offen ihre Trauer zeigten, mußten ebenfalls eine Anklage fürchten. An den Hinrichtungsstätten wurden – wie der Historiker Tacitus berichtet – zu Jesu Zeiten unter Kaiser Tiberius (14–37 n. Chr.) eigens Wachen aufgestellt, die beobachten mußten, ob jemand Zeichen der Trauer zeigte. Offenbar galt: Wer um einen Aufständischen weint, ist selbst einer! Außerdem hatten die Wachtposten noch eine andere Funktion, die der Historiker Petronius klar umreißt: Sie sollten verhindern, daß die Angehörigen »ihre« Toten vom Kreuz nahmen und nach jüdischem Ritus bestatten ließen.

Maria Magdalena stand wie versteinert am Ort des Schreckens nahe der Stadtmauer von Jerusalem. Ob sie schon an der Hinrichtungsstätte darauf gewartet hatte, daß Jesus unter furchtbaren Qualen an die Stätte seines Todes getrieben würde? Oder war Maria Magdalena Jesus durch die Straßen gefolgt, um ihm nahe zu sein? War sie in der Nähe, als Jesus von Pilatus verhört wurde? Stand sie dabei, als der gegeißelte Jesus dem Pöbel gezeigt wurde? Die biblischen Schriften geben darüber keinerlei Auskunft.

Jesus wurde auf einer kleinen Erhebung etwa vierzig Meter vor der Stadtmauer gekreuzigt. Mit ihm starben zwei weitere Männer, über die unsere Bibelübersetzungen keineswegs immer den korrekten historischen Sachverhalt wiedergeben. Oftmals sind die Berichte verfälscht worden. In den gängigen Übersetzungen liest man in den Evangelien nach Matthäus (Kapitel 27, Vers 38) und Markus (Kapitel 15, Vers 27) von zwei »Räubern«, die mit Jesus zusammen hingerichtet wurden.

Im griechischen Originaltext der Evangelien steht der Terminus »lästai«. Damit wurden jene Guerillas bezeichnet, die schon ein halbes Jahrhundert vor Christi Geburt den Römern herbe Verluste beibrachten. In Syrien setzten sie der römischen Obrigkeit so stark zu, daß sich Herodes genötigt sah, über Ägypten nach Rom zu fliehen. 40 v. Chr. wurde er auf Vorschlag des Antonius vom Senat zum »König der Juden« ernannt. Im Heiligen Land aber war er bei der Bevölkerung alles andere als willkommen.

Herodes selbst gefiel es bei den Juden überhaupt nicht. Im Heiligen Land setzten ihm die Guerillas wiederum vehement zu. Die »lästai« waren fundamentalistische Juden, die keine fremde Obrigkeit zu dulden bereit waren. Ihr Lebens- und Glaubensmotto hieß: »Kein Herr ist über uns als Gott!«

Die »lästai« waren religiös motivierte Widerstandskämpfer. Wenn sie in unseren Bibelübersetzungen als »Räuber« oder auch als »Mörder« bezeichnet werden, dann liest sich darin die herabwürdigende Sprache der römischen Obrigkeit. Der Begriff »Aufständische« wäre weniger verunglimpfend und träfe den historischen Sachverhalt genauer.

Jesus starb am Kreuz, zwischen zwei »lästai«. Wer mit solchen »lästai« sympathisierte, riskierte sein eigenes Leben. Ob

Frau, Mann oder Kind – jeder mußte damit rechnen, ebenfalls gekreuzigt zu werden, sobald er sich als trauernder Anhänger zeigte. Und genau das tat Maria Magdalena. Die verschworene Gemeinschaft um Jesus als wandernden Propheten und Hoffnungsträger der Juden schien es nicht mehr zu geben. Als Jesus in einer nächtlichen Aktion im Garten Gethsemane von römischen Soldaten verhaftet wurde, schliefen seine Jünger. Nur einer seiner Getreuen, mit denen Jesus jahrelang gelebt hatte, versuchte sich mit Waffengewalt den römischen Soldaten entgegenzustellen (Evangelium nach Matthäus, Kapitel 26, Vers 51): »Und siehe, einer von denen, die bei Jesus waren, streckte die Hand aus und zog sein Schwert und schlug nach dem Knecht des Hohenpriesters.« Auch in den Evangelien nach Markus (Kapitel 14, Vers 47) und Lukas (Kapitel 22, Vers 50) bleibt der einzige, der sich wirklich für Jesus einsetzt, anonym. Einzig das Evangelium nach Johannes benennt den Mann (Kapitel 18, Vers 10): »Simon Petrus aber hatte ein Schwert und zog es und schlug nach dem Knecht des Hohenpriesters und hieb ihm sein rechtes Ohr ab.«

Das Evangelium nach Johannes (Kapitel 18, Vers 10) indes verrät auch den Namen des »Knechts«. Er wurde »Malchus« genannt.

Vier einfache Soldaten und ein Offizier bewachten den kleinen Grabhügel von Golgatha, als Jesus und die beiden anderen »lästai« qualvoll starben. Das war relativ viel Aufwand von seiten der römischen Besatzungsmacht. Oft wurde nur ein einzelner Wachtposten aufgestellt. Fürchteten die Römer, Jesu Anhänger könnten versuchen, ihren Meister im letzten Moment zu retten? Hatten sie Angst davor, daß Jesus weit mehr Macht über seine Getreuen hatte, als den Römern recht sein konnte?

Die Kreuzigung war nicht nur als Hinrichtung, sondern auch als Tortur gedacht, die abschrecken sollte. Gerade bei Jesus, der doch so viele Menschen in seinen Bann gezogen hatte, wurde auf Abschreckung gesetzt. Aber haben die Römer Jesu Gefolgschaft als treuer eingeschätzt, als sie tatsächlich war?

War Jesus, der Hoffnungsträger so vieler Anhänger, allein, als er starb? Neugierige, die sein Leiden beobachteten, gab es gewiß zur Genüge. Unzählige Reisende, die unterwegs zur Provinzhauptstadt Caesarea waren, mußten nur wenige Meter von den Kreuzen auf Golgatha entfernt gehen. Also waren viele Menschen gezwungen, sich das blutige Schauspiel anzuschauen.

Wer jedoch trauerte offen um Jesus? Am unpräzisesten in seinen Angaben ist Lukas. In seinem Evangelium heißt es (Kapitel 23, Vers 49): »Es standen aber alle seine Bekannten von ferne, auch die Frauen, die ihm aus Galiläa nachgefolgt waren, und sie sahen das alles.«

Eigenartig: Wenn »alle Bekannten Jesu« anwesend waren, wieso nennt er dann nicht zumindest einen beim Namen? Kannte er sie nicht? Oder waren die Menschen, die Jesus so nahe zu stehen schienen, in Wahrheit gar nicht da? Wollte Lukas die Anwesenden, zu denen, wie er ausdrücklich erwähnt, auch Frauen gehörten, noch im nachhinein schützen? Aber zumindest die männlichen Anhänger hätte Lukas ruhig nennen können. Sie waren den Römern gewiß ohnehin bekannt.

Im übrigen: Lukas favorisiert Petrus als Nachfolger Jesu. In seinem Evangelium rückt er gezielt Petrus in den Fokus und schenkt den Frauen in der Umgebung Jesu wenig Beachtung. Besonders Maria Magdalena scheint er wenig Sympathie entgegenzubringen.

Die Evangelien nach Matthäus (Kapitel 27, Vers 55) und nach Markus (Kapitel 15, Vers 40) sprechen hingegen übereinstimmend von »Frauen, die von ferne zusahen«, belassen es aber nicht bei der Anonymität der Zeuginnen. An erster Stelle nennen beide Evangelisten ausdrücklich Maria Magdalena: »Unter ihnen war Maria von Magdala und Maria, die Mutter des Jakobus«.

Am genauesten in seiner Beschreibung ist wohl das Evangelium nach Johannes (Kapitel 19, Vers 25): »Es stand aber bei dem Kreuze Jesu seine Mutter und seiner Mutter Schwester, Maria, des Kleopas Frau, und Maria Magdalena.«

Das Johannes-Evangelium bietet eine Besonderheit. Anders als Matthäus, Markus und Lukas, die lediglich Frauen aus Jesu Umfeld in der Nähe des Kreuzes benennen, taucht bei Johannes wie aus dem Nichts auch ein Jünger auf (Kapitel 19, Verse 26 und 27): »Da nun Jesus seine Mutter sah und den Jünger dabeistehen, den er lieb hatte, spricht er zu seiner Mutter: ›Weib, siehe, das ist dein Sohn!‹ Danach spricht er zu dem Jünger: ›Siehe, das ist deine Mutter!‹«

Das nach Johannes benannte Evangelium nennt nicht den Namen dieses besonderen Jüngers. Es umschreibt, spricht lediglich von dem Jünger, den er – Jesus – »lieb hatte«. Wer aber soll jener namenlose Lieblingsjünger sein?

Von der Theologie wird eindeutig Johannes als Lieblingsjünger angesehen. Sofort entsteht vor dem geistigen Auge des Betrachters ein klares Bild: Der gekreuzigte Jesus wird von seiner Mutter und von seinem Lieblingsjünger Johannes besucht. Jesus gibt seiner Mutter Anweisung: »Weib, das ist dein Sohn!« Mit anderen Worten: Jesus schaut fürsorglich in die Zukunft und fordert seine Mutter dazu auf, Johannes als ihren

Sohn anzunehmen. Und der Lieblingsjünger Johannes soll Jesu Mutter als seine Mutter annehmen. Der Jünger Johannes soll gewissermaßen der Ersatz für Jesus werden.

An anderer Stelle taucht dieser Lieblingsjünger Jesu ebenfalls auf: beim sogenannten Heiligen Abendmahl. Nur im Evangelium nach Johannes – weder bei Matthäus, Markus noch Lukas – heißt es (Kapitel 13, Vers 23): »Es war aber einer unter seinen Jüngern, den Jesus lieb hatte, der lag bei Tisch an der Brust Jesu.« Wiederum lassen die meisten Theologen keinen Zweifel daran aufkommen, daß hier nur Johannes gemeint sein kann.

Warum aber fällt dieser Name weder bei der traurigen Szene mit Jesu Mutter zu Füßen des Kreuzes noch bei der Beschreibung des Heiligen Abendmahls? Wo finden wir Hinweise darauf, wer dieser ominöse Lieblingsjünger wirklich war? Gibt es überhaupt einen Jünger, den Jesus bevorzugte, den er mehr liebte als seine übrigen Anhänger?

Im Evangelium nach Johannes begegnet uns der namenlose Lieblingsjünger. Er soll – so heißt es (Kapitel 21, Vers 24) – das nach ihm benannte Evangelium verfaßt haben: »Dies ist der Jünger, der von diesen Dingen zeugt und dies geschrieben hat, und wir wissen, daß sein Zeugnis wahrhaftig ist.« Als Lieblingsjünger hat der anonyme Zeuge sehr viel erlebt, mehr, als er in Worte fassen kann (Vers 25): »Es sind auch viele andere Dinge, die Jesus getan hat. Wenn sie aber sollten eins nach dem andern geschrieben werden, achte ich, die Welt würde die Bücher nicht fassen, die zu schreiben wären.« Wer aber dieser Lieblingsjünger war, erfahren wir nicht aus dem Neuen Testament! Erst der Kirchenhistoriker Eusebius von Caesarea (etwa 260–340 n. Chr.) zitiert den Bischof Irenäus (ca. 130–200 n. Chr.), wonach ein

Jünger Jesu namens Johannes ein Evangelium verfaßt habe: »Danach gab Johannes, der Jünger des Herrn, der auch an seinem Busen ruhte, sein Evangelium heraus, als er sich in Ephesus in der Asia aufhielt.«

Mit anderen Worten: Die Gleichsetzung des Lieblingsjüngers mit Johannes geschah nicht zu Jesu Lebzeiten, nicht zu Lebzeiten seiner Jünger, sondern erst Generationen später!

Festzustehen scheint indes, daß es zwei Zeugen der Hinrichtung Jesu gab: Maria Magdalena und den Lieblingsjünger Jesu.

Nach Jesu Tod am Kreuz bat Josef von Arimathäa den römischen Statthalter Pilatus, den Leichnam des Hingerichteten abnehmen und bestatten zu dürfen. Pilatus erteilte die erbetene Genehmigung. Der Römer war ganz offensichtlich froh, daß der im Volk so beliebte Jesus tot war und die Juden nicht mehr zum Aufstand gegen die römische Vorherrschaft aufrufen konnte. Der Aufwiegler hatte seine Strafe erhalten. Nun sollte auch sein Leichnam so schnell wie möglich verschwinden, da das Passahfest unmittelbar bevorstand.

Josef von Arimathäa durfte also den toten Jesus vom Kreuz nehmen. Jesus wurde feierlich in (Evangelium nach Johannes, Kapitel 19, Vers 40) »Leinentüchern mit wohlriechenden Ölen, wie die Juden zu begraben pflegen« beigesetzt – in einem Felsengrab, vor dessen Eingang ein massiver Stein gewälzt wurde.

Am ausführlichsten schildert Johannes den Sachverhalt (Kapitel 19, Verse 41 und 42): »Es war aber an der Stätte (Golgatha), wo er gekreuzigt wurde, ein Garten und im Garten ein neues Grab, in das noch nie jemand gelegt worden war. Dahin legten sie Jesus wegen des Rüsttags der Juden, weil das Grab nahe war.«

Offensichtlich wollte Pilatus jeden Aufruhr verhindern. Nach mosaischem Gesetz durfte Jesu Leichnam am Sabbat nicht mehr am Kreuz hängen. Er mußte vielmehr schon vorher, also am Tag der Vorbereitung auf den Sabbat (»Rüsttag«), beigesetzt werden. Da traf es sich gut, daß sich das Felsengrab nicht weit entfernt vom Kreuzeshügel befand. Der Leichnam Jesu mußte nur von Golgatha zum Felsengrab gebracht werden, was wohl am Abend des »Rüsttags« in aller Stille geschah.

Josef von Arimathäa (Evangelium nach Markus, Kapitel 15, Vers 46) »kaufte ein Leintuch und nahm ihn (Jesus) ab und wickelte ihn in das Tuch und legte ihn in ein Grab, das war in einen Felsen gehauen«.

Pilatus wollte auf keinen Fall, daß ein Kult um den toten Jesus entstand, denn hatte dieser Jesus nicht verkündet, er werde drei Tage nach seinem Tode auferstehen und aus dem Totenreich in die Welt der Lebenden zurückkehren? Der römische Statthalter wußte nicht so recht, was er von den Anhängern Jesu zu erwarten hatte. Sie mußten entsetzt und erschüttert sein. Sie hatten gehofft, daß er als Messias wie ein zweiter Moses dem Volk der Juden die Freiheit bringen würde. Statt dessen war er von den Römern hingerichtet worden. Die verhaßten Heiden waren nicht, wie ersehnt, aus dem Land getrieben worden. Bestand nun die Gefahr, daß fanatische Anhänger Jesu ihren Messias aus dem Felsengrab stehlen würden, um so die prophezeite Auferstehung vorzutäuschen? Offensichtlich hielt Pilatus das für möglich. Ein massiver Stein vor Jesu Grab sollte jedoch ausreichen, um einen Diebstahl des toten Messias zu verhindern.

Maria Magdalena war offensichtlich trotz der Gefahren, die das bedeutete, die erste, die sich nach dem Feiertag auf den

Weg zum Grab Jesu machte. So jedenfalls bekunden es übereinstimmend die Evangelien nach Matthäus, Markus, Lukas und Johannes. In einigen Punkten aber unterscheiden sich die vier Evangelisten deutlich voneinander.

Im Evangelium nach Johannes (Kapitel 20, Vers 1) kam »am ersten Tag der Woche Maria Magdalena früh, als es noch finster war, zum Grab«. Demnach war Maria Magdalena allein am Grab.

Das Evangelium nach Matthäus sieht ebenfalls Maria Magdalena nach dem Passahfest am Grab, aber nicht allein. Vielmehr (Matthäus Kapitel 28, Vers 1) »kamen Maria von Magdala und die andere Maria, um nach dem Grab zu sehen«. Bei der »anderen Maria« handelte es sich wohl um Maria, die Mutter des Jakobus.

Markus listet ebenfalls Maria Magdalena und »Maria, die Mutter des Jakobus« auf, ergänzt aber um eine dritte Frau mit Namen Salome (Kapitel 1b, Vers 1).

Lukas schließlich nennt keine Zahl. Seinem Bericht nach machten sich mindestens fünf Frauen zum Grab Jesu auf (Kapitel 24, Vers 10): »Es waren aber Maria von Magdala und Johanna und Maria, des Jakobus Mutter, und die anderen mit ihnen.« Er führt demnach drei Frauen namentlich auf. Außerdem waren bei ihm noch »die anderen mit ihnen« dabei, also mindestens zwei weitere Frauen.

Bei allen vier Evangelisten ist Maria Magdalena am ersten Tag nach dem Passahfest am Grab Jesu. Am hohen Feiertag selbst war nach mosaischem Gesetz ein Marsch zur Grabstätte verboten. Am Tag danach aber war diese körperliche Anstrengung erlaubt.

Interessant ist, wie einmal mehr Lukas die Bedeutung Maria Magdalenas herunterspielt. Bei ihm wird aus der Hauptdarstellerin Maria Magdalena eine relativ unbedeutende Statistin, die in der Schar der Frauen schon fast untergeht. Es läßt sich also von Evangelium zu Evangelium eine schrittweise Zurückdrängung von Maria Magdalena nachweisen: Aus der einen mutigen Frau, die trotz höchster Gefahr zum Gekreuzigten steht, wird eine von vielen, die sich zu Jesus bekennt.

Nach Johannes fand Maria Magdalena am Tag nach dem Passahfest den Türstein zur Seite gerollt und die Grabstätte leer vor. Offensichtlich glaubte sie, der tote Jesus sei gestohlen worden (Kapitel 20, Vers 2).

Vermutlich verdächtigten sich damals Römer und Juden gegenseitig. Die Römer hatten befürchtet, die Anhänger Jesu könnten den Leichnam Jesu stehlen, um seine Auferstehung vorzutäuschen. Und die Jünger Jesu rechneten offenbar damit, daß die Römer den von ihnen Hingerichteten verschwinden lassen könnten, damit sich kein Kult um den geliebten Messias entwickeln konnte.

Nachdem Maria Magdalena ihre Beobachtung mitgeteilt hat, wurde sie von den Jüngern weder getröstet noch aufgeklärt. Dabei hatte doch Jesus selbst seine Auferstehung angekündigt. Hätten nicht Jesu getreue Jünger sein Verschwinden aus dem Grabe als Erfüllung eben dieser Prophezeiung verstehen können? Nun war sein Grab leer. War er also auferstanden? Dieser Gedanke kam offenbar weder Maria Magdalena noch den übrigen Jüngern.

Nach Johannes (Kapitel 20, Vers 2) berichtete Maria Magdalena entsetzt dem Petrus und »dem Jünger, welchen Jesus lieb hatte«: »Sie haben den Herrn weggenommen aus dem Grabe, und wir wissen nicht, wo sie ihn hingelegt haben.«

Petrus und der »andere Jünger« eilten sogleich zum Grab zurück. Auch sie fanden das Grab leer vor.

Maria Magdalena begegnete als erste dem auferstandenen Jesus. Der Messias zeigte sich nicht zuerst den Jüngern, sondern ihr. Die Jünger hatten das leere Grab gesehen – und gingen wieder heim. Folgt man dem Text, dann muß sich Jesus ganz in der Nähe aufgehalten haben. Er muß gesehen haben, daß man ihn suchte. Daß er sich zuerst Maria Magdalena zeigte, kann nur bedeuten, daß zwischen ihnen ein besonders enges Verhältnis bestand.

In ihrer großen Trauer aber erkannte Maria Magdalena den Auferstandenen nicht. Weinend beklagte sie sich bei Jesus (Evangelium nach Johannes, Kapitel 20, Vers 13): »Sie haben meinen Herrn weggenommen, und ich weiß nicht, wo sie ihn hingelegt haben.« Sie fragte sogar Jesus selbst, den sie für den »Gärtner« hielt (Vers 15): »Herr, hast du ihn weggetragen, so sage mir, wo hast du ihn hingelegt, so will ich ihn holen.« Erst als sie von ihm beim Namen angesprochen wurde, erkannte sie ihn und redete ihn vertrauensvoll mit »Rabbuni« an.

Sodann gab Jesus nicht den Jüngern, sondern Maria Magdalena einen Sendungsauftrag (Evangelium nach Johannes, Kapitel 20, Vers 17): »Gehe hin zu meinen Brüdern und sage ihnen: Ich fahre auf zu meinem Vater und zu euerem Vater, zu meinem Gott und zu euerem Gott.«

Erst aus dem Munde Maria Magdalenas sollten die Jünger die frohe Botschaft erfahren: »Ich habe den Herrn gesehen und solches hat er zu mir gesagt.«

Im Evangelium nach Johannes nimmt Maria Magdalena wieder eine ganz herausragende Position ein: Sie geht als erste und allein zum Grab Jesu. Sie ist die erste, der sich der Auferstandene zeigt. Auch die Evangelien nach Markus, Lukas und Matthäus gehen davon aus, daß Maria Magdalena so bald als möglich ans Grab Jesu eilte, aber nicht allein, sondern zusammen mit anderen Frauen. Der auferstandene Jesus zeigt sich aber – den drei anderen Evangelisten nach – weder Maria Magdalena noch den anderen Frauen.

Ihre Berichte sind zudem leicht widersprüchlich: Bei Matthäus ist es der »Engel des Herrn« (Kapitel 28, Verse 5 und 6), der die gute Kunde bringt: »Ich weiß, daß ihr Jesus, den Gekreuzigten, sucht. Er ist nicht hier, er ist auferstanden, wie er gesagt hat, kommt her und sehet die Stätte, wo er gelegen hat!«

Bei Markus (Kapitel 16, Vers 5) lesen wir fast wortgleich die Botschaft von Jesu Auferstehung. Allerdings wird nicht »der Engel des Herrn« als Vermittler angegeben, sondern »ein Jüngling«.

Nach Lukas wiederum (Kapitel 24, Verse 4–7) traten »zwei Männer mit glänzenden Kleidern« an die Frauen heran: »Was sucht ihr den Lebenden bei den Toten? Er ist nicht hier, er ist auferstanden. Gedenkt daran, wie er euch gesagt hat, als er noch in Galiläa war: Der Menschensohn muß überantwortet werden in die Hände der Sünder und gekreuzigt werden und am dritten Tage auferstehen!«

Der Ton der »zwei Männer« kann durchaus als fast barsch bezeichnet werden. Ein deutlicher Vorwurf schwingt mit: Was wundert ihr euch darüber, daß das Grab Jesu leer ist! Hat er doch selbst euch prophezeit, was geschehen würde ... daß er am dritten Tage auferstehen würde. Warum kamen euch Zweifel? Warum habt ihr den Worten eures Herrn nicht geglaubt?

Bei Lukas ist es auch nicht Maria Magdalena, der sich der

auferstandene Jesus als erstem Menschen zeigt, sondern Petrus. Der Evangelist entwirft ein etwas umständliches Szenario (Kapitel 24, Verse 13–31): Nach seiner Auferstehung begegnet Jesus den »Emmaus-Jüngern«. Die beiden, die zuvor nicht im Kreis der Anhänger Jesu aufgefallen sind, berichten aufgeregt und voller Trauer ihrem Herrn Jesus die Geschichte, die auch im Evangelium nach Johannes zu finden ist – allerdings in einer verfälschten Variante! Demnach seien nach der Bestattung des Messias »etliche Frauen« zum Grab Jesu gegangen und hätten es leer vorgefunden. Zwei Engel hätten sich, heißt es weiter, ihnen gezeigt und ihnen mitgeteilt, Jesus sei auferstanden. Die namenlosen Frauen hätten dann einige Jünger zum Grab geholt. Ihnen sei Jesus erschienen. Sie hätten ihn aber nicht erkannt. Erst als er wie gewohnt gepredigt habe, sei ihnen klar geworden, wen sie vor sich hatten: keinen anderen als den auferstandenen Gekreuzigten.

Explizit heißt es (Kapitel 24, Vers 34): »Der Herr ist wahrhaftig auferstanden und Simon (Petrus) erschienen.«

Damit nicht genug: Eine weitere Begegnung Jesu mit den männlichen Jüngern findet sich bei Lukas als krönender Abschluß seines Evangeliums (Kapitel 24, Vers 36): »Da sie (die Jünger) davon redeten, trat er selbst, Jesus, mitten unter sie und sprach zu ihnen: Friede sei mit euch!«

Die Schar der Jünger reagiert nun eigentlich unverständlich, ja unlogisch. Angeblich ist doch Jesus nach Lukas dem Jünger Petrus und seinen Kollegen bereits am leeren Grab begegnet. Die Jünger wissen damit also längst aus eigenem Erleben, daß Jesus auferstanden ist. Warum aber glauben sie jetzt, Jesus sei ein Geist? Wieso muß Jesus seine Jünger erst davon überzeugen, daß er es ist, der Gekreuzigte? Wieso halten sie ihn auch dann noch für einen Geist, als er ihnen die Kreuzigungswunden an Händen und Füßen zeigt?

Es gibt nur eine Erklärung für dieses Verhalten der Jünger: Die Fassung, wie sie im Evangelium nach Johannes beschrieben wird, entspricht der Wahrheit: Maria Magdalena ging als erste ans Grab Jesu und fand es leer vor. Jesus zeigte sich ihr – und nicht den Jüngern. Später tauchte der auferstandene Jesus bei seinen versammelten Jüngern auf, die zunächst schockiert sind und Jesus für einen Geist halten.

Diese Urfassung wurde jedoch manipuliert: Maria Magdalena darf zwar noch als eine Frau von mehreren ans leere Grab treten, doch Jesus zeigt sich nicht den Frauen, sondern Petrus. Lukas hat also die Geschichte zu ungunsten von Maria Magdalena verfälscht! Doch nicht nur das: Er erniedrigt Maria Magdalena und erhöht zugleich Petrus!

Lukas betreibt von Anfang an Propaganda für Petrus. Schon ganz zu Beginn seines öffentlichen Wirkens im Heiligen Land sammelt Jesus seine Jünger um sich. Bevor Jesus seinen Siegeszug antritt, sucht er sich getreue Jünger. In den Evangelien nach Markus (Kapitel 1, Vers 17) und Matthäus (Kapitel 4, Vers 19) verkündet Jesus, er werde die Jünger zu Menschenfischern machen. Im Evangelium nach Lukas (Kapitel 5, Vers 10) aber heißt es klipp und klar: »Und Jesus sprach zu Simon (Petrus): ›Fürchte dich nicht! Von nun an wirst du Menschen fangen!‹« Mit anderen Worten: Petrus wird bei Lukas von Anfang an in besonderem Maße hervorgehoben.

Daher ist es bei Lukas auch kein anderer als Petrus, der sofort die Göttlichkeit Jesu erkennt, während die anderen ahnungslos bleiben. Lediglich im Lukas-Evangelium (Kapitel 5, Vers 8) nimmt einer – Petrus – die Göttlichkeit Jesu wahr:

»Da das (den wundersamen Fischfang) Simon Petrus sah, fiel er Jesus zu Füßen und sprach: ›Herr, gehe von mir hinaus! Ich bin ein sündiger Mensch!‹«

Die Aussage mag in ihrer tieferen Bedeutung nicht gleich verständlich sein, sie ist aber eindeutig: Obwohl Jesus für Petrus ein völlig fremder, unbekannter Mensch ist, »weiß« er sofort, daß Jesus heilig, göttlich ist. Deshalb wirft er sich als Sünder vor ihm zu Boden.

Bei Lukas ist es nur Petrus, der den göttlichen Plan erkennt: Jesus muß als »Opferlamm« stellvertretend für die Sünden der Menschen am Kreuz sterben. Würde man Jesus retten und vor seinem grausamen Schicksal bewahren, wäre das zwar ein Zeichen für Mitleid mit Jesus – aber gegen den Plan Gottes.

Die drei Evangelisten Markus (Kapitel 8, Vers 31), Matthäus (Kapitel 16, Vers 21) und Lukas (Kapitel 9, Vers 22) schildern übereinstimmend, wie Jesus seine Jünger auf sein eigenes, trauriges Schicksal vorbereitet. Er werde als Menschensohn viel leiden, er werde verleumdet und getötet werden. Wie reagieren nun die Jünger auf diese Ankündigung? Im Evangelium nach Matthäus (Kapitel 16, Vers 22) erleben wir Petrus als mitleidvollen Menschen: »Und Petrus nahm ihn beiseite und fuhr ihn an und sprach: ›Gott bewahre dich, Herr! Das widerfahre dir nicht!‹« Jesus antwortet geradezu aggressiv. Für ihn ist Petrus nicht der fürsorgliche Freund, der ihm das Leben retten will. Jesus sieht in Petrus den Teufel, der den göttlichen Plan (Opfertod Jesu für die Menschen) vereiteln will. Matthäus läßt Jesus antworten (Vers 23): »Geh weg von mir, Satan! Du bist mir ein Ärgernis, denn du meinst nicht, was göttlich, sondern was menschlich ist.«

Wie bei Matthäus ist es auch bei Markus (Kapitel 8, Verse

32 und 33) Petrus, der sich widersetzt und Jesus davon abbringen will, sein Leben hinzugeben. Und wie im Evangelium nach Matthäus herrscht Jesus seinen Jünger auch nach Markus an: »Gehe weg von mir, Satan! Denn du meinst nicht, was göttlich, sondern was menschlich ist!«

Allein bei Lukas erkennt Petrus von Anfang an die Göttlichkeit Jesu und akzeptiert den göttlichen Plan vom Opfertod Jesu. Als Jesus von seinem kommenden großen Leid spricht, schweigt Petrus. Folglich bekommt Petrus im Evangelium nach Lukas nicht das berühmte »Weiche von mir, Satan!« zu hören. Sein Schweigen macht ihn vielmehr zum Wissenden und Eingeweihten.

Der Verfasser des nach Lukas benannten Evangeliums verdrängt ganz gezielt Maria Magdalena aus der Nähe des auferstandenen Jesus. Diese Verdrängung wurde noch in den Jahrhunderten nach Lukas konsequent fortgesetzt. Aus theologischen Gründen erfolgten Verfälschungen, die aber trotzdem manchmal die ursprüngliche Aussage noch bestätigen. Einem unbekannten Fälscher war die besondere Nähe von Maria Magdalena zu Jesus ein Dorn im Auge. Ganz so radikal wie Lukas wollte er indes nicht vorgehen, daher wagte er es nicht, das Gespräch zwischen dem auferstandenen Jesus und Maria Magdalena vollständig zu streichen. Offensichtlich ging er davon aus, daß dieser Dialog zwischen Maria und Jesus bereits zu bekannt war. Also machte er aus Maria Magdalena eine andere Maria, nämlich die Mutter Jesu. (Fragment 14/ Mario Erbetta: Vangeli, Gli Apocrifi del Nuovo Testamento, vol. 1/2, Turin 1981, S. 329).

Wenn wir uns die Szene als kurzes Bühnenstück vorstellen, dann übernimmt Maria, die Mutter Jesu, die Rolle der Maria

Magdalena. Der Text bleibt fast unverändert. »Sie sprach zu ihm: ›Rabbi, Lehrer, mein Herr, und mein Gott, und mein Sohn, du bist auferstanden!‹ Sie wollte ihn ergreifen und zur Begrüßung küssen. Aber er ließ sie innehalten und forderte von ihr: ›Meine Mutter, berühre mich nicht ... (Warte?) eine Weile, oh meine Mutter ... Schau genau meine Hände an und meine Füße!‹«

Einige Worte werden ergänzt, die unterstreichen sollen, daß Jesus sich wirklich der eigenen Mutter und nicht Maria Magdalena gezeigt hat: »O Maria, meine Mutter, wisse, daß ich es bin, den du genährt hast. Zweifle nicht daran, o meine Mutter, daß ich dein Sohn bin! ... Nun denn, meine Mutter, eile, berichte meinen Brüdern ... gemäß der Worte, die ich dir mitgeteilt habe ...«

Die gezielte Verwandlung im Text von Maria Magdalena in Maria, die Mutter Jesu, belegt: Die erste Begegnung mit einer Maria war so fest verwurzelt, daß sie nicht einfach vergessen werden konnte. Auch Theodoret von Kyros, ein berühmter Kirchenlehrer des fünften Jahrhunderts nach Christus, ließ klammheimlich Maria Magdalena verschwinden und ersetzte sie durch die Mutter Jesu.

Wir können heute kaum noch erahnen, in welchem Umfang die verschiedenen Texte der Evangelien in den Jahrhunderten nach Christi Geburt manipuliert wurden. Groß war die Konkurrenz des jungen Christentums mit heidnischen Religionen, denen vielfach eine sündhafte Lebensfreude nachgesagt wurde. Das junge Christentum hingegen grenzte sich von jeder Sinnenfreude ab und betonte die eigene Sittsamkeit. Sexualität wurde häufig verteufelt, wobei man gern Eva aus dem Paradies als die große Verführerin hinstellte. War nicht durch eben diese Eva die Sünde in die Welt gekommen? Die Phantasie ersetzte, worüber die Bibel schwieg.

Die Frau war die Verführerin schlechthin. Das Weib war die »Gehilfin« des Teufels. Die listige Teufelsschlange überredete Eva, vom verbotenen Baum der Erkenntnis zu essen. Und Adam leistete Eva auch keinen Widerstand und biß herzhaft in die Frucht. Nach dieser Sichtweise war es Eva, welche die Erbsünde begründete. Somit war sie auch am späteren Tod Jesu schuld, denn Jesus mußte am Kreuz sterben, weil die erste Frau vom Pfad der Tugend abgekommen war und gegen Gottes Gebot verstoßen hatte!

Wer ein derart negatives Frauenbild hat, der kann keine Frau in Jesu Nähe ertragen und der mag schon gar keine Frau in seiner Nähe wissen, die nach alter Tradition als Hure verstanden wurde! Jesus hatte keusch zu sein. Also mußte Maria Magdalena aus dem Umfeld Jesu verschwinden. Daher wurden Texte mit Absicht verfälscht und vermeintlich verfängliche Passagen verändert. Aus der engen, vielleicht sogar intimen Beziehung von Jesus und Maria Magdalena wurde eine löbliche Verbundenheit zwischen dem guten Sohn und seiner lieben Mutter.

2. Maria Magdalena schrieb das Evangelium nach Johannes

Eine der dramatischsten Szenen des Neuen Testaments ist das Letzte Abendmahl Jesu mit seinen Jüngern. Unter begeisterten Beifallsstürmen ist Jesus in Jerusalem eingezogen. Ganz offensichtlich hoffen viele Menschen, daß er sie von der Unterdrückung durch die römischen Besatzungstruppen befreien wird.

Doch auf den Triumph folgt alsbald die Verhaftung. Die Römer dulden keinen Widerstand! Ein letztes Mal hat Jesus seine Jünger um sich geschart, um das berühmte Letzte Abendmahl einzunehmen. Leonardo da Vinci (1452–1519) hat es zum Thema eines der wichtigsten und beeindruckendsten Gemälde der Kunstgeschichte gemacht. 1495 bis 1496 schuf er das gewaltige Bildnis – für den Speisesaal eines Klosters. Im Refektorium von Santa Maria delle Grazie von Mailand überstand das »Cenacolo« die Jahrhunderte, nicht weil, sondern obwohl es immer wieder »repariert« und »restauriert« wurde.

Im achtzehnten Jahrhundert wäre das »Abendmahl« fast zerstört worden, als man es in bester Absicht mit Öl förmlich übergoß. In der falschen Annahme, es handele sich bei dem Kunstwerk um ein Ölgemälde, glaubte man, mit heftigen Ölbädern die verblaßten Farben wieder auffrischen zu können. Immer wieder wurde dem Wandgemälde zugesetzt: mit speziellen Farbmischungen und Lacken, die aber eben jene Schäden noch vergrößerten, die eigentlich beseitigt werden sollten. Unumkehrbar ist eine Beschädigung des »Abendmahls«, die auf das Konto von Mönchen geht: Sie schlugen durch den mittleren unteren Teil des Bildes eine Tür und gruben einen Tunnel. Später wurde der Eingang wieder zugegipst, aber Jesu Beine waren und blieben zerstört.

Fast zwanzig Jahre lang benötigten Ende des vergangenen Jahrhunderts moderne Restaurateure, um die Verschlimmbesserungen ihrer Vorgänger nach und nach abzutragen. Erstes Ziel war es, das Original von Leonardo so weit wie möglich wieder erstehen zu lassen. Tatsächlich gelang es, bis auf die ursprüngliche Farbschicht vorzustoßen. Seit 1999 kann man wieder mehr als nur erahnen, was für ein geniales Kunstwerk Leonardo geschaffen hat. Die Experten nahmen bei der Restauration in Kauf, daß recht viele Leerstellen im Bild entstanden, aber sie wollten auf alle Fälle nachträgliche Übermalungen wieder entfernen, um so wahrheitsgetreu wie nur möglich dieses Meisterwerk zu restaurieren.

Schuld am steten Verfall war vermutlich Leonardo selbst. Da er mit äußerster Pedanterie ans Werk ging, mußte er eine besondere Maltechnik anwenden. Ähnlich wie bei der Tafelmalerei trug er die sorgsam gemischten Farben auf eine Spezialmixtur aus Öl und Tempera auf. Dank dieses Hintergrunds begann das »Abendmahl« schon abzubröckeln, nachdem es kaum vollendet worden war.

Gedacht war das Gemälde als großformatige Ausschmükkung eines Klosterraums, in dem gegessen und laut vorgelesenen religiösen Texten gelauscht wurde. Leonardo hätte es vor einem halben Jahrtausend wohl nicht für möglich gehalten, daß zu Beginn des dritten Jahrtausends sein Kunstwerk die Gemüter heftig bewegen würde.

1997 erschien »The Templar Revelation« von Lynn Picknett und Clive Prince. Jahre bevor Dan Browns Bestseller »Sakrileg« erschien, sprach das Autorenduo einen Gedanken aus, der eigentlich jedem Betrachter von Leonardos »Abendmahl« kommen muß. Im Zentrum des Bildes sitzt Jesus, zu seiner Rechten befindet sich eindeutig eine weibliche Person.

Dan Brown griff diese These in seinem Welterfolg »Sakrileg« auf. Sophie Neveu, Kryptologin der Pariser Polizei, schaute sich das Gemälde an. Zunächst erkannte sie nur, was sie wahrzunehmen erwartete. Man weiß doch, daß auf dem »Letzten Abendmahl« Jesus und seine zwölf Jünger dargestellt sind: »›Alles Männer‹, stellte sie fest. ›Tatsächlich?‹ sagte Teabing. ›Was halten Sie denn von dem Herrn auf dem Ehrenplatz zur Rechten Jesu?‹ Sophie betrachtete die Gestalt eingehend. Sie hatte weich fließendes, langes rotes Haar; die zarten Hände waren gefaltet, und sogar die Andeutung eines Busens war zu sehen. ›Das ist tatsächlich eine Frau!« rief Sophie aus. Teabing lachte. ›Leonardo war sehr geschickt im Herausarbeiten der Geschlechtsunterschiede!‹« (Dan Brown, Sakrileg, S. 333 f.)

Millionen Leser auf aller Welt kamen ins Grübeln: Da sitzt tatsächlich ein feminines Wesen zur Rechten Jesu. Doch manche Kritiker wollten auf keinen Fall gelten lassen, daß es sich um eine Frau handelt. Prof. Robert Baldwin, Experte für Kunstgeschichte, widerspricht ganz entschieden (Darrell L. Bock: Die Sakrileg-Verschwörung, S. 147): »Die Gestalt zur Rechten Christi ist nicht Maria Magdalena, sondern der Jünger Johannes; so ist es seit Leonardos Zeit immer verstanden worden.«

Es mag ja sein, daß man bereits »seit Leonardos Zeiten« die feminine Gestalt zur Rechten Jesu schon immer für den Jünger Johannes gehalten hat. Damit ist aber nicht bewiesen, daß Leonardo tatsächlich Johannes und Jesus auf seinem Bild nebeneinandersetzte.

Das »Abendmahl« von Leonardo da Vinci soll Jesus und seine Jünger zeigen, kurz bevor Jesus von Judas Ischariot verraten wurde. Was sagen die Evangelien zur Tischordnung beim legendären Gedächtnismahl? Nur im Evangelium nach Johannes findet sich ein hilfreicher Hinweis (Kapitel 13, Vers 23). »Es war aber einer unter seinen Jüngern, den Jesus liebhatte, der lag bei Tisch an der Brust Jesu.« Petrus forderte – folgt man dem Johannes-Evangelium – den Lieblingsjünger auf, Jesus doch zu fragen, welcher Jünger denn den Messias an die Römer verraten werde (Vers 25): »Da lehnte der sich an die Brust Jesu und fragte ihn: Herr, wer ist's?«

Offensichtlich meinte Petrus, daß Jesus seinem Lieblingsjünger am ehesten anvertrauen würde, welcher der zwölf ihren Herrn verraten würde. Und tatsächlich: Jesus weist auf Judas hin. Er fordert ihn auf (Vers 27): »Was du tun mußt, das tue bald!« Seltsamerweise verstehen die Jünger Jesus plötzlich nicht (Vers 28): »Aber niemand am Tisch wußte, wozu er ihm das sagte.«

Diese Szene soll Leonardo da Vinci vor Augen gehabt haben, als er sein berühmtes Bild malte: Der Lieblingsjünger schmiegt sich, wie im Evangelium nach Johannes beschrieben, an die Brust des Herrn. Allerdings bleibt der Jünger, »den Jesus liebhatte«, anonym. Nirgendwo im Neuen Testament steht geschrieben, daß sich Johannes so intim an Jesu Brust legte, und das »Abendmahl« zeigt auch nicht den Lieblingsjünger auf Tuchfühlung mit Jesus. Die Figur Teabing bringt es in Dan Browns »Sakrileg« auf den Punkt (S. 335): »Wenn man die Sache noch etwas weiter treiben will, werden Sie bemerken, daß Jesus und seine Braut an der Hüfte miteinander verbunden zu sein scheinen, wobei sie sich voneinander weglehnen.«

Objektiv betrachtet ist festzustellen:

- Leonardo da Vinci zeigt in seinem berühmte Gemälde Jesu Lieblingsjünger eben gerade nicht an der Brust des Herrn. Die Körperhaltung von Jesus und vom Lieblingsjünger ist eine ganz andere.
- Das Neue Testament benennt den Lieblingsjünger eben gerade nicht als Johannes. Er bleibt vielmehr namenlos. Man kann, ja muß den femininen Jünger bei Leonardo als Jesu Lieblingsjünger ansehen. Schließlich hat ihm Jesus den Ehrenplatz zu seiner Rechten zugewiesen. Die zentrale Frage aber bleibt offen: Wer ist es?
- Jesus und der Lieblingsjünger sind – Dan Brown weist darauf hin – bei Leonardo da Vinci als einander ergänzendes Paar gezeigt. Jesus trägt ein rotes Untergewand und einen blauen Mantel. Der feminine Jünger hat ein blaues Untergewand und einen roten Umhang an. Diese Darstellungsweise läßt auf ein besonders inniges Verhältnis zwischen Jesus und dem Lieblingsjünger schließen. Gelegentlich wird unter Theologen von einer homoerotischen Beziehung gemunkelt.

Machen wir uns auf die Suche nach Jesu Lieblingsjünger im Neuen Testament und beziehen dabei die »verbotenen Texte«, die apokryphen Schriften, mit ein. Denn die Texte des biblischen Kanon und jene, die nicht in die Bibel aufgenommen wurden, ergänzen einander manchmal in verblüffender Weise.

Was ist überhaupt der »Kanon«? Der Ausdruck geht auf das hebräische »qanä« zurück, was so viel wie Richtschnur, Regel und Norm bedeutet. Die frühe Kirche verstand darunter zweierlei: Die Bibel war Richtschnur für das menschliche Leben, und der Kanon regelte, welche Texte in die Bibel gehören und welche nicht. Damit erfolgte eine Wertung: Die einen Texte wurden als heilig angesehen, die anderen nicht.

Im Idealfall sichten Theologen sämtliche Schriften aus den Bereichen »Altes Israel« und »Botschaften von Jesus« und eruieren die Botschaften dieser Texte. Was sagen sie über Gott aus? Was verraten sie uns über Gottes Forderungen an die Menschen? Welche Informationen bieten sie uns über Jesus, sein Leben und seine Lehre? Was können wir über Jesu Leben lernen? Was wird über Jesus und sein Verhältnis zu Maria Magdalena ausgesagt?

Anders ausgedrückt: Der christliche Glaube wäre dann das Ergebnis der überlieferten Quellen. Glaubenslehren wären das Ergebnis von unvoreingenommener Auswertung aller zur Verfügung stehenden Quellen. In der Realität der Kirchengeschichte scheint es aber eine andere Vorgehensweise gegeben zu haben. Man suchte nach Bestätigung von Glaubenslehren, die einmal als »richtig« definiert worden waren. So kamen Texte, die den Glaubenslehren nicht entsprachen, nicht in den Kanon. Was als richtig zu gelten hatte, wurde bestätigt. Glaubenslehren wurden nicht hinterfragt.

Prof. Dr. Georg Fohrer, einer der großen theologischen Wissenschaftler des 20. Jahrhunderts, wertete die sogenannten apokryphen Schriften deutlich auf.

Schon im frühen Judentum gab es so etwas wie einen Kanon: Die Bibel, die Jesus las, deckte sich weitestgehend mit den Schriften unseres Alten Testaments. Doch während in der christlichen Theologie alles, was nicht in die Bibel aufgenommen wurde, häufig als minderwertig angesehen wurde, war das im Judentum anders. Manche Texte wurden zwar nicht im Gottesdienst benutzt, gehörten aber dennoch dem Kanon an. Andere Texte standen nicht im Kanon, wurden aber genauso hoch geschätzt. Man achtete sie als den Glauben unterstützende Literatur, auch wenn sie nicht in die jüdische Bibel aufgenommen wurden.

Prof. Fohrer schlug deshalb in seinem Standardwerk »Das Alte Testament« eine Umbenennung vor: »Treffender könnte man sie deuterokanonische Bücher nennen, die eine Art Anhang zum Kanon bilden.« (S. 10) Was nicht in den Kanon der Bibel aufgenommen wurde, wird dann als ein »zweiter Kanon« neben die altbekannte Bibel gestellt.

Für das Neue Testament gilt ähnliches: Fakt ist, wie Richard Sisson in seinem zweibändigen Werk über die wichtigsten Fragen zur Bibel »Answering Christianity's Most Puzzling Questions« festhält, daß es schon unmittelbar nach Jesu Tod unzählige Bücher gab, über die heftig diskutiert wurde. Es läßt sich nicht begründen, warum schließlich 27 Texte in das Neue Testament aufgenommen, unzählige andere aber ausgeschlossen wurden. Richard Sisson schreibt dazu: »Darüber wurde im vierten Jahrhundert von einer Gruppe von Kirchenführern abgestimmt. Die 66 Bücher, aus denen sich unsere geliebte Bibel zusammensetzt, wurde zur Heiligen Schrift erklärt bei einem Abstimmungsergebnis von 568 zu 563.«

Mit anderen Worten: Die Texte, die wir heute in der Bibel

vorfinden, stellen eine willkürlich getroffene Auswahl dar. Wenn wir uns über die zentralen religiösen Fragen der Bibel auseinandersetzen, dann müssen wir auch solche Texte berücksichtigen, die nicht in die Bibel aufgenommen wurden. Konkreter: Maria Magdalena wurde ganz offensichtlich aus der Bibel verdrängt. Wollen wir mehr über sie in Erfahrung bringen, dann müssen wir auch »verbotene Evangelien« befragen, die von den frühen Theologen abgelehnt wurden. Ähnliches gilt für die Suche nach dem Lieblingsjünger Jesu. Wer dessen Identität wirklich lüften möchte, ist auf die Hilfe von »verbotenen Evangelien« angewiesen.

Interessanterweise spielt Maria Magdalena ihre herausragende Rolle besonders im Evangelium nach Johannes. Und eben dieses Evangelium erwähnt immer wieder den Jünger, den Jesus liebte. Bei den anderen Evangelisten Markus, Matthäus und Lukas hingegen wird keiner der Jünger auf diese Weise hervorgehoben. Wie sind diese Unterschiede zu erklären? Gemeinhin ging man davon aus, daß in dem Evangelium, das am ältesten und daher Jesu Zeiten besonders nahe war, die wenigsten Irrtümer verzeichnet waren.

Martin Luther glaubte vor rund einem halben Jahrtausend noch, daß die vier bekannten Evangelisten ihre Texte selbst verfaßt hätten. So bezeichnete er die Kernstücke der Bibel als »Evangelium des heiligen Matthäus«, »Evangelium des heiligen Markus«, »Evangelium des heiligen Lukas« und »Evangelium des heiligen Johannes«. Von diesem Irrtum ist die moderne Theologie längst abgerückt. Auch in lutherischen Bibelausgaben unserer Tage lesen wir stets von »Evangelium nach ...« anstatt »Evangelium von ...«.

Als das älteste Evangelium gilt das nach Markus benannte.

Es soll um 70 nach Christus entstanden sein. Die heute verwendete Bezeichnung »Evangelium nach Markus« suggeriert, daß es als Vorlage einen Text hat, der von Markus selbst stammt. Dieses »Original« ist zwar nicht mehr vorhanden, diente aber als Ausgangsbasis für den heutigen Text »nach Markus«. Niemand weiß aber zu sagen, wer das »Evangelium nach Markus« geschrieben hat. Erst Mitte des zweiten nachchristlichen Jahrhunderts hat Papias, Bischof von Phrygien, den anonymen Text Markus zugewiesen, um ihm so mehr Authentizität zu verleihen.

Anonym verfaßt wurde auch das »Evangelium nach Matthäus«. Wiederum war es Bischof Papias, der erstmals von einer Verfasserschaft des Matthäus spricht. Vermutlich ist das Evangelium gar nicht das Werk eines einzelnen; vielmehr wurde es von mehreren Autoren zusammengestellt.

Auch das dritte kanonische Evangelium wurde willkürlich nach Lukas benannt. Im Text gibt es keinerlei Hinweis auf den Verfasser. Erst 180 n.Chr. schrieb Bischof Irenäus von Lyon den Text Lukas zu, wiederum um den Text glaubwürdiger erscheinen zu lassen. Lukas als Gehilfe des Paulus machte sich als angeblicher Autor eines Evangeliums gut.

Das vierte kanonische Evangelium wurde nach Johannes benannt. Dabei weist kein Hinweis im Text selbst Johannes als Verfasser aus. Im Gegensatz zu den anderen drei kanonischen Evangelien wird aber der Autor – allerdings in anonymer Form – genannt. Am Ende des Evangeliums heißt es, ein Jünger habe den Text geschrieben – jener Jünger, (Kapitel 21, Vers 20) »welchen Jesus liebhatte, der auch an seiner Brust beim Abendmahl gelegen hatte«.

Nach Überzeugung der wissenschaftlichen Theologie entstand es als letztes, vermutlich erst im späten zweiten nachchristlichen Jahrhundert. Damit kam als Verfasser auf keinen Fall ein Jünger Jesu oder ein Augenzeuge in Frage. Und damit war es, zumindest aus Sicht der Historiker, das unglaubwürdigste der vier Evangelien.

Schon 1847 meinte der Tübinger Theologe Ferdinand Christian Baur, eine späte Entstehungszeit des Evangeliums nach Johannes erkennen zu können, als die christliche Gemeinde schon längst aus Juden und Heiden bestand. Mit anderen Worten: Es wurde der »wissenschaftliche Nachweis« dafür erbracht, daß sich bereits eine christliche Gemeinde gebildet hatte, Generationen nach dem Tod Jesu.

Im Widerspruch zu dieser sehr späten Niederschrift des Johannes-Evangeliums steht aber – wie Michael Hesemann nachweist – die Präzision der Aussagen seines Verfassers. Michael Hesemann schreibt in »Die Jesus-Tafel« (S. 305): »Mehr als das spricht auch das eindeutige Jerusalemer Lokalkolorit für eine Entstehung vor der Zerstörung der Stadt im Jahre 70. Die große Präzision, mit der der Evangelist angibt, wo Jesus was gesagt und getan hat, läßt sich dadurch erklären, daß er selbst dabei war.«

Wann also entstand das Evangelium nach Johannes? Wurde es gegen Ende des zweiten nachchristlichen Jahrhunderts geschrieben oder bereits vor dem Jahr 70 n. Chr.?

Schon im Jahre 1920 hatte der Papyrusforscher Bernard P. Grenfell in Ägypten ein unscheinbares Papyrusfragment erworben. Fast wäre »P 52« – so wurde der Fund kurz und bündig benannt – in Vergessenheit geraten. Denn der Gelehrte legte den nicht einmal handgroßen Papyrusfetzen erst einmal beiseite. Andere, umfangreichere Papyri ließen auf wichtigere

Erkenntnisse hoffen. So kam es, daß Bernard P. Grenfell starb, bevor er erkennen konnte, was für ein kostbarer Schatz mit P 52 in seinen Besitz gelangt war. Jahre vergingen, bis sich sein Nachfolger C. H. Roberts im Jahre 1934 des Fragments annahm.

Es gelang Roberts rasch, den kurzen Text als Auszug aus dem Johannes-Evangelium zu identifizieren: Auf der Vorderseite stehen Bruchstücke von Kapitel 18, Verse 31 bis 33, auf der Rückseite von Versen 37 und 38. Der Gelehrte datierte die Schrift auf etwa 100 bis 125 n. Chr. Damit lag eine echte Sensation vor: Das älteste Fragment des Neuen Testaments war entdeckt worden. Manchem Theologen war es gar nicht so recht, daß der älteste Beleg für das Neue Testament ausgerechnet aus dem Johannes-Evangelium stammte, das offiziell als jüngstes angesehen wurde.

Was bedeutet der Fund für die aktuelle Entstehungszeit des Evangeliums? Man muß seine Datierung vollkommen revidieren. Offensichtlich war das Evangelium nach Johannes nicht lange nach den Ereignissen um Jesus aufgezeichnet worden. Viel spricht dafür, daß es schon zu Beginn des zweiten Jahrhunderts in Ägypten verbreitet war – und zwar bereits als doppelseitiges Papyrusbuch, als Codex. Man kann also annehmen, daß es das Johannes-Evangelium früher bereits als normalen, einseitig beschriebenen Papyrus gegeben hat. Und wie lange mochte es gedauert haben, bis es aus dem Heiligen Land nach Ägypten gelangt war? Somit verschiebt sich die Entstehungszeit vom frühen zweiten Jahrhundert weiter zurück in die Vergangenheit. Wieviel früher mag es tatsächlich geschrieben worden sein?

Prof. Dr. Oscar Paret schreibt dazu: »Für den Geschichts-

und Altertumsforscher ist der Fund dieses Blattes etwas ganz Unerhörtes. Das Johannes-Evangelium muß wirklich schon um das Jahr 100 geschrieben worden sein ... Damit gewinnt die Annahme, daß der Jünger des Herrn – und nicht irgendein anderer Johannes – das Evangelium geschrieben hat, an Sicherheit.«

Genauer müßte es heißen: Damit wird es wahrscheinlich, daß der Jünger, von dem es heißt, daß ihn Jesus liebte, das Johannes-Evangelium schrieb. Und dieser Lieblingsjünger war ein Augenzeuge und kein früher Theologe, der viele Generationen nach den Ereignissen um Jesus die Geschehnisse religiös interpretierte. Der Verfasser aus dem Umfeld Jesu schildert begeistert und schöpft aus der eigenen Erinnerung. Offenbar entspricht es den Tatsachen, wenn im Evangelium nach Johannes (Kapitel 19, Vers 35) geschrieben steht: »Und der das gesehen hat, der hat es bezeugt, und sein Zeugnis ist wahr, und er weiß, daß er die Wahrheit sagt, damit auch ihr glaubt.«

Wer aber war der Autor des Johannes-Evangeliums? Wer war der Jünger, von dem es heißt (Kapitel 21, Vers 24): »Dies ist der Jünger, der von diesen Dingen zeugt und dies geschrieben hat, und wir wissen, daß sein Zeugnis wahrhaftig ist.«?

Heute gehört das Evangelium nach Johannes als fester Bestandteil zum Kanon der christlichen Kirchen. Auch wenn man in religiösen Fragen oft unterschiedlicher Ansichten ist, so wird doch keine christliche Konfession an der Bedeutung der vier Evangelien nach Markus, Matthäus, Lukas und Johannes zweifeln. Das war aber nicht immer so.

Prof. Dr. Raymond E. Brown hat sich intensiv mit der Bedeutung des Evangeliums nach Johannes in der jungen christlichen Kirche beschäftigt. Er kommt zur Erkenntnis, daß das fälschlich nach dem Jünger Johannes benannte Evangelium in der ältesten Christenheit sehr umstritten war. Es hätte leicht geschehen können, daß dieses Evangelium nicht in den Kanon des Neuen Testaments aufgenommen worden wäre. Sein Text würde dann in wenig gelesenen Sammlungen von Pseudepigraphen – Bücher, die unter falschem Autorennamen laufen – sein Dasein fristen.

Der erste Kommentar zum Evangelium nach Johannes stammt nicht von einem rechtgläubigen Kirchenvater, sondern von einem Mann, der nach wie vor als Ketzer gilt: von Heracleon. Um 170 n. Chr. setzte sich der Gnostiker Heracleon mit dem Text auseinander. Kirchenvater Irenäus (135–202), Bischof von Lyon, versuchte zu beweisen, daß das Johannes-Evangelium sehr wohl orthodox gedeutet werden kann. Trotzdem blieb das Johannes-Evangelium frühen orthodoxen Theologen suspekt.

Ignatius von Antiochien (gestorben etwa 108 n. Chr.) nannte sich »Theophoros«, also »der Gott im Herzen trägt«. Er bekleidete jahrzehntelang das Bischofsamt und verwendete als erster den Ausdruck des »Christentums«. In seinen umfangreichen Schriften ging der Theologe auf das »echte« christliche Schrifttum ein – auf das Johannes-Evangelium bezieht er sich allerdings nicht. Polycarp von Smyrna kannte offenkundig das Evangelium nach Johannes, erwähnt es aber nicht in seinem geistlichen Werk.

Prof. Dr. Raymond E. Brown kommt als Spezialist auf dem Gebiet des Neuen Testaments zu einer merkwürdig anmutenden Erkenntnis: Während heute das Evangelium nach Johannes als rechtgläubiger Text anerkannt und zu den vier kanonischen Evangelien gerechnet wird, war das in der frühen christlichen Kirche anders. Da waren es in erster Linie Ketzer wie die Gnostiker, die das Johannes-Evangelium als fundamentales Werk des Glaubens angesehen haben. Die Vertreter der orthodoxen Glaubenslehre hingegen hatten offenbar Bedenken.

Warum mögen die frühen Gnostiker Gefallen am Evangelium nach Johannes gefunden haben? Offenbar erkannten sie eigene, also gnostische Lehrmeinungen in seinen Texten.

Anhänger der Gnosis strebten, wie es ihr Name schon sagt, nach Erkenntnis – was laut Bibel allerdings verboten war, weil man ein solches Bestreben für anmaßend und geradezu blasphemisch hielt. Pointiert formuliert: Es geht um Wissen, das den Ahnungslosen emporhebt und ihn näher zu Gott bringt. Eine solche Angleichung an Gott verbietet das Alte Testament ausdrücklich. Juden, Christen und Atheisten kennen die uralte Geschichte: Die »teuflische Schlange« verführte nach dem Ersten Buch Mose Eva, die erste Frau (Kapitel 3, Vers 4): »Da sprach die Schlange zum Weibe: ›Ihr werdet keineswegs des Todes sterben, sondern Gott weiß, an dem Tage, da ihr davon esset, werden eure Augen aufgetan, und ihr werdet sein wie Gott und wissen, was gut und böse ist.‹« Adam ließ sich nicht lange bitten und aß wie schon seine Frau vor ihm von der verbotenen Frucht.

Die Frau maßt sich also an, zu verbotener Erkenntnis zu gelangen. Sie verführt sogar Adam, gegen göttliches Verbot zu verstoßen. Sie reißt ihren Mann mit in den Abgrund – beim Bemühen, empor zu Gott zu steigen.

Nach gnostischer Lehre klafft ein gigantischer Abgrund zwischen Gott und den Menschen. Die Gnostiker glaubten nun, daß es möglich sei, eben diese Distanz zu überbrücken.

Mehr noch: Es wurde als die Lebensaufgabe des Menschen angesehen, das scheinbar Unmögliche zu versuchen. Und er durfte auf Hilfe hoffen!

Bildlich gesprochen: Vom schier unendlich hellen Licht Gottes sinken immer wieder einmal Geistesfunken herab zu den Menschen. Aus der rein geistigen Welt Gottes fallen dann und wann Funken herab in die irdisch-materielle Welt. Der Mensch kann nun durch die Wiedererweckung des göttlichen Elements mit Hilfe des Werkzeugs der Erkenntnis in seine ursprüngliche Heimat – ins Göttliche – zurückkehren.

Der Mensch kann demnach wieder zu Gott emporsteigen, bedarf aber des göttlichen Geschenks der Gnosis. Anders ausgedrückt: Der Mensch braucht das göttliche Geschenk, das ihm immer wieder geboten wird und das er nur erkennen und annehmen muß. Oder wie Dr. Jörg Sieger es ausdrückt: »Erkenntnis gewinnt man nur, wenn sie einem gegeben wird.«

Genau dieser theoretische Sachverhalt wird im Evangelium nach Johannes anschaulich dargestellt (Kapitel 20, Verse 1–17): Maria Magdalena macht sich auf und geht zum Felsengrab Jesu. Sie sucht also Erkenntnis, doch vergeblich: Das in den massiven Stein gehauene Grab ist leer. Maria, die nicht begreift, was geschehen ist, holt menschliche Hilfe herbei, doch auch die anderen Jünger – allen voran Petrus – stehen vor einem Rätsel (Kapitel 20, Vers 9): »Denn sie verstanden die Schrift noch nicht, daß er von den Toten auferstehen müßte.« Unwissend »gingen die Jünger wieder heim«.

Nun kommt die göttliche Hilfe: Jesus zeigt sich Maria Magdalena, nicht den männlichen Jüngern, und spricht sie an. Erst danach gewinnt Maria Magdalena Erkenntnis.

Die Geschichte von Eva, der Schlange und der verbotenen

Frucht und die Szene am Grab stehen einander konträr gegenüber. Im ersten Fall maßt sich Eva an, in den Besitz von höherer Erkenntnis zu gelangen. Dadurch würde sie »wie Gott« werden. Sie folgt den Verführungskünsten der satanischen Schlange, scheitert aber und wird von Gott bestraft. Im zweiten Fall strebt Maria Magdalena nach Erkenntnis – und ihr wird geholfen. Dank göttlicher Intervention findet sie, was sie sucht. Die Erhörung und Erhöhung Maria Magdalenas am Felsengrabe findet sich indes lediglich im Evangelium nach Johannes.

Sie muß den Gnostikern ganz besonders gut gefallen haben, entspricht sie doch urgnostischem Denken. Während Maria Magdalena nachweislich speziell von Lukas verdrängt wurde, stand sie bei den Gnostikern neben Jesus im Zentrum des Glaubens. Die Gnostiker schätzten Maria Magdalena, weil ihrer Überzeugung nach auch Jesus selbst Maria Magdalena in ganz besonderer Weise bevorzugte!

Im Dezember des Jahres 1945 waren einige ägyptische Bauern etwa elf Kilometer nordöstlich von Nag Hammadi am Fuß des Jabal-al-Tarif-Felshangs unterwegs. Sie suchten Dünger für ihre Felder. Zufällig stießen sie auf einen geheimnisvollen Fund: Unter einem Felsbrocken kam ein etwa ein Meter hoher Krug aus rötlichem Ton zum Vorschein. Was mochte er enthalten? Vielleicht einen kostbaren Schatz? Oder einen bösen Geist? Die Hoffnung auf Gold war größer als die Angst vor möglichen Gefahren, also zerschlug man den Krug und war höchst enttäuscht, als dreizehn in Leder gebundene Kodizes zum Vorschein kamen. Glücklichen Zufällen ist es zu verdanken, daß zwölf der antiken Kodizes erhalten blieben. Leider wurde Kodex XII zum Großteil als Schnürmaterial verwendet.

Zunächst wurden die kostbaren Dokumente unter mehreren Bauern verteilt. Weil man sie aber für wertlos hielt, wurden sie einem koptischen Priester anvertraut. Dessen Schwager zeigte sie in Kairo dem Arzt George Sobhi, der sich sofort an das Amt für Altertümer wandte. Eine Aufwandsentschädigung in Höhe von 300 Pfund wurde gezahlt, und die alten Texte gingen in den Besitz des ägyptischen Staates über. Im Koptischen Museum von Kairo fanden sie am 4. Oktober 1946 ein sicheres Zuhause.

Mancher Theologe hat sich inzwischen wohl gewünscht, die Kodizes wären gar nicht gefunden worden. Denn als die Texte aus dem Koptischen übersetzt wurden, stieß man auf einige unliebsame Informationen aus dem Leben Jesu. So heißt es im aufgefundenen Philippus-Evangelium (Wilhelm Schneemelcher: »Neutestamentliche Apokryphen«, Band I, S. 161): »Die Sophia ... ist die Mutter der Engel und die Gefährtin des Soter (Heilands/Erlösers). Der Soter liebte Maria Magdalena mehr als alle Jünger, und er küßte sie oftmals auf ihren Mund. Die übrigen Jünger gingen zu ihnen, um Forderungen zu stellen. Sie sagten zu ihm: ›Weswegen liebst du sie mehr als uns alle?‹«

Weltbekannt wurden diese Zeilen durch Dan Brown, der sie in seinem Weltbestseller »Sakrileg« zitierte. Da es an der Echtheit des Textes keinen Zweifel geben konnte, spielte man seine Bedeutung herunter. Derlei Aussagen seien für eine seriöse Jesusforschung belanglos, weil sie erst Jahrhunderte nach den Ereignissen im Heiligen Land formuliert worden seien. Typisch für die Ablehnung der unbequemen Textstelle durch Brown-Kritiker ist das bayerische »Sonntagsblatt« (Ausgabe vom 2.4.2006). Demnach stammt das Philippus-Evangelium angeblich aus dem vierten Jahrhundert. Als zeitnahes Dokument könnte man es dann wirklich nicht mehr bezeichnen.

In Wirklichkeit ist das Philippus-Evangelium aber wesentlich älter. Wilhelm Schneemelcher schreibt dazu: »Isenbergs Datierung auf die zweite Hälfte des dritten Jahrhunderts dürfte doch um ein knappes Jahrhundert zu spät liegen. Die ältere und viel geäußerte Ansicht, die das Philippus-Evangelium noch im zweiten Jahrhundert abgefaßt sein läßt, dürfte erheblich wahrscheinlicher sein.«

Wenn man den erotischen Aspekt der kurzen Passage einmal unberücksichtigt läßt, ergibt sich eine ganz konkrete Aussage: »Der Soter (der Messias) liebte Maria Magdalena mehr als alle Jünger.« Das Philippus-Evangelium benennt eindeutig und klar, was das Evangelium nach Johannes nur andeutet oder umschreibt: Der anonyme »Jünger, den Jesus liebte« bekommt einen Namen: Es ist Maria Magdalena! Jesu Lieblingsjünger war also kein Mann, sondern eine Frau. Diese Aussage ist wirklich höchst explosiv: Am Ende des Evangeliums nach Johannes heißt es, der Lieblingsjünger Jesu habe das vierte Evangelium verfaßt. Zieht man das Philippus-Evangelium hinzu, dann wird aus dem anonymen Verfasser Maria Magdalena.

Eine kühne, allzu kühne Behauptung?

Im gnostischen Thomas-Evangelium findet sich ein rätselhaft anmutendes Wort, das aber, insofern man Maria Magdalena und den Lieblingsjünger Jesu als eine Person erkennt, verständlich wird (Wort Nr. 114): »Simon Petrus sagte ihnen (zu den übrigen Jüngern): Maria möge von uns gehen. Denn die Frauen sind des Lebens nicht würdig. Jesus sagte: ›Seht; ich werde sie führen, um sie zum Mann zu machen ... Denn jede

Frau, die sich zum Mann machen wird, wird in das Königreich der Himmel eingehen.«

Wie brauchbar ist das Thomas-Evangelium als glaubhafte Quelle? Es handelt sich um eine Spruchsammlung. Die vier kanonischen Evangelien nach Markus, Matthäus, Lukas und Johannes bieten schon erzählende Jesusbiographien. Wichtige Jesusworte sind in erklärende Episoden eingearbeitet. Offenbar wurden überlieferte Jesusworte in Geschichten eingebettet, und die Geschichten wiederum wurden zu erzählten Lebensbeschreibungen zusammengefügt.

Das Thomas-Evangelium ist ohne Rahmenhandlungen vom Typus her älter, ursprünglicher. In seiner heute vorliegenden Form mag es erst im Syrien des zweiten Jahrhunderts entstanden sein. Das zusammengestellte Spruchmaterial aber könnte sogar bis ins erste Jahrhundert zurückreichen. Es wäre somit genausoalt wie die vier kanonischen Evangelien.

Was ist im Evangelium nach Johannes geschehen? Aus der Lieblingsjüngerin Maria Magdalena wurde der Lieblingsjünger Johannes. Nun zeigt sich, daß Brown allen Kritikern zum Trotz in einem wesentlichen Punkt sehr wohl Recht haben könnte! Ein angeblicher Fehler ist gar keiner! Leonardo da Vinci habe, so Dan Brown, in seinem weltberühmten Gemälde vom »Heiligen Abendmahl« auf den Ehrenplatz zur rechten Seite Jesu Maria Magdalena gesetzt. Darüber empörten sich Theologen. Browns These sei definitiv falsch. Auf dem Gemälde sei doch der Lieblingsjünger Jesu, Johannes, zu sehen und nicht Maria Magdalena! Die empörten Kritiker haben recht – und irren sich doch.

Leonardo zeigt in der Tat den Lieblingsjünger an der rechten Seite des Messias, doch es war nicht Johannes, sondern Maria Magdalena!

Ein weiteres Rätsel findet damit eine einfache, einleuchtende Erklärung!

Im Dörfchen Kirchbrak, in der Nähe von Bodenwerder an der Weser gelegen, gibt es ein weiteres Gemälde, das an Leonardos »Abenmahl« erinnert. Vor rund eintausend Jahren wurde die Kirche als letzter Zufluchtsort der kleinen Gemeinde geschaffen. Man konnte sich in der Kirche, die ursprünglich keine Fenster hatte, leicht verbarrikadieren. Wenn doch Feinde eindrangen, dann floh man in den Turm. Zugang bot nur eine sehr schmale Treppe, die von oben leicht zu verteidigen war.

Warum wurde das massive steinerne Gotteshaus vor einem Jahrtausend in damals doch eher unwegsamem Gelände gebaut? Sollte es just an der Stelle ein uraltes heidnisches Heiligtum gegeben haben? Christliche Kirchen wurden sehr oft auf vorchristlichen Kultplätzen errichtet, um auf diese Weise die alten Bräuche und Zeremonien zu verdrängen.

Im Laufe der vergangenen eintausend Jahre wurde die Kirche wiederholt umgebaut und umgestaltet. Sie erhielt Fenster und ein neues Gewölbe über dem Kirchenschiff. Da das Gotteshaus sehr klein ist, setzte man die Orgel auf hölzerne Pfosten. Eine wirkliche Besonderheit stellt aber das geheimnisvolle, bunt bemalte Schnitzwerk des Altars dar. Ein unbekannter Künstler schuf den Altar als eine Bibel in einfachen Bildern. Ganz unten sieht man ein Bild von Jesu Geburt im Stall von Bethlehem. Darüber nimmt eine geheimnisvolle Darstellung des Heiligen Abendmahls den meisten Platz ein.

Jesus sitzt – wie bei Leonardo – an einer langen Tafel. Um

ihn scharen sich nicht zwölf, sondern dreizehn Jünger. Zwei davon sind eindeutig Frauen. Jesus und die elf männlichen Jünger haben eindeutig prächtige Bärte, die zwei Frauen – vermutlich Maria Magdalena und Martha – sind bartlos. Dazu weist ein weiteres Merkmal auf das Geschlecht der dargestellten Personen hin. Jesus und die elf männlichen Jünger haben die Ärmel ihrer Gewänder hochgekrempelt, während die beiden Frauen ihre Arme züchtig bis zu den Händen bedeckt haben. Offensichtlich hätte man Frauen mit nackten Armen als zu unkeusch angesehen.

Über der ungewöhnlichen Wiedergabe des Abendmahls schließlich erkennt man eine Darstellung der Kreuzigung Jesu. An der Spitze des Altars schließlich triumphiert der auferstandene Jesus. Man kann den farbenprächtigen Altar von Kirchbrak wie ein Neues Testament betrachten und wie ein Buch lesen – von der Geburt Jesu bis zu seiner Auferstehung. Er illustriert seit Jahrhunderten die christliche Lehre von Jesu Geburt bis zu seiner Auferstehung.

Steht man in der Kirche von Kirchbrak, übersieht man leicht ein weiteres Geheimnis. Man muß schon sehr genau hinsehen, um dieses religionsgeschichtliche Kuriosum zu erkennen. Nur noch vom auferstandenen Jesus überragt, befindet sich hoch oben am Altar eine unscheinbare Vollplastik, die einen Engel darstellt. Für gewöhnlich reicht die Beleuchtung in der kleinen Kirche nicht aus, um die kleine Figur in allen Einzelheiten zu erfassen.

Gut auszumachen sind die beiden Flügel, die der Engel leicht ausgebreitet hat. Doch anders als bei den meisten frommen Engelsdarstellungen trägt der Engel von Kirchbrak kein Obergewand, er ist barbusig – und hat einen Bart. Ob man ihn so hoch oben am Altar angebracht hat, um konservative Kirchbesucher nicht zu brüskieren? Oder steckt mehr dahinter?

Die Homepage der Kirche von Kirchbrak (http://www.st.michael-kirchbrak.de) berichtet: »Das Rätsel um den Mann mit Busen. Am 14. Oktober 1998 entdeckten Handwerker bei Restaurierungsarbeiten am barocken Kanzelaltar der St. Michael-Kirche im oberen Teil des vielgliedrigen Aufsatzes eine barbusige Figur mit Schnurrbart. Was mag den Gestalter des Altars im 18. Jahrhundert zu solch einer Idee bewogen haben? Und welches Motiv steckt wohl dahinter? Eine plausible Erklärung für diese ›originelle Verwirrung‹ konnte man bis zum heutigen Tage nicht finden.«

Gibt es eine Beziehung zwischen dem barbusigen Engel mit Flügeln und Bart hoch oben am Altar und der Maria Magdalena im »Abendmahl von Kirchbrak«? Beginnen wir mit der Abendmahlsdarstellung: Da sehen wir, als Halbrelief geschnitzt, Maria Magdalena im Kreis der Jünger um Jesus. Hoch oben, über der Kreuzigungsszene, nur wenig unterhalb des Auferstandenen, machen wir den weiblichen Engel aus, der aber mit männlichen Attributen versehen wurde. Denken wir an die unverständlich erscheinende Aussage im Thomas-Evangelium: Da spricht Jesus davon, daß Maria Magdalena, so sie einmal »männlich gemacht« sei, in den Himmel gelangen könne. Genau das stellt der Engel von Kirchbrak dar: Eine Frau wurde »männlich gemacht«. Sie kann so in den Himmel aufsteigen: als Frau mit Brüsten ... und mit dem Bart eines Mannes.

Ähnliches geschah offenbar auch im Evangelium nach Johannes! Aus der weiblichen Lieblingsjüngerin Maria Magdalena wurde der männliche Jünger Johannes. Berücksichtigt man diesen Gedanken, dann wird mancher Text aus dem Evangelium nach Johannes verständlicher. Ja, es lösen sich Widersprüche und Unstimmigkeiten auf, die bei der flüchtigen Bibellektüre nicht unbedingt auffallen. Dabei finden sich Ungereimtheiten auch in Schlüsselszenen des Neuen Testaments.

Im Philippus-Evangelium wird Maria Magdalena offen als Lieblingsjüngerin bezeichnet. Im Neuen Testament wird verschämt angegeben, der Lieblingsjünger Jesu habe das Evangelium nach Johannes geschrieben. Maria Magdalena wird nicht als Autorin genannt. Warum nicht? Eine Frau als Autorin eines Evangeliums? Das wäre undenkbar gewesen für die patriarchalische Welt des Neuen Testaments. Klipp und klar heißt es im Epheserbrief (Kapitel 5, Verse 22–24): »Die Frauen seien untertan ihren Männern als dem Herrn. Denn der Mann ist des Weibes Haupt, gleichwie auch Christus das Haupt ist der Gemeinde, die er als seinen Leib erlöst. Aber wie nun die Gemeinde ist Christus untertan, so seien es auch die Frauen ihren Männern in allen Dingen.«

An der Hierarchie besteht kein Zweifel: Jesus steht der Gemeinde vor. Was er befiehlt, hat zu geschehen. Ihm unmittelbar untertan ist sein Geschlechtsgenosse, der Mann. Und dem wiederum unterstellt ist die Frau. Eine solche Rangordnung läßt eine Maria Magdalena als Verfasserin eines Evangeliums nicht zu. Biblische Bücher sind Richtschnüre für den Christen, Leitfäden, nach denen er sein Leben gestaltet. Nach dem Geist des Neuen Testaments kann so ein biblisches Buch nicht von einer Frau verfaßt worden sein. Frauen haben in dieser Welt keine Autorität.

Paulus macht das in seinem Brief an die Kolosser (Kapitel 3, Vers 18) deutlich: »Ihr Frauen, seid untertan eueren Männern, wie sich's gebührt in dem Herrn!« Wie könnte es da Maria Magdalena wagen, ihre Stimme zu erheben? Nicht mit klugen Worten sollen Frauen für den christlichen Glauben missionieren, sondern durch frommes Leben. Der erste Petrusbrief ist da sehr konkret (Kapitel 3, Vers 1): »Desgleichen sollt ihr Frauen euren Männern untertan sein, auf daß auch die, die nicht glauben an das Wort, durch Frauen ohne Wort gewonnen werden.«

In seinem ersten Brief an Timotheus verbietet Paulus ausdrücklich, daß sich eine Frau über den Mann stellt, indem sie unterrichtet (Kapitel 2, Vers 12): »Einer Frau gestatte ich nicht, daß sie lehre, auch daß sie sich über den Mann erhebe, sondern sie sei stille.« Als Begründung muß die Geschichte von Adam und Eva herhalten (Vers 13): »Denn Adam ist am ersten gemacht, danach Eva.« Eine Frau hat nicht zu sagen, wie man im christlichen Sinne leben muß (Vers 11): »Eine Frau lerne in der Stille mit aller Unterordnung.«

Männer waren es, die zu Jesu Zeiten in der Öffentlichkeit das große Wort führten. Dieses Bild von der schweigenden Frau wird in den Evangelien nach Markus, Matthäus und Lukas bestätigt.

Im Evangelium nach Markus wird lediglich vier Mal von sprechenden Frauen berichtet.

1. Eine Frau aus Kanaan bittet Jesus unterwürfig um Hilfe (Kapitel 7, Vers 28).
2. Eine Frau erkennt Petrus als Jünger Jesu, läßt sich nicht beirren (Kapitel 14, Verse 67 und 69).
3. Frauen reden vor dem Felsengrab miteinander. Wer mag den Stein weggerollt haben? (Kapitel 16, Vers 3).

Im Evangelium nach Matthäus kommen Frauen in vier Kapiteln zu Wort:

1. Die Tochter der Herodias fordert von Herodes das Haupt des Täufers Johannes (Kapitel 14, Vers 8).
2. Eine Frau aus Kanaan bittet Jesus um Hilfe, vergleicht Heiden mit Hunden (Kapitel 15, Verse 22 und 27).
3. In einem Gleichnis Jesu reden kluge und törichte Jungfrauen miteinander (Kapitel 25, Verse 8, 9 und 11).
4. Auch bei Matthäus erkennt eine Frau Petrus als Jünger Jesu und sagt das offen. Petrus bestreitet seine Anhängerschaft vehement (Kapitel 26, Verse 69 und 71).

Im Evangelium nach Lukas schließlich melden sich Frauen in sechs Kapiteln in mehreren Versen zu Wort (Kapitel 1, Vers 25, 34, 38, 42 bis 55, Vers 60 / Kapitel 2, Vers 48 / Kapitel 10, Vers 40 / Kapitel 11, Vers 27 / Kapitel 18, Vers 3 sowie Kapitel 22, Vers 56).

Es mutet auf den ersten Blick erstaunlich an, daß bei Lukas Frauen häufiger sprechen als bei Markus und Matthäus zusammen. Von öffentlichem Reden von Frauen kann aber im Evangelium nach Lukas kaum die Rede sein. Da führt Elisabeth ein Selbstgespräch (Kapitel 1, Vers 25). Da redet Maria im stillen Kämmerlein mit einem Engel (Kapitel 1, Verse 34 und 38). Da tuscheln Maria und Elisabeth miteinander (Kapitel 1, Verse 42 bis 55). Da rügt Mutter Maria ihren halbwüchsigen Sohn (Kapitel 2, Vers 48). Bleiben also eigentlich nur vier Fälle, in denen sich Frauen öffentlich zu Wort melden: Martha fordert Jesus auf, Maria Magdalena herbeizurufen. Maria Magdalena soll mit helfen (Kapitel 10, Vers 40). Eine Frau lobt laut Jesu Mutter (Kapitel 11, Vers 27): »Und es begab sich, da er (Jesus) solches redete, da erhob eine Frau im Volk die Stimme und sprach zu ihm: ›Selig ist der Leib, der dich getragen hat, und die Brüste, die du gesaugt hast.‹« In einem Gleichnis fordert eine Frau ihr Recht vor Gericht (Kapitel 18, Vers 3). Eine Frau erkennt nach Jesu Gefangennahme Petrus (Kapitel 22, Vers 56): »Da sah ihn (Petrus) eine Magd beim Feuer sitzen und sprach: ›Dieser war auch mit ihm.‹«

Das Evangelium nach Johannes fällt im Vergleich zu den drei Evangelien der Kollegen aus dem Rahmen. Nirgendwo sonst im Neuen Testament kommen Frauen so ausführlich zu Wort wie im Evangelium des Lieblingsjüngers und sprechen nicht nur häufiger, sondern auch ausführlicher, teilweise provokativer.

1. Mutter Maria beklagt sich über den zur Neige gehenden Wein (Kapitel 2, Vers 3).
2. Jesu Mutter Maria gibt Dienern einen Befehl (Kapitel 2, Vers 5).
3. Eine samaritische Frau spricht Jesus an, obwohl rechtgläubige Juden mit Samaritern nichts zu tun haben wollten. Es entwickelt sich einer der längsten Dialoge des Neuen Testaments, wobei sich die Samariterin als eine Frau erweist, die bei anfänglicher Bescheidenheit eine gleichberechtigte Gesprächspartnerin für Jesus ist (Kapitel 4, Verse 9, 11 und 12, Verse 15, 17, 19 und 20, Verse 25, 29 und 39). Ja mehr noch: Die Samariterin geht in die Öffentlichkeit und fordert die Menschen mit Nachdruck auf, zu Jesus zu gehen und ihm zuzuhören. Eine Frau ergreift die Initiative und tut mehr als die meisten Männer für Jesus.
4. Eine Frau muß Jesus ansprechen, deren Brüder nicht den Mut dazu aufbringen (Kapitel 11, Vers 3).
5. Martha redet gläubig, aber in gleicher Augenhöhe mit Jesus (Kapitel 11, Verse 21 und 22, 24 und 27).
6. Martha fordert ihre Schwester Maria Magdalena auf, zu Jesus zu gehen (Kapitel 11, Vers 28).

7. Maria Magdalena erreicht bei Jesus, daß er sich um ihren toten Bruder kümmert (Kapitel 11, Vers 32).
8. Martha wird Jesus gegenüber trotzig (Kapitel 11, Vers 39).
9. Eine Frau tritt Petrus entgegen und identifiziert ihn als Jünger Jesu, worauf Petrus Jesus verleugnet (Kapitel 18, Vers 17).
10. Maria Magdalena steht als mutige Frau, die sich nicht den Mund verbieten läßt, »ihren Mann« (Kapitel 20, Verse 2, 13, 15 und 16).

In den Evangelien nach Markus, Matthäus und Lukas entsprechen Frauen dem zeitgenössischen Ideal: Sie verhalten sich in der Regel still, schweigen gehorsam. Im Evangelium nach Johannes aber – verfaßt von Maria Magdalena – reden Frauen laut, widersprechen und lassen sich nicht so schnell zum Schweigen bringen.

Gleichwohl war es undenkbar, daß man offen kundtat, wer die wahre Verfasserin des Evangeliums nach Johannes war. Deshalb mußte jeder Hinweis auf die Autorschaft Maria Magdalenas aus dem Evangelium nach Johannes verschwinden und jeder Hinweis getilgt werden, der Maria Magdalena als Lieblingsjünger Jesu hätte verraten können. Um das Johannes-Evangelium aber wirklich verstehen zu können, muß man beim Lesen den Lieblingsjünger Jesu gedanklich als Maria Magdalena identifizieren.

Nach Jesu Verhaftung im Garten Gethsemane sind alle Jünger Jesu entsetzt geflohen. Aus Angst vor Nachstellungen durch die Römer haben sie sich offensichtlich versteckt. So sind es ausschließlich Frauen, die unter dem Kreuz Jesu stehen. Das Evangelium nach Johannes listet auf (Kapitel 19, Vers

25): »Es stand aber bei dem Kreuze Jesu seine Mutter und seiner Mutter Schwester, Maria, des Kleopas Frau, und Maria Magdalena.«

Im folgenden Vers wechselt die Perspektive. Nun wird das Geschehen aus dem Blickwinkel Jesu betrachtet (Vers 26): »Da nun Jesus seine Mutter sah und den Jünger dabeistehen, den er lieb hatte ...«

Jesus blickt vom Kreuz herab und sieht »seine Mutter und den Jünger«. Ein Mann befand sich nicht am Kreuz. Der Lieblingsjünger kann also nur eine Frau sein: Jesu Mutter Maria, deren Schwester, Kleopas Frau oder Maria Magdalena. Es gibt nirgendwo in den Evangelien einen Hinweis darauf, daß Jesu Mutter, deren Schwester oder des Kleopas Frau Jesus als »Jünger« gefolgt wären. Demnach kommt nur Maria Magdalena als Lieblingsjünger in Frage.

Jesus spricht nun »zu seiner Mutter: ›Weib, das ist dein Sohn!‹ Danach spricht er zu dem Jünger: ›Siehe, das ist deine Mutter.‹« Wen spricht Jesus an? Nach gängiger Theologenmeinung adressiert Jesus seine Mutter und vertraut ihr Johannes als »Sohn« an. Und zu Johannes sagt er, daß nun Jesu Mutter für ihn wie eine Mutter sein werde.

Aber woher soll plötzlich Johannes gekommen sein? Der Text macht doch ausdrücklich darauf aufmerksam, daß kein Mann zugegen war. Die Lösung ist einfach: Nur Maria Magdalena kann gemeint sein.

Jesus sagt: »Weib, das ist dein Sohn!« Damit meint er nicht den Lieblingsjünger, sondern sich selbst. Schau, Mutter, hier bin ich, dein Sohn. Ich sterbe am Kreuz! Zu Maria Magdalena gewendet: »Siehe, das ist deine Mutter!« Oder etwas ausführlicher umschrieben: Maria Magdalena, ich sterbe hier am

Kreuz! Du verlierst mich! Aber hier, Maria ist von nun an deine Mutter! Jesus erweist sich als sehr fürsorglich. Er wird sterben, doch die beiden Frauen, die ihm am nächsten stehen – seine Mutter und Maria Magdalena – werden füreinander da sein.

Ganz offensichtlich hat es eine innige Vertrautheit gegeben – zwischen Jesus, Jesu Mutter und Maria Magdalena.

Unstimmigkeiten gibt es auch bei der Grabszene, wie sie im Evangelium nach Johannes überliefert wird (Kapitel 20, Verse 1–18). Sie tauchten im Urtext von Maria Magdalena nicht auf, sondern erst in späteren Bearbeitungen. Der Originaltext wurde ergänzt und damit verfälscht: Zusätzlich zu Maria Magdalena ließ man noch den Lieblingsjünger Jesu auftreten. Auf diese Weise sollte erreicht werden, daß man Lieblingsjünger und Maria Magdalena für zwei unterschiedliche Personen halten mußte.

Wiederum muß man den Text gründlich studieren. Nach dem Feiertag kommt Maria Magdalena noch in der Nacht an das Felsengrab Jesu. Der Türstein ist weggerollt worden. Was mag vorgefallen sein? Ob Feinde Jesu sein Grab aufgebrochen haben? Sie schaut in die Gruft, entdeckt, daß sie leer ist, und kehrt um. Sie ist schockiert. Offensichtlich haben Feinde Jesu Leichnam gestohlen. Maria Magdalena wagt sich nicht in das Innere der Gruft. Entsetzt läuft sie zurück, zu Petrus und einem weiteren Jünger, der anonym bleibt: »zu dem andern Jünger, welchen Jesus lieb hatte« (Vers 2).

Wie soll das möglich sein? Maria Magdalena kann schwerlich zu Petrus eilen und dort auf sich selbst treffen. Weiter im Bibeltext: Eilig machen sich Petrus und der Lieblingsjünger zum Grab Jesu auf. Der Lieblingsjünger kommt vor Petrus am

Grab an. Petrus erreicht es als zweiter. Der Lieblingsjünger wartet offensichtlich am Eingang der Gruft. Erst Petrus geht in das Felsengrab hinein und findet es leer.

Danach betritt der »Jünger, den Jesus liebte« – also Maria Magdalena – Jesu Grab und »glaubte«? Woran oder was glaubte die engste Vertraute des Messias? Gemeint ist ganz offensichtlich Jesu Auferstehung von den Toten, die Jesus ja selbst seinen Jüngern prophezeit hat. Das leere Grab überzeugt Maria Magdalena endlich: Jesus ist von den Toten auferstanden.

Erneut widersprechen sich zwei unmittelbar aufeinander folgende Verse: Nach Vers 8 »sah und glaubte« der Lieblingsjünger. Nach Vers 9 war das Gegenteil der Fall: »Denn sie verstanden die Schrift noch nicht, daß er von den Toten auferstehen müßte. Da gingen die Jünger wieder heim.« Demnach verließen Petrus und der Lieblingsjünger die Begräbnisstätte und kehrten nach Hause zurück, weil ihnen nicht klar war, daß sich Jesu Ankündigung erfüllt hatte. Für diesen deutlichen Widerspruch gibt es nur eine Erklärung: Es muß nachträglich am Text gearbeitet worden sein!

Wieder fällt eine Textmanipulation auf, die man nur allzu leicht überliest: Petrus und Jesu Lieblingsjünger kehren von der Felsengruft nach Hause zurück. Vermutlich haben sie eine Unterkunft in Jerusalem. Ihre Bleibe muß sich in relativer Nähe zum Hügel von Golgatha befunden haben, denn Maria Magdalena rannte ja vom Grab zu den Jüngern.

Jedenfalls verlassen der Lieblingsjünger und Petrus die Szene wieder. Kaum sind die beiden verschwunden, wartet Maria Magdalena vor der Felsengruft, obwohl sie doch mit Petrus in die Stadt zurückgegangen ist. (Vers 11): »Maria

(Magdalena) aber stand vor dem Grabe und weinte draußen.« Oder anders ausgedrückt: Maria Magadalena verläßt zusammen mit Petrus den Ort des Geschehens – und bleibt gleichzeitig am Grab zurück. Ein Widerspruch, der sich aber auflösen läßt.

Jesus zeigt sich Maria Magdalena. Sie erkennt ihn zunächst nicht. Sie vermutet, er sei der Gärtner. Ja, sie unterstellt ihm sogar, den Leichnam von Rabbi Jesus aus der Felsengruft weggebracht zu haben. Erst als Jesus Maria Magdalena anspricht, weiß sie, wen sie vor sich hat.

In der jungen christlichen Kirche war wohlbekannt, daß Maria Magdalena als erste Jesu Grab aufsuchte. Daher konnten die Bearbeiter des Evangeliums sie zwar als Verfasserin streichen, wagten es aber nicht, sie vom Grab verschwinden zu lassen. Ebenso ersetzten sie nicht Maria Magdalena durch den Lieblingsjünger Jesu, denn dann hätten die kundigen Leser sofort gewußt, daß sich Maria Magdalena hinter diesem namenlosen Jünger verbarg. Schnell wäre Maria Magdalena damit als Verfasserin des Evangeliums erkannt worden.

Man sorgte indes mit voller Absicht für Verwirrung und fügte den Lieblingsjünger zusätzlich in die Geschichte ein. So wurde eine Identifizierung des Lieblingsjüngers als Maria Magdalena wesentlich erschwert. Denn Maria Magdalena und der Lieblingsjünger konnten schlecht dieselbe Person sein, wenn sie doch in einer Szene beide als handelnde Personen auftraten!

Man kann allerdings leicht zum unbearbeiteten Text zurückkommen, wie Maria Magdalena ihn vermutlich verfaßt hat. Man muß lediglich den nachträglich eingefügten Lieblingsjünger wieder streichen, und schon erhält man eine logische

Geschichte: Maria Magdalena macht sich als erste noch in der Nacht zum Grab Jesu auf. Sie entdeckt, daß der Verschlußstein zur Seite gerollt wurde. Der Leichnam Jesu ist nicht mehr da! In Panik eilt Maria Magdalena in die Stadt und holt Petrus. Etwas widerstrebend folgt er ihr. Maria Magdalena stürzt zum Grab zurück. Es ist leer. Auch Petrus sieht das leere Grab. Er versteht nicht, was vorgefallen ist. Schließlich macht sich Petrus auf den Rückweg. Jesus zeigt sich der weinenden Maria Magdalena. Erst nach und nach wird ihr klar: Jesus ist auferstanden!

Maria Magdalena verfaßte ein »Evangelium«, zu deutsch eine »frohe Botschaft«. Sie schrieb als Augenzeugin und verzichtete auf Ergänzungen. Wo Matthäus, Markus und Lukas ausschmücken, bleibt sie sachlicher. Matthäus. Markus und Lukas überhöhen manchmal Jesus. So schildern sie ihn gern als weisen Propheten, der die Zukunft vorhersehen konnte. So kündigte Jesus in den Evangelien nach Matthäus (Kapitel 24, Verse 1 und 2), nach Markus (Kapitel 13, Verse 1 und 2) und nach Lukas (Kapitel 21, Verse 5 und 6) die Zerstörung des Tempels von Jerusalem an.

Bei Markus lesen wir: »Und als er (Jesus) aus dem Tempel ging, sprach zu ihm einer seiner Jünger: ›Meister, siehe, was für Steine und was für Bauten!‹ Und Jesus sprach zu ihm: ›Siehst du diese großen Bauten? Nicht ein Stein wird auf dem anderen bleiben, der nicht zerbrochen werde.‹«

Im Evangelium nach Johannes fehlt die angebliche Prophezeiung. Warum? Tatsächlich wurde der Tempel, das zentrale Heiligtum des jüdischen Glaubens in Jerusalem, im Jahre 70 n. Chr. von den Römern zerstört. Hat Jesus wirklich diesen barbarischen Akt vorhergesehen? Oder läßt sich die Präzision der vermeintlichen Vorhersage anders erklären? Wurde die prophetische Passage erst später, also nach der Zerstörung des Tempels, in die Evangelien nach Markus, Matthäus und Lukas eingefügt?

In den Evangelien nach Matthäus (Kapitel 26, Vers 60) und Markus (Kapitel 14, Vers 56) wird gar behauptet, falsche Zeugen hätten Jesu Prophezeiung in eine Drohung verwandelt. Voller Haß wurde Jesus vorgeworfen, er habe gesagt (zitiert nach Markus): »Ich will diesen Tempel, der mit Händen gemacht ist, abbrechen und in drei Tagen einen anderen bauen, der nicht mit Händen gemacht ist.«

Warum findet sich Jesu Prophezeiung von der Zerstörung des Tempels nicht im Evangelium nach Johannes? Weil der Text von Maria Magdalena vor dem Jahr 70 n.Chr. aufgeschrieben wurde? Oder fehlt der Passus, weil Maria Magdalena als Augenzeugin wußte, daß Jesus nie so etwas behauptet hat? Fühlte sie sich der Wahrheit mehr verpflichtet als der Propaganda für Jesus?

Es fällt auf, daß das Evangelium nach Johannes ein sachlicheres, menschlicheres Bild von Jesus zeichnet. Wo Matthäus, Markus und Lukas oft übereinstimmend in den Schilderungen angeblicher Wundertaten Jesu schwelgen, schweigt das Evangelium nach Johannes. Die »Heilung des Aussätzigen« findet sich bei Matthäus (Kapitel 8, Verse 1–4): »Als er (Jesus) aber vom Berge herabging, folgte ihm viel Volk nach. Und siehe, ein Aussätziger kam und fiel vor ihm nieder und sprach: ›Herr, so du willst, kannst du mich wohl reinigen.‹ Und Jesus streckte seine Hand aus, rührte ihn an und sprach: ›Ich will's tun; sei gereinigt!‹ Und alsbald ward er von seinem Aussatz rein.«

Auch bei Markus (Kapitel 1, Verse 40–45) und bei Lukas (Kapitel 5, Verse 12–16) wird eben dieses Wunder beschrieben. Das Evangelium nach Johannes kennt dieses Wunder indes nicht. Wer sagt nun die Wahrheit: Maria Magdalena oder Markus, Matthäus und Lukas? Die drei Männer vermelden übereinstimmend etwas Kurioses: Jesus verbietet dem geheilten Mann ausdrücklich, über das Wunder zu sprechen, das an ihm vollzogen wurde. Warum?

Eine Vermutung liegt nahe: Es hat das Wunder nie gegeben. Markus, Matthäus und Lukas bieten eine fromme Fiktion, um Jesus als Wundertäter zu preisen. Maria Magdalena verzichtet darauf, weil sie sich der Wahrheit verpflichtet fühlt. Vielleicht sah sie eine Überhöhung Jesu letztlich als Beleidigung für Jesus an. Nur einen kleinen Menschen muß man in der Phantasie größer machen.

Matthäus (Kapitel 8, Verse 14 und 15), Markus (Kapitel 1, Verse 29–31) und Lukas (Kapitel 4, Verse 38 und 39) vermelden übereinstimmend »die Heilung der Schwiegermutter des Petrus«. Lukas benötigt nur zwei Verse für das geheimnisvolle Geschehen: »Und er machte sich auf aus der Synagoge und kam in Simons Haus. Und Simons Schwiegermutter lag in hohem Fieber. Und sie baten ihn für sie. Und er neigte sich zu ihr und gebot dem Fieber, und es verließ sie. Und alsbald stand sie auf und diente ihnen.«

Die drei männlichen Evangelisten schildern Jesus als Gebieter über die Krankheit, das Johannes-Evangelium weiß nichts von der angeblichen Wundertat.

Im Evangelium nach Matthäus wird die »Heilung zweier Blinder« gleich doppelt erzählt (Kapitel 9, Verse 27–31 und Kapitel 20, Verse 29–34). Jesus und seine Jünger verlassen gerade Jericho, da bitten zwei Blinde am Wegesrand Jesus um Heilung. In ihrer Verzweiflung schreien sie, und Jesus gibt ihnen das Augenlicht wieder. Auch die Evangelien nach Markus (Kapitel 10, Verse 46–52) und Lukas (Kapitel 18, Verse 35–43) vermelden die wundersame Heilung von Jericho. Allerdings wird die Leistung Jesu etwas bescheidener dargestellt. Lediglich ein einzelner bettelnder Blinder erkennt die geradezu magischen Kräfte Jesu: »Du Sohn Davids, erbarme dich meiner!« Jesus hilft dem Mann. Markus kennt sogar seinen Namen: »Bartimäus, Sohn des Timäus«.

Das Evangelium nach Johannes weiß nichts von den denkwürdigen Ereignissen von Jericho. Dabei sind sich die drei anderen Evangelisten doch einig darin, daß das Wunder nicht etwa in menschenleerer Einöde geschah. Vielmehr folgte ihnen zufolge »eine große Menge«. Zeugen hätte es eigentlich in Hülle und Fülle gegeben haben müssen. Aber warum können sich die Evangelisten Matthäus, Markus und Lukas nicht darüber einigen, ob denn nun zwei Bettler auf wundersame Weise geheilt wurden oder einer? Dieser eklatante Widerspruch läßt erhebliche Zweifel an der Geschichte des Wunders aufkommen.

Bei Matthäus, Markus und Lukas gehorchen sogar die Naturgewalten Jesus. Wo die Menschen vor Angst bebend um ihr Leben bangen, schläft Jesus friedlich. Dabei ging es doch ums nackte Überleben. Bei Matthäus (Kapitel 8, Verse 23 und 24) heißt es: »Und er (Jesus) stieg in das Boot und seine Jünger folgten ihm. Und siehe, da erhob sich ein gewaltiger Sturm auf dem See, so daß auch das Boot von Wellen zugedeckt wurde.« Jesus aber (Evangelium nach Markus, Kapitel 4, Vers 38) »war hinten im Boot und schlief auf einem Kissen. Und sie (die Jünger) weckten ihn auf und sprachen zu ihm: ›Meister, fragst du nicht danach, daß wir umkommen?‹«

Die Jünger werfen also Jesus vor, daß ihm ihre Not gleichgültig sei. Jesus aber behält die Ruhe. In völliger Übereinstimmung mit Matthäus und Markus schildert Lukas Jesus als Mann mit überirdischen Kräften (Kapitel 8, Vers 24): »Da stand er auf und bedrohte den Wind und die Wogen des Wassers und sie legten sich und es entstand eine Stille.«

Das Evangelium nach Johannes weiß wieder nichts von Jesu siegreichem Kampf gegen den Sturm. Offenbar fühlte sich Maria Magdalena einmal mehr der historischen Realität verpflichtet.

Vergessen sollte man indes in diesem Zusammenhang nicht, daß in den ersten Jahrhunderten nach der Zeitenwende zahlreiche Götter um die Gunst der Gläubigen buhlten. In der Apostelgeschichte (Kapitel 8, Vers 9) wird von einem »Konkurrenten« Jesu gesprochen, der allerdings aus Sicht der Christen kein guter Wundertäter, sondern ein böser Magier war: »Nun befand sich in der Stadt ein gewisser Mann namens Simon, der vor diesem magische Künste getrieben und das Volk von Samaria in Staunen versetzt hatte, indem er sagte, er selbst sei ein Großer. Und sie alle, vom Geringsten bis zum Größten, gaben acht auf ihn und sagten: ›Dieser Mann ist die Kraft Gottes, die man die Große nennen kann.‹«

Die neue Religion des Christentums mußte sich in ihren Anfängen nicht nur gegen Juden- und Heidentum durchsetzen, sondern auch gegen andere Religionsgemeinschaften, die sehr viele Anhänger fanden. Mysterienkulte entstanden um Gestalten mit wundersamen Eigenschaften. Oftmals gab es sogar durchaus Ähnlichkeiten: Im Zentrum der eulisinischen

Mysterien etwa stand das »göttliche Kind«, so wie im Christentum der göttliche Jesusknabe verehrt wird. Allenthalben blühten fremde Kulte: Dionysos, jüngster Sproß der griechischen Göttergroßfamilie, wurde besonders von Frauen verehrt. Im Attiskult lebte die Verehrung der mystischen Muttergottheit weiter. Die Verehrung der Gottesmutter Maria ließ manchen Attis-Anhänger zum Christen werden. Mithras und Jesus ähneln einander: Beide wurden von einem Vatergott dazu bestimmt, die Welt vor dem Untergang zu bewahren. Auch Mithras rettete nach Ansicht seiner Anhänger die Welt und bewirkte viele Wunder auf Erden. Jesus als Sohn der Jungfrau Maria erinnerte die Menschen der frühen Christenheit immer noch an die Göttin Isis und ihren Sohn Osiris. Auch Helios-Aion der Gottessohn wurde angeblich von einer unberührten Frau geboren.

So sahen es frühe Verfechter des Christentums als ihre Pflicht an, Jesus so zu schildern, daß er mächtiger erschien als seine Konkurrenten. Er mußte größere Wunder vollbringen und größere Wirkung auf die Menschen erzielen. Es ging schlichtweg um Propaganda: Wer macht für seinen Gott die bessere Werbung? Zu welchem Glauben fühlen die Menschen sich mehr hingezogen?

Es ist augenfällig: Die Evangelien nach Matthäus, Markus und Lukas schwelgen geradezu in Schilderungen von wundersamen Taten, über die sich das Johannes-Evangelium ausschweigt. Es ist daher an der Zeit, daß die Datierung der vier Evangelien überdacht wird. Nach wie vor gilt das Johannes-Evangelium als das jüngste. Es mag ja sein, daß es in seiner jetzigen Form das neueste Evangelium ist. Seine Urfassung aber entstand früher, vor der ersten Zerstörung des Tempels von Jerusalem, und die Verfasserin hieß Maria Magdalena.

3. Maria Magdalena, Jesus und die Heilige Hochzeit

In knappen Worten schildern die Evangelien nach Matthäus (Kapitel 26, Verse 6–13) und Markus (Kapitel 14, Verse 3 bis 9) übereinstimmend von einer Begebenheit, die sich so nicht ereignet haben kann. Einleitend erklären die beiden: »Als nun Jesus in Bethanien war im Hause Simons, des Aussätzigen ...«

Ein Aussätziger aber kann nie und nimmer in einer Stadt oder einem Dorf gewohnt haben. Das war nach dem damals gültigen Gesetz streng verboten (Das dritte Buch Mose, Kapitel 13, Vers 46): »Allein soll er (der Aussätzige) wohnen, außerhalb des Lagers soll seine Wohnung sein.« Der wahre Sachverhalt ist rasch aufgeklärt: Simon war kein Aussätziger, sondern ein essenischer Gelehrter. Der Historiker Josephus Flavius erwähnt ihn in seinen Aufzeichnungen, in der griechischen Fassung seines »Jüdischen Krieges«. Da wird er »Simon, der zu den Essenern gehörte« genannt.

Wie jedoch wurde Simon der Essener zum aussätzigen Simon? Simon der Essener heißt im Hebräischen »Schim'on ha Zanua«. Simon der Aussätzige klingt im Hebräischen zum Verwechseln ähnlich: »Schim'on ha Zarua«. Beide Begriffe unterscheiden sich im Hebräischen nur in einem einzigen Buchstaben. Ein unachtsamer Kopist könnte also leicht unabsichtlich aus dem »Essener« einen »Aussätzigen« gemacht haben.

Liegt also »nur« ein harmloser Schreibfehler vor? Oder war die Verwandlung vielmehr gewollt?

Nach Matthäus und Markus saß Jesus zu Tisch, als sich »eine Frau« näherte. Wer diese Frau war, erfahren wir nicht. Gemeint ist aber wohl Maria Magdalena. Sie war Matthäus und Markus bestens bekannt, doch die beiden Evangelisten nennen ihren Namen nicht. Auch bei Lukas findet sich diese Geschichte (Kapitel 7, Verse 36–50). Die namenlose Frau, die zur Essenszeit auftaucht, wird aber bei ihm zur »Sünderin«. Wiederum gibt es begründeten Anlaß, diese Person für Maria Magdalena zu halten.

Die Absicht des Lukas liegt klar auf der Hand: Er favorisierte Petrus. Deshalb war er stets bemüht, die Rolle der Maria Magdalena zumindest kleiner zu schreiben, als sie es in Wirklichkeit war. Zu seinem Konzept paßte auch eine negative Darstellung Maria Magdalenas.

Die Absicht der drei Evangelisten Lukas, Matthäus und Markus ist unverkennbar: Die Rahmenhandlung wertet das eigentliche Geschehen um Jesus ab. Was sich da abspielt, erfolgt in höchst anrüchiger Umgebung – im Haus eines »Aussätzigen«, das jeder »anständige Mensch« meidet. Aussätzige mußten sich in besonderer Weise kleiden. Man sollte sie schon von weitem erkennen, und wenn sich gesunde Menschen einem Aussätzigen näherten, mußte der sie laut rufend warnen. In so einer zweifelhaften Umgebung hielt sich Maria Magdalena auf, um Jesus eine ganz besondere Ehre zuteil werden zu lassen.

Lukas macht keine näheren Angaben zu den Verfehlungen, die sich die »Sünderin« hat zuschulden kommen lasser. Der biblische Terminus könnte jede Form von Verfehlung meinen.

Ein genauer Hinweis auf eine Sünde im sexuellen Sinn existiert an keiner Stelle. Zölibatär lebende Theologen meinten allerdings auf Verstöße gegen die Sittlichkeit schließen zu können. Eine Ehebrecherin, ja eine Hure habe sich Jesus im Haus des Aussätzigen genähert. So entstand die biblisch nicht begründbare Behauptung, Maria Magdalena sei eine Hure gewesen.

Den genauesten Bericht liefert Maria Magdalena selbst. Im Johannes-Evangelium, das ja eigentlich ihren Namen tragen müßte, heißt es (Kapitel 12, Verse 1–3): »Sechs Tage vor dem Passahfest kam Jesus nach Bethanien, wo Lazarus war, den Jesus auferweckt hatte von den Toten. Dort machten sie ihm ein Mahl, und Marta diente ihm. Lazarus aber war einer von denen, die mit ihm zu Tisch saßen. Da nahm Maria (Magdalena) ein Pfund Salböl von unverfälschter, kostbarer Narde und salbte die Füße Jesu und trocknete mit ihrem Haar seine Füße, das Haus aber wurde erfüllt vom Duft des Öls.«

Das von Maria Magdalena verwendete Salböl wurde aufwendig aus der Narde-Pflanze gewonnen. Große Mengen waren erforderlich, um ein wenig Öl herzustellen. So wurde es für gewöhnlich gestreckt. Als besonders kostbar galt das echte, reine Nardöl, das von Maria Magdalena benutzt wurde. Es wurde in fest verschlossenen Behältnissen aus Alabaster aufbewahrt.

Wohlhabende Frauen trugen manchmal eine kleine Phiole aus Alabaster mit dem Öl um den Hals. Wurde die Frau Witwe, dann zerbrach sie das Gefäß und salbte den geliebten Toten damit. Maria Magdalena zerbrach auch das Behältnis, aber sie benutzte das kostbare Öl nicht für einen Toten, sondern für einen Lebenden. Sie wollte damit auch keineswegs die Salbung des toten Jesus vorwegnehmen. Diese letzte Ehrung wollte sie ihm ja später, nach der Kreuzigung und Grablegung, erweisen.

Im Alten Testament findet sich ein hilfreicher Hinweis: Das Hohelied der Liebe, das König Salomo zugeschrieben wird, ist einer der ungewöhnlichsten Texte der Bibel überhaupt. Werden da doch nicht die guten Seiten des allmächtigen Gottes gepriesen, sondern die einer Frau. In Kapitel 4 finden wir einen erotischen Lobgesang auf die Reize der geliebten Frau. Ihre Haare, Augen, Lippen, ihre Brüste versetzen den anonymen Verfasser in Entzücken.

Ob der erotischen Passagen war das Hohelied Salomos unzähligen Theologen ein Greuel. Hätten sie gewußt, daß die sinnlichen Liebesbekundungen aus uralten vorbiblischen Quellen stammten, wäre wohl das Hohelied aus dem Kanon des Alten Testaments entfernt worden. Als Vorlagen dienten vermutlich Texte aus der Liebesdichtung der Sumerer und der Ägypter. Dort hatten solche Verse einen festen Platz in den archaischen Fruchtbarkeitskulten.

In der sumerischen Vorlage für das biblische Hohelied der Liebe geht es – fein säuberlich auf jahrtausendealten Tontafeln in Keilschrift verewigt – um Erotik. Im Zentrum steht die Liebesbeziehung zwischen Dummuzi und Inanna. Margaret Starbird hat in überzeugender Weise Erstaunliches nachgewiesen. Ihre verblüffenden Erkenntnisse hat sie in ihrem Buch »Die Frau mit dem Alabaster-Krug« (Kapitel 11) zusammengefaßt.

Läßt man die Namen Dummuzi und Inanna weg, fallen erstaunliche Parallelen zum Neuen Testament auf. Der sumerische Dummuzi wird als »getreuer Sohn« und als »Hirte« bezeichnet. Er ist kein normaler Sterblicher, sondern der »auserwählte Sohn«. Anders als gewöhnliche Menschen wurde er nicht auf herkömmliche Weise gezeugt, sondern von allmächtiger Gottheit »im Leib der Mutter geformt«. Wer denkt da nicht als unvoreingenommener Bibelleser an Jesus, den »guten Hirten« und »Gottessohn«? Auch Jesus galt nicht als leiblicher Sohn seines Vaters Josef, sondern als Ergebnis übernatürlicher Vorgänge.

Die Parallelen zwischen Dummuzi und Jesus lassen sich nicht leugnen: Auch Dummuzi wurde gefoltert, schließlich getötet und nach einem bestimmten Ritus zu Grabe gelegt, um dann nach drei Tagen wieder aufzuerstehen.

Dummuzi hat im Sumerischen eine Partnerin: Inanna ist seine Geliebte und Braut. Sie gewinnt ihn – und verliert ihn wieder. Inanna beweint bitterlich Dummuzis Tod. Sie ist verzweifelt ohne den Geliebten. Sie sucht und findet ihn. Er wird wieder zum Leben erweckt.

Die Geschichte von Dummuzi und Inanna wird in verschiedenen, voneinander abweichenden, recht komplexen Varianten in epischer Breite erzählt. Alle Versionen lassen sich jedoch auf einen einfachen Sachverhalt reduzieren: Dummuzi und Inanna (auch Ischtar genannt) sind ein himmlisches Paar. Dummuzi leidet und stirbt. Er kommt wieder ins Leben zurück. Das Leben, Sterben und Wiederleben findet seine Entsprechung in der Natur, die ebenfalls lebt (Frühling, Sommer), stirbt (Herbst und Winter), um wieder neu geboren zu werden (Frühling, Sommer).

Wie Dummuzi, so findet auch Inanna im Neuen Testament eine Entsprechung: in Maria Magdalena. Wie Inanna beweint Maria Magdalena den Tod Jesu. Wie Inanna sucht sie ihn, findet aber das Felsengrab leer und ist hocherfreut, als ihr der auferstandene Jesus vor dem Eingang zur Gruft entgegentritt.

Man mag einwenden, daß die Ähnlichkeiten zwischen Maria Magdalena und Inanna zufällig seien. Ist es nicht vollkommen normal, daß eine Frau den Tod eines geliebten Menschen beklagt und beweint? Doch wie viele Frauen verlieren einen geliebten Menschen und begegnen ihm dann als Auferstandenen wieder?

Zu Jesu Zeiten war das Ritual der Heiligen Hochzeit allgemein bekannt. Der Hieros-Gamos-Kult basierte auf dem alten Glauben, daß die Fruchtbarkeit der Erde erhalten wird, wenn sich der Himmelsgott mit der Erdgöttin vereint. Man kann also davon ausgehen, daß Jesus und seine Jünger von diesem Kult wußten.

Vordergründig betrachtet, gibt es einen wesentlichen Unterschied zwischen Dummuzi und Jesus: Der König Dummuzi zelebrierte vor seiner Folterung, vor seinem Tod, vor seiner Wiederauferstehung die Heilige Hochzeit mit Inanna. Wenn man Inanna mit Maria Magdalena gleichsetzt, müßte vor Jesu Verhaftung und Folterung die Heilige Hochzeit mit Maria Magdalena stattgefunden haben. Eine solche Hochzeit aber hat es, so scheint es zumindest, nicht gegeben. Oder etwa doch?

Kurz vor seiner Verhaftung feierte Jesus mit seinen Jüngern das Letzte Abendmahl. Diese feierliche Zusammenkunft bezeichnete Jesus selbst als Hochzeit (Evangelium nach Markus, Kapitel 2, Vers 19): »Und Jesus sprach zu ihnen: ›Wie können die Hochzeitsleute fasten, während der Bräutigam bei ihnen ist? Solange der Bräutigam bei ihnen ist, können sie nicht fasten. Es wird aber die Zeit kommen, daß der Bräutigam von ihnen genommen wird. Dann werden sie fasten, an jenem Tage.«

Diese Beschreibung paßt ziemlich genau auf das Letzte Abendmahl. Jesus und seine Jünger essen und trinken gemeinsam, doch bald wird Jesus, der Bräutigam, von ihnen genommen. Jesus selbst bezeichnet sich als »Bräutigam«. Aber wo ist die Braut Jesu? Der sumerische Dummuzi zelebrierte die Heilige Hochzeit mit Inanna. Symbolisch vereinigten sich dabei Himmel und Erde. Nur durch diese Verbindung – so der uralte Glaube – bestand das Leben auf der Erde fort. Der Vollzug der Heiligen Hochzeit war die Voraussetzung für den Erhalt der Fruchtbarkeit.

Das Ritual der Heiligen Hochzeit gab es offenbar in verschiedenen Religionen der bronzezeitlichen Kulturen Europas wie des Orients. Es wurde in Assur und Babylon praktiziert, bei den Sumerern wohl ebenso wie bei den Chinesen, bei den Ägyptern wie bei den Indern. Wissenschaftler meinen, bronzezeitliche Felsritzungen als primitive Darstellungen der Heiligen Hochzeit deuten zu können! Über alle Unterschiede hinweg gab es dabei eine Gemeinsamkeit. Die Zeremonie der Vereinigung wurde von menschlich-irdischen Vertretern der Himmlischen auf Erden vollzogen.

Völlig belanglos ist dabei, daß die zahlreichen Varianten dieses Themas recht unterschiedlich ausgestaltet sein können. Die Handlungsabläufe mögen einander manchmal kaum oder gar nicht ähneln. Wichtig ist aber stets die ganz zentrale Aussage der Geschichten: In der Heiligen Hochzeit paaren sich Menschen an Stelle von Göttern, und es gelingt ihnen so, den ewigen Kreislauf des Lebens im wahrsten Sinne des Wortes am Leben zu erhalten.

Jahrtausende alt sind diese Kulte. Niemand vermag zu sagen, wann und wo sie ursprünglich entstanden. Niemand weiß, wo überall die Heilige Hochzeit gefeiert wurde. Unzählige Götternamen sind wohl inzwischen in Vergessenheit geraten, deren Stellvertreter auf Erden die Heilige Hochzeit zelebrierten. Daran war kein kollektiver Gedächtnisschwund schuld. Neue Religionen verdrängten alte. Vermeintlich kultiviertere Glaubensformen wurden propagiert, vermeintlich primitivere wurden verdammt und bekämpft.

Im Alten Israel wurde über viele Jahrhunderte von den Anhängern des Monotheismus der Vielgottglaube in Mißkredit gebracht. Jahwes Hauptkonkurrent war Baal, der über viele Jahrhunderte im Heiligen Land eine große Anhängerschaft hatte. König Jehu (Regierungszeit etwa 851–845 v. Chr.) lud zum großen »Baalsfest« ein. Scheinheilig ließ er verkünden (Zweites Buch der Könige, Kapitel 10, Verse 18 und 19): »Ahab hat Baal wenig gedient; Jehu will ihm besser dienen. So laßt nun zu mir rufen alle Propheten Baals, die in seinem Dienst stehen, und alle seine Priester.«

Der Einladung wurde Nachdruck verliehen: Wer ihr nicht folgen würde, der sollte getötet werden. Warum also dem Fest fernbleiben? Lautete doch die Anweisung des Königs (Vers 20): »Feiert dem Baal ein heiliges Fest!« Ahnungslos kamen die Anhänger Baals aus dem ganzen Reich. Offenbar würde alles gut verlaufen. König Jehu selbst brachte Baal im Tempel der Gottheit gemeinsam mit unzähligen Anhängern des Jahwe-Konkurrenten ein Opfer dar. Nach dieser verlogenen Zeremonie jedoch ließ der König sie alle ermorden (Vers 25): »Gehet hinein und erschlagt jedermann. Laßt niemand entkommen! Und sie erschlugen sie mit der Schärfe des Schwertes. Und die Leibwache und die Ritter warfen die Leichname hinaus und drangen in das Innere des Hauses Baals.«

Baal wurde aber nicht allein verehrt. In seinem Tempel gab es neben den Steinmalen Baals auch noch Bilder der Aschera. Aschera besaß darüber hinaus noch einen Platz in einem Tempel, wo man sie eigentlich nicht vermutete – bei Jahwe. Aschera im Heiligtum des monotheistischen Judentums? Das durfte nicht sein! Also korrigierte Martin Luther die Realität, die ihm nicht paßte. Für seine Bibel von 1545 übersetzte er in Sachen Aschera immer wieder bewußt falsch. So hieß es in seiner Übersetzung des 2. Buchs der Könige (Kapitel 23, Vers 6): »Und er (Josaja) ließ den Hain aus dem Hause des Herrn führen.«

Was sollte das bedeuten? Nach Luther wurde »ein Hain« aus dem Haus des Herrn entfernt, dabei hatte es im Tempel Jahwes niemals Bäume gegeben und schon gar keinen »Hain«. Luthers Übersetzung verwirrt eher, als daß sie erklärt. Der hebräische Text allerdings ist eindeutig. Im Tempel Jahwes befand sich kein Wäldchen, sondern eine Statue der Göttin Aschera. Diese Götzenfigur wurde auf Befehl des Königs aus dem Allerheiligsten geworfen.

Die Geschichte der jüdischen Religion klingt einfach, wenn man der offiziellen Lesart des Alten Testaments folgt: Demnach wurde das Volk Israel von Jahwe aus der ägyptischen Sklaverei befreit und ins Gelobte Land geführt. Das Volk sah ob der wundersamen Rettung ein, wer der wahre Gott ist: Jahwe. Nicht zuletzt aus Dankbarkeit wandten sich die Menschen Gott Jahwe zu und verehrten nur noch ihn.

Diese Aussage findet sich im Alten Testament. Allerdings gibt es auch deutliche Belege dafür, daß im Heiligen Land neben dem offiziellen Eingottglauben weiterhin der Mehrgottglaube praktiziert wurde.

Die historische Wahrheit läßt sich in allen Einzelheiten nicht mehr vollständig rekonstruieren. Außer den Texten des Alten Testaments gibt es keine schriftlichen Zeugnisse über die Welt des Glaubens im alten Israel. Welche Götter wurden neben Jahwe noch verehrt? Welche Rolle spielten Göttinnen? In welchem Verhältnis standen sie zu einander? Welche Beziehungen hatten sie mit Jahwe? Aber selbst wenn man die zugunsten eines Jahwe-Monotheismus verfaßten Texte des Alten Testaments liest, erkennt man, daß sich der Eingottglaube eben nicht von heute auf morgen einführen ließ. Die anderen Götter verschwanden nicht spurlos, auch wenn es für die Anhänger Jahwes einen Frevel darstellte, sie weiter anzubeten. Neben Jahwe und anderen Gottheiten wurde etwa über lange Zeiträume hinweg auch noch Baal verehrt.

Auch der Aschera-Kult blühte keineswegs im Verborgenen. Gelegentlich versuchte man es mit harten Maßnahmen gegen die Göttin und ihre Anhänger, die allerdings auf Dauer keinen rechten Erfolg zeitigten. Nach den Zahlenangaben des Alten Testaments wurde die Göttin Aschera im Jahwe-Tempel Jerusalems mindestens 236 Jahre lang verehrt. Da dieser Tempel 370 Jahre lang bestand, beherbergte er zwei Drittel dieser Zeit eine Aschera-Statue, was beweist, daß das religiöse Leben im Heiligen Land meist wesentlich toleranter aussah, als der barsche Ton des Alten Testaments vermuten läßt.

Der Monotheismus ließ sich den Menschen nicht per Befehl aufzwingen. Glaubensformen entwickeln sich über Jahrtausende. Sie sind in den Herzen der Menschen verankert und lassen sich nicht verbieten und schon gar nicht ersatzlos streichen. Alter Glaube wurde immer wieder bekämpft, lebte aber allen Anfeindungen zum Trotz weiter.

Es fällt indes auf, daß Baal und Aschera in unterschiedlicher Weise bekämpft wurden. Gegen Baal wurde besonders hart vorgegangen. Seine Priester wurden immer wieder unerbittlich verfolgt, was in der Beschreibung eines höchst ungewöhnlichen göttlichen Duells deutlich wird (Erstes Buch der Könige, Kapitel 18, Verse 19–40).

450 Propheten von Baal und 400 Propheten der Aschera werden auf den Berg Karmel zu einem Festschmaus eingeladen. Danach treten die Propheten Baals gegen Elia als Jahwe-Anhänger an. Zunächst schlachten die Baal-Anhänger ein Rind, zerteilen und legen es auf einen Holzstoß. Sie beten zu ihrem Gott, doch der reagiert nicht. Selbst als sich die Baal-Mannschaft mit »Messern und Spießen« Verletzungen zufügt, reagiert Baal nicht. Das Opfertier wird nicht angerührt.

Elia will einen besonders überzeugenden Sieg Jahwes sehen. Auch die Jahwe-Fraktion bietet ein Opfertier an, doch Tierkadaver und Holz werden mit Wasser nur so überschüttet. Elia bittet Jahwe um ein Zeichen. Und schon fällt göttliches Feuer vom Himmel. Nicht nur Scheiterhaufen und Opfertier verbrennen. Das himmlische Feuer ist so stark, daß auch Steine und Erde »gefressen« werden.

Das Volk ist zutiefst beeindruckt und hat keinen Zweifel mehr, wer der mächtigere Gott ist. Die Menschen, zuvor noch Baal zugetan, fallen nieder und preisen Jahwe (Vers 39): »Der Herr ist Gott, der Herr ist Gott.« Elia erweist sich allerdings als schlechter Gewinner (Vers 40): »Greift die Propheten Baals, daß keiner von ihnen entrinne! Und sie ergriffen sie. Und Elia führte sie hinab an den Bach Kison und tötete sie daselbst.«

Warum wurden die Propheten Ascheras zum Duell auf dem

Berg Horeb eingeladen? Sie nehmen am gemeinsamen Festessen, aber nicht am Wettkampf teil. Offensichtlich sollte nur ermittelt werden, wer der mächtigere Gott ist: Baal oder Jahwe. Baal verliert, seine Propheten werden ermordet. Die Propheten Ascheras werden verschont, aber warum?

Baal war eine starke Wetter- und Himmelsgottheit, während Aschera als Göttin der Fruchtbarkeit galt. Die Heilige Hochzeit zwischen Baal und Aschera sollte also dafür sorgen, daß das Leben auf der Erde fortbestand. In der Bevölkerung verschwammen indes recht bald die Bilder von Baal und seinem Konkurrenten Jahwe. Offenbar wußten die Menschen nicht zwischen beiden zu unterscheiden. So sah sich Jahwe schließlich genötigt – offenbar über die Verwechselungen erzürnt – zu befehlen (Der Prophet Hosea, Kapitel 2, Verse 18 und 19): »Alsdann wirst du mich nennen ›mein Herr‹ und nicht mehr ›mein Baal‹. Denn ich will die Namen der Baale von ihrem Munde wegtun, daß man ihrer Namen nicht mehr gedenken soll.«

Es ging also auf dem Berg Horeb nicht um einen Wettstreit zwischen Aschera, Baal und Jahwe, sondern nur zwischen Baal und Jahwe. Winkte dem Sieger die Partnerschaft mit Aschera als Belohnung? Tatsache ist: Wenn die Menschen im Heiligen Land an die Heilige Hochzeit und Aschera dachten, kam ihnen nicht nur Baal als Partner in den Sinn. Offenbar vollzogen im Volksglauben auch Jahwe und Aschera die Heilige Hochzeit.

Umschreibt das Duell auf dem Berg Horeb ein historisches Faktum? Besiegte Jahwe den Baal, um dessen Stelle in der Heiligen Hochzeit einzunehmen? Deutliche Hinweise auf die Beziehung Jahwe-Aschera finden sich noch im Alten Testament. So heißt es im kleinen Büchlein Habakuk (Kapitel 3, Vers 3):

»Jahwe kam von Teman her.« Was für den heutigen Bibelleser wie eine belanglose Ortsangabe klingt, verstand man zu biblischen Zeiten als Wink mit dem Zaunpfahl. Aschera war die Göttin von Teman! Wenn Jahwe also von Teman her kam, so heißt das nichts anderes, als daß Jahwe sich bei Aschera aufgehalten hatte! Kein Wunder: Aschera galt im Volksglauben zeitweise als Frau Jahwes.

Die Idee von der Heiligen Hochzeit läßt sich im Land der Bibel weit zurückverfolgen: Inanna und Dummuzi, Aschera und Baal, Aschera und Jahwe, Maria Magdalena und Jesus.

Betrachtet man die Welt der alten Religionen, stößt man immer wieder auf die Heilige Hochzeit: Tammuz, ein alter sumerischer Gott, feiert mit Ischtar die Heilige Hochzeit – zum Wohle aller. Als Tammuz getötet wird, verödet die Natur. Den Menschen droht der Untergang. Tammuz kehrt aus dem Totenreich zurück, und das Leben beginnt von neuem, wie es immer geschieht, wenn sich in der Heiligen Hochzeit Himmel und Erde vereinen.

Diesem uralten Schema folgt auch das Geschehen von Bethanien: Maria Magdalena salbt Jesus. Damit macht sie ihn zum auserkorenen Stellvertreter Jahwes auf Erden und agiert als Priesterin der Göttin, da sie gewissermaßen stellvertretend für sie handelt.

Bethanien ist für den rituellen Akt nicht zufällig gewählt, denn mit eben diesem Ort ist eine uralte Prophezeiung verbunden, die zu Jesu Zeiten gewiß häufig zitiert wurde. Die Menschen im Heiligen Land sehnten sich nach einem Erlöser, der die Vorherrschaft der verhaßten Römer beenden würde, und je unwahrscheinlicher ein Sieg über die Römer war, desto mehr erinnerte man sich alter Prophetenworte. Im Kapitel 14 des kleinen biblischen Buches Der Prophet Sacharja heißt es hoffnungsvoll (Vers 2): »Denn ich werde alle Heiden sammeln zum Kampf gegen Jerusalem. Und die Stadt wird erobert, die Häuser werden geplündert und die Frauen geschändet werden.« In dieser aussichtslosen Situation würde der Retter kommen (Vers 3): »Und der Herr wird ausziehen und kämpfen gegen diese Heiden, wie er zu kämpfen pflegt am Tage der Schlacht.« Der prophetische Text wird sehr konkret (4): »Und seine Füße werden stehen zu der Zeit auf dem Ölberg, der von Jerusalem liegt nach Osten hin.«

Für jeden Zeitgenossen Jesu war klar, daß da nur Bethanien gemeint sein konnte, ein kleines, idyllisches Dörfchen am berühmten Ölberg gelegen. Hier in Bethanien salbte Maria Magdalena Jesus und machte ihn dadurch zum Messias. Damit setzte sie ein Räderwerk in Gang, das kaum noch angehalten werden konnte und womit Jesus offensichtlich einverstanden war. Bei Matthäus (Kapitel 26, Vers 10) wie bei Markus (Kapitel 14, Vers 6) sieht sich Jesus genötigt, auf die ablehnende Haltung der Jünger einzugehen. Die zeigten sich ob der Verschwendung des teuren Salböls verärgert. Jesus aber akzeptiert die Salbung: »Was betrübt ihr die Frau? Sie hat ein gutes Werk an mir getan.«

Konkreter und klarer bringt das Evangelium nach Johannes zum Ausdruck, worum es geht (Kapitel 12, Vers 7): »Da sprach Jesus: ›Laßt sie in Frieden! Es soll gelten für den Tag meines Begräbnisses. Denn Arme habt ihr allezeit bei euch. Mich aber habt ihr nicht allezeit.‹« Maria Magdalena hat diese Worte selbst geschrieben. Sie wußte, was sie damit auslöste – den Tod des geliebten Jesus.

Die Salbung Jesu durch Maria Magdalena steht für die Heilige Hochzeit von Maria Magdalena und Jesus. Göttin und Gott werden zum Paar, auf den Bräutigam warten nun – nach dem uralten Schema dieses Rituals – Schmerz, Erniedrigung und Tod. Demnach aber würde der Bräutigam drei Tage nach seinem Tod wieder auferstehen und den Tod besiegen. Er würde sich als Messias beweisen.

Jesus kennt die Bedeutung der Heiligen Hochzeit – und er akzeptiert die Konsequenzen, die sie für ihn bringen wird. Er ist bereit, den Weg zu beschreiten: von Bethanien nach Golgatha. Er rügt Simon, den Schriftgelehrten, ob seiner Versäumnisse und wirft ihm vor (Evangelium nach Lukas, Kapitel 7, Vers 46): »Du hast mein Haupt nicht mit Öl gesalbt.« Mit anderen Worten: Warum hast du, der du das Geheimnis des Messias kennst, mich nicht zum Messias gemacht?

Mit der Salbung nimmt Jesus bereits Abschied von seinen Jüngern, und mit der Heiligen Hochzeit verabschiedet er sich wohl auch von Maria Magdalena. Heute sehen viele Theologen unterschiedlicher Konfessionen Jesus als ein übermenschliches, geschlechtsloses Wesen ohne irdische Bedürfnisse. Die Heilige Hochzeit aber war zu Jesu Lebzeiten seit Jahrtausenden kein lediglich symbolischer Akt. Himmel und Erde, Göttin und Gott vereinten sich nicht nur im geistig-übertragenen Sinn, sondern auch höchst physisch im Geschlechtsakt zwischen Mann und Frau.

Auch Judas kannte das Geheimnis der Heiligen Hochzeit. Er wußte, daß Jesus nun den Weg nach Golgatha angetreten hatte. Ihm war klar: Jesus wollte sterben. Er mußte den Opfertod sterben, um das Heilige Land in die Freiheit zu führen. Maria Magdalena hatte ihn zum Messias gesalbt, nun mußte ein Weg gefunden werden, der zu seiner Hinrichtung am

Kreuz führte. Jesus mußte der römischen Obrigkeit ausgeliefert werden.

Judas Ischariot galt fast zwei Jahrtausende als der Schurke schlechthin. Hatte er doch den Heiland an die Römer verraten – für schnödes Geld! Der Teufel selbst soll ihn dazu veranlaßt haben. Im Evangelium nach Lukas heißt es (Kapitel 22, Verse 3–6): »Es fuhr aber der Satan in Judas, genannt Iskariot, der zur Zahl der Zwölf gehörte. Und er (Judas) ging hin und redete mit den Hohepriestern und mit den Hauptleuten darüber, wie er ihn an sie verraten könnte. Und sie wurden froh und versprachen, ihm Geld zu geben. Und er sagte es zu und suchte eine Gelegenheit, daß er ihn an sie verriete ohne Aufsehen.«

Schon der frühen christlichen Kirche war jedoch bekannt, daß eine ganz andere Beschreibung existierte, die den vermeintlichen Verrat des Judas in anderem Licht erscheinen ließ: das Evangelium nach Judas. Rasch wurde der Text zum teuflischen Ketzerwerk erklärt und mit dem Bann belegt. Glücklicherweise entging das verhaßte Judas-Evangelium zumindest in einer Kopie der frühen Amtskirche. Fast zwei Jahrtausende überstand das Dokument im heißen Wüstensand Ägyptens die Zeit.

Erst gegen Ende des zweiten nachchristlichen Jahrtausends wurde das Manuskript gefunden, verschwand aber alsbald wieder als Spielball von Antiquitätenhändlern von der Bildfläche. Sechzehn Jahre lag es in einem Bankschließfach. 1978 unweit von Al-Minya in Mittelägypten entdeckt, löste das Evangelium nach Judas weltweit Gerüchte aus. Auf undurchsichtigen Kanälen wanderte die biblische Kostbarkeit von Kairo über die Schweiz in die USA, nach New York. 2002 konnte endlich die Schweizer Maecenas-Stiftung das eigentlich unbezahlbare Dokument erstehen.

Das Hin und Her, so zeigte sich, war dem Kodex nicht gut bekommen. Offenbar war er immer wieder von unvorsichtigen Zwischenhändlern angefaßt worden. Der Konservatorin Florence Darbe und dem deutschen Koptologen Rodolphe Kasser gelang es in mühevoller Kleinarbeit, den extrem beschädigten Text so weit wie möglich wiederherzustellen. Die Seiten, von unkundiger Hand durcheinandergebracht, mußten dabei wieder richtig geordnet werden. Mit Hilfe eines Computers konnten auch zumindest 800 der brüchigen Teile wieder an Ort und Stelle gebracht werden. Fünf Jahre dauerte diese Sisyphusarbeit.

So erfreulich diese aufwendige Rekonstruktion auch war: Immer noch klaffen Lücken zwischen den Seiten, immer noch sind von einigen Passagen nur einige Wörter erhalten. Daher verwundert es nicht, daß das Evangelium nach Judas weiterhin große Rätsel aufgibt. Immerhin war es Prof. Kasser möglich, große Teile des Textes zu übersetzen. Am 9. April 2006 machte »National Geographic« in einer zweistündigen Dokumentarsendung weltweit die Sensation publik. Endlich durfte die Weltöffentlichkeit erfahren, welche Botschaft der geheimnisvolle zweiundsechzig Seiten umfassende Kodex enthält. Und diese Botschaft hat wahrlich Gewicht! Bereits um 180 nach Christus wetterte Irenäus, Bischof von Lyon, gegen das angeblich grassierende Ketzerwesen.

Damals konnte von einer stabilen christlichen Kirche noch nicht die Rede sein. Es gab auch noch nicht die allgemein anerkannte christliche Lehre. Sehr einflußreich waren die Gnostiker, die nach Erkenntnis hungerten. Ihre Evangelien – etwa das des Philipp, des Thomas oder das der Wahrheit – kursierten. Es ist durchaus möglich, daß sich manches Evangelium, das nicht in den Kanon des Neuen Testaments aufgenommen wurde, größerer Beliebtheit erfreute als die offiziellen.

Irenäus jedenfalls schimpfte über die gnostischen Evangelien – und hetzte gegen das Evangelium nach Judas. Um 180 n. Chr. muß es also schon recht verbreitet gewesen sein. Wann mag es also ursprünglich zu Papyrus gebracht worden sein? Nach vorsichtigen Schätzungen geschah dies um 150 nach Christus. Vermutlich wird die offizielle Theologie zu einem späten Entstehungstermin des Evangeliums tendieren, um es als glaubwürdige Quelle zu diskreditieren. Man bedenke aber: Das Evangelium nach Judas wurde zunächst in griechischer Sprache verfaßt, dann wurde es ins Koptische übersetzt. Sollten tatsächlich zwischen Urschrift in Griechisch, Übersetzung ins Koptische und Verbreitung des Evangeliums nur dreißig Jahre vergangen sein? Es kann durchaus deutlich älter sein als angenommen!

Die zentrale Aussage dieses Evangeliums steht im Gegensatz zur Lehre von Judas als vom Teufel verleiteten Verräter. Nach diesem neu gefundenen Text war Judas der engste Vertraute Jesu. Sein Meister wollte – ganz im Geiste der Heiligen Hochzeit – von Judas verraten werden, um am Kreuz zu sterben. Judas fragte, wie er für seinen Verrat belohnt werden würde, und Jesus antwortete ohne falsche Beschönigung: »Du wirst der Dreizehnte werden, und du wirst von den anderen Geschlechtern verflucht werden!«

Warum wurde ausgerechnet Judas für den vermeintlichen Verrat auserwählt? Offenbar hatte Jesus zu keinem der männlichen Jünger so viel Vertrauen wie zu ihm. So nahm Jesus ihn auch beiseite, um ihm – wie es im Evangelium nach Judas heißt – »Geheimnisse des Reiches« zu offenbaren. Völlig zutreffend prophezeite Jesus: »Du ... wirst großes Leid erfahren. Denn ein anderer wird deinen Platz einnehmen, damit die zwölf mit ihrem Gott wieder eins werden können.«

So kam es auch: Ein Jünger mußte nachrücken, nachdem Judas Selbstmord verübt hatte. Zwei Kandidaten standen zur Wahl (Die Apostelgeschichte des Lukas, Kapitel 1, Verse 15 bis 26): ein gewisser Barsabas oder Barabbas und ein Matthias. Das Los entschied, Matthias nahm den freigewordenen Platz von Judas ein.

Judas wurde sehr schnell zum teuflischen Verräter abgestempelt. Dabei gehört aber doch der Opfertod Jesu nach christlicher Theologie zum Schöpfungsplan Gottes. Wie kann Judas Werkzeug des Teufels sein, da er doch ganz im Sinne Gottes handelte? Schlimmer noch als diese theologische Unstimmigkeit fällt ins Gewicht, daß die Juden fortan als das Volk der Jesusverräter verachtet wurden. Viele Antisemiten auf aller Welt begründeten ihren Haß auf alles Jüdische mit dem Verrat, den Judas begangen hatte. Die Folgen dieses Hasses sind nur allzu bekannt.

Aber war Judas wirklich der bösartige Verräter, als den ihn die vier kanonischen Evangelien bezeichnen? Geht man den Texten des Neuen Testaments über den angeblichen Verrat auf den Grund, wird man Erstaunliches feststellen: Verraten im eigentlichen Sinne wird Jesus nur in unseren Übersetzungen, nicht aber im griechischen Original!

Evangelium nach Matthäus (Kapitel 26, Vers 21): »Und als sie aßen, sprach er: ›Wahrlich, ich sage euch: Einer unter euch wird mich verraten.‹«

Evangelium nach Markus (Kapitel 14, Vers 18): »Und als sie bei Tisch waren und aßen, sprach Jesus: ›Wahrlich, ich sage euch: Einer unter euch, der mit mir ißt, wird mich verraten.‹«

Evangelium nach Lukas (Kapitel 22, Vers 21): »(Jesus:) ›Doch siehe, die Hand meines Verräters ist mit mir am Tisch.‹«

Evangelium nach Johannes (Kapitel 13, Vers 21): »Als Jesus das gesagt hatte, wurde er betrübt im Geist und bezeugte und sprach: ›Wahrlich, wahrlich ich sage euch: Einer unter euch wird mich verraten.‹«

Die vier Evangelien weichen in der Wortwahl bei der Beschreibung des vermeintlichen Verrats kaum voneinander ab. In einem Punkt stimmen sie sogar alle überein! Wie im Deutschen von »Verrat« die Rede ist, da wird im Griechischen das Verb »paradidonai« benützt. Was aber dieses »paradidonai« bedeutet, geht eindeutig aus dem Brief des Paulus an die Galater (Kapitel 2, Vers 20) hervor. Da preist Paulus Jesus dafür, daß er »sich selbst für mich hingegeben« hat. Und auch hier steht im Griechischen wieder »paradidonai«. Richtig übersetzt müßte es also bei allen vier Evangelisten stehen, daß Judas Jesus nicht verriet, sondern auf Geheiß von Jesus selbst den Römern übergab.

Völlig zutreffend stellt Prof. Dr. Pinchas Lapide in seinem grundlegenden Buch »Ist die Bibel richtig übersetzt?« (S. 48) fest: »Interessant ist aber vor allem die Tatsache, daß das jedem Christen geläufige Schlüsselwort vom ›Verrat‹ des Judas als solches im ganzen Evangelium nicht vorkommt. Es geht vielmehr im griechischen Urtext um paradidonai, was wörtlich ›dahingeben‹ heißt – eben jene Vokabel, derer sich Paulus bedient, um Jesu Opfertod als ›Selbstauslieferung‹ zu beschreiben.«

Prof. Dr. Lapide, jüdischer Theologe und Religionswissenschaftler, schreibt weiter: »Im Grunde tat Judas nur das, was Gott selbst im ›Neuen Testament‹ mit Jesus tut: ›Gott hat seinen eigenen Sohn nicht geschont, sondern er hat ihn für uns alle dahingegeben.‹ Von diesem Satz an wird die gesamte Passion zu einer Kette eines siebenfachen ›Überlieferns‹: Auf Geheiß Jesu übergibt Judas ihn an den Hohenrat, der ihn an Pontius Pilatus überliefert. Jener gibt ihn an Herodes weiter, der ihn dann zurückgibt, woraufhin Pontius Pilatus ihn seinen Legionären überliefert, die ihn ans römische Kreuz schlagen – wo Jesus zuletzt seine Seele dem Schöpfer übergibt.«

Wieder ist es das Evangelium nach Johannes, das endgültige Klarheit schafft: Jesus sitzt beim Letzten Abendmahl mit seinen Jüngern. Er hat sich mit Judas abgesprochen und weiß, was bald geschehen wird. Er ist nicht nur damit einverstanden, sondern treibt Petrus sogar zur Eile an. Offensichtlich will sich Jesus so bald wie möglich kreuzigen lassen. Sein Tod gehört zur Heiligen Hochzeit mit Maria Magdalena: Auf den heiligen Akt folgen zwangsläufig Tod und dann Auferstehung des Messias.

So fordert Jesus Judas im Evangelium nach Johannes (Kapitel 13, Vers 27) – in der wörtlichen Übersetzung – auf: »Was du zu tun im Begriff bist, das tue schneller!« Denkbar ist auch die Übersetzung: »Was du tun mußt, das tue schneller!« Beide Übersetzungen verraten Ungeduld und den Wunsch Jesu, das, was vor ihm liegt, rasch hinter sich zu bringen.

Setzt man nun die einzelnen, klaren Informationen aus Neuem Testament und dem Evangelium nach Judas zu einem Mosaikbild zusammen, ergibt sich eine schlüssige Aussage: Maria Magdalena vollzog mit Jesus die Heilige Hochzeit.

Damit löste sie das auf die intime Zeremonie folgende Geschehen aus: Jesus war von Maria Magdalena mit seinem Einverständnis zum »heiligen Bräutigam« geworden. Jetzt nahmen die Dinge ihren Lauf, die Maria Magdalena und Jesus initiiert hatten. Jesus mußte sterben, um wiederauferstehen zu können. Maria Magdalena handelte wie die Frauen der Heiligen Hochzeit das schon Jahrtausende zuvor getan hatten.

In der ältesten Urform der Heiligen Hochzeit hatte die Vereinigung von Himmel und Erde, von göttlichem Sohn und weiblicher Natur, ein lebensnotwendiges Ziel. Der ewige Zyklus zwischen Werden, Vergehen und neuem Werden sollte aufrechterhalten bleiben. So wie der »himmlische Bräutigam« sterben mußte, um wieder zu neuem Leben aufzuerstehen, so sollte die Natur nach Winter oder Trockenzeit zu neuem Leben erwachen. Das war die Voraussetzung für den Fortbestand von jeglichem Leben auf der Erde.

Die Heilige Hochzeit von Maria Magdalena und Jesus diente somit dem Erhalt des Heiligen Landes. Es sollte allen Gefahren trotzen, alle Widrigkeiten der Natur sollten ihm nichts anhaben können. Das Land der Kinder Israels sollte vor allem auch geschützt sein vor Angriffen, die von Feinden ausgehen mochten. Die Hauptgefahr aber kam nicht von außerhalb der Grenzen, darin stimmten alle Juden überein: die strenggläubigen Qumran-Mönche ebenso wie die gewaltbereiten Zeloten.

Sie alle sahen die Überlegenheit der Römer nicht als politisches Faktum an. Die Alternative zu der Gewaltherrschaft der Römer war für die Zeitgenossen Jesu nicht ein Leben in freiheitlicher Demokratie. Man akzeptierte den mehr oder minder willkürlich herrschenden König an der Spitze des Landes.

Doch der Regent sollte ein »Rechtgläubiger« sein und kein »heidnischer Ungläubiger« wie Herodes.

Die Menschen im Heiligen Land sahen aus religiösen Gründen den Machtanspruch des Herodes als illegal an. Deshalb war auch nur eine religiöse Lösung akzeptabel. So setzten viele Juden ihre Hoffnungen in einen Messias, der – wie es in den Schriften der Propheten des Alten Testaments stand – aus dem Hause Davids kommen würde. Aus eben diesem Geschlecht stammte Jesus aus Nazareth. Jesus sollte in Glanz und Glorie einziehen und der Unterdrückung durch die heidnischen Römer ein Ende setzen. Das war die Hoffnung vieler Juden. Aber wie sah sich Jesus selbst?

Maria Magdalena salbte Jesus in Bethanien zum Messias. Viele Unterdrückte hofften auf einen zornigen Messias, der mit Gewalt auf die römische Unterdrückung antworten würde. Jesus aber hatte nicht die Absicht, mit Haß auf Demütigung zu antworten. Seine Absichten waren friedlicher Natur, wie er auf symbolische Weise eindeutig zum Ausdruck brachte.

Die Menschen im Alten Israel kannten die Schriften des Alten Testaments, und Jesus wußte, wie er seinen friedlichen Absichten Nachdruck verleihen konnte. Worte waren dazu nicht nötig, einfaches Handeln reichte vollkommen aus: Vor dem Einzug in Jerusalem befahl Jesus zweien seiner Jünger, ihm ein Reittier zu besorgen (Evangelium nach Matthäus, Kapitel 21, Verse 1 und 2): »Als sie nun in die Nähe von Jerusalem kamen, nach Bethphage an den Ölberg, sandte Jesus zwei Jünger voraus und sprach zu ihnen: Geht hin in das Dorf, das vor euch liegt, und gleich werdet ihr eine Eselin angebunden finden und ein Füllen bei ihr. Bindest sie los und führt sie zu mir!«

Jesus wiederholt, was schon zu Zeiten des Alten Testaments geschah (Das 1. Buch der Könige, Kapitel 1, Verse 33–38). König David machte damals Salomo zu seinem Nachfolger. Der gesalbte Salomo ritt auf einem Esel, nicht auf einem stolzen Roß. Auch damals schon sollte ein Signal gesetzt werden, das alle verstehen mußten, heißt es doch beim Propheten Sacharja (Kapitel 9, Verse 9 und 10): »Du, Tochter Zion, freue dich sehr, und du, Tochter Jerusalem, jauchze, dein König kommt zu dir, ein Gerechter und ein Helfer, arm und reitet auf einem Esel, auf einem Füllen der Eselin. Denn ich will die Wagen wegtun aus Ephraim und die Rosse aus Jerusalem, und der Kriegsbogen soll zerbrochen werden. Denn er wird Frieden gebieten den Völkern und seine Herrschaft wird sein von einem Meer bis zum anderen und vom Strom bis an die Enden der Erde.«

Jesus, von Maria Magdalena gesalbt, kommt als König des Friedens in die heilige Stadt. Als Nachfolger von David will er erreichen, was König Salomo nicht gelang: den Frieden für sein Land. Das scheinen die Volksmassen genau verstanden zu haben, die Jesus in Jerusalem nach dem übereinstimmenden Bericht aller vier Evangelisten einen begeisterten Empfang bereiteten: »Hosianna in der Höhe!« sollen sie voller Freude gerufen haben. Übersetzt man »Hosianna« richtig, ergibt der Ausruf einen ganz eindeutigen Sinn »Hilf uns in der Höhe!«

Die Volksmassen sehen Jesus als Friedensbringer. Deshalb begegnen sie ihm mit Palmzweigen, dem Zeichen des Friedens, und der Ruf »Hilf uns in der Höhe!« ist nichts anderes als eine Bitte um himmlischen Beistand.

Viele Jahrtausende herrschte die Göttin im Himmel. »Von Gottes Gnaden« hieß zu Zeiten des Matriarchats im Namen der Göttin, mit dem Einverständnis der Göttin. Zu Jesu Lebzeiten war längst die weibliche Göttin durch den männlichen Jahwe verdrängt worden. Zu Zeiten des Matriarchats paarte sich in der Heiligen Hochzeit die Göttin mit einem Menschen. Doch was geschah in einer patriarchalischen Welt? Die Heilige Hochzeit wurde weiter praktiziert, nur in abgewandelter Form.

So bezeichnet sich Jahwe, der patriarchalische Gott des Alten Testaments, immer wieder als Bräutigam des Heiligen Landes. Im Buch des Propheten Hosea liest man (Kapitel 2, Vers 22): »Ja, in Treue will ich mich mit dir verloben, und du wirst den Herrn erkennen.« Im Buch des Propheten Jesaja gibt es auch diese intime Beziehung zwischen Gott und seinem Volk (Kapitel 54, Vers 6): »Denn der Herr hat dich zu sich gerufen wie ein verlassenes und von Herzen betrübtes Weib.«

In Kapitel 62 wird diese Beziehung zwischen Gott und seinem Volk noch erotischer dargestellt (Verse 3–5): »Und du wirst sein eine schöne Krone in der Hand Jahwes und ein königlicher Reif in der Hand deines Gottes. Man soll dich nicht mehr nennen ›Verlassene‹ und dein Land nicht mehr ›Einsame‹, sondern du sollst heißen ›Meine Lust‹ und dein Land ›Liebes Weib‹, denn Jahwe hat Lust an dir, und dein Land hat einen lieben Mann. Denn wie ein junger Mann eine Jungfrau freit, so wird dich dein Erbauer freien, und wie sich ein Bräutigam freut über die Braut, so wird sich dein Gott über dich freuen.«

Vor unzähligen Jahrtausenden gab es auch im Heiligen Land die Heilige Hochzeit zwischen Göttin und Mensch. Jahwe hat die Rolle der Göttin übernommen – und feiert die Zeremonie mit Israel. Jesus bleibt der uralten Tradition treu. Auch er zelebriert mit Maria Magdalena die Heilige Hochzeit – von der Salbung über den Tod bis zur Wiederauferstehung.

Wie aber verstand Jesus dieses uralte Ritual genau? Zwei Varianten sind denkbar.

Variante 1: Der große Bluff: Vortäuschung der Auferstehung

Maria Magdalena salbt Jesus zum Messias. Sie provoziert damit die Jünger, die das uralte Ritual kennen. Sie vollzieht mit ihm die intime Heilige Hochzeit. Jüdisch-orthodoxe Jünger mögen das als unsittlich empfunden haben. Judas Ischariot ist wie Maria Magdalena in ein Komplott eingeweiht. Er weiß vom geplanten großen Schwindel. Teil des Plans: Judas »verrät« Jesus an die Römer, die ihn verhaften, peinigen und schließlich kreuzigen. Genau das soll uralten jüdischen Propheten zufolge mit dem Messias geschehen: Er wird schmählich als Übeltäter behandelt (Der Prophet Jesaja, Kapitel 53, Vers 12): »Darum will ich ihm die Vielen zur Beute geben, und er soll die Starken zum Raube haben, dafür, daß er sein Leben in den Tod gegeben hat und er den Übeltätern gleichgerechnet ist ...«

Der Verrat des Judas wird bewußt zeitlich so gewählt, daß Jesu Kreuzigung, Kreuzabnahme und Bestattung im Felsengrab sehr schnell aufeinander erfolgen müssen, denn zum großen Fest der Juden muß Jesus ja längst vom Kreuz abgenommen und bestattet worden sein.

Die Römer sind selten rücksichtsvoll, was die religiösen Gefühle ihrer Untertanen angeht, aber zum großen Fest werden in Jerusalem mehr als eine Million Gläubige erwartet, die man nicht vor den Kopf stoßen will.

Es gibt also ein Komplott. Beteiligt sind unter anderen Judas, Pontius Pilatus, Josef von Arimathäa und Maria Magdalena. Pontius Pilatus hält Jesus für unschuldig und will seinen

Tod gar nicht. Wenn es nur nach ihm ginge, würde er Jesus wieder freilassen. Doch indem die Gegner Jesu ihn massiv unter Druck setzen, lassen sie ihm keine andere Wahl. Sollte er Jesus nicht verurteilen, so drohen sie unverhohlen, könnte das von höchster römischer Stelle leicht als Abtrünnigkeit ausgelegt werden. Wenn Pontius Pilatus nicht mit Härte gegen einen Rebellen vorgeht, sympathisiert er dann mit dem Aufwiegler? Ist er also nicht romtreu, also eine Gefahr für das Reich? Entsprechende Anschuldigungen hätten selbst Pontius Pilatus gefährlich werden können.

Pontius Pilatus muß das Todesurteil gegen Jesus verhängen, ihn zum Tod am Kreuz verdammen. Er läßt ihn öffentlich demütigen und geißeln. Hofft er auf das Mitleid jener, die Jesus unbedingt am Kreuz sterben sehen wollen? Wenn ja, dann erhält er nicht die erhoffte Resonanz. Die Gegner Jesu setzen sich durch. Er soll sterben. Dann folgt aber nur eine Scheinhinrichtung, die allerdings für Jesus höchst qualvoll ist. Er wird dabei schwer, vermutlich lebensgefährlich verletzt. Schließlich wird ihm sogar eine Stichwunde beigebracht, als er am Kreuz das Bewußtsein verliert. Doch er überlebt.

Hat er sich wie ein Yogi geradezu übermenschliche Fähigkeiten angeeignet? Ist er dazu in der Lage, für eine begrenzte Zeit ein Stadium des Scheintods zu erreichen?

Die Kreuzigung ist von den Römern nicht als schnelle Hinrichtungsart gedacht. Sie ist eine ausgeklügelte Foltermethode, die nach möglichst schlimmen Qualen zum Tode führt. Gleichwohl ist möglich, einige Zeit am Kreuz zu überleben. Manche Todeskandidaten sollen die Torturen tagelang überstanden haben. Die Delinquenten können sich auf einer kleinen Fußleiste am Kreuz abstützen. Tun sie das, können sie unter Schmerzen wieder durchatmen – und verlängern auf diese Weise ihre eigene Qual.

Bricht man ihnen jedoch die Beine, ist das nicht möglich. Die Gepeinigten ersticken an ihrem eigenen Gewicht. Jesus werden die Beinknochen – im Gegensatz zu den beiden anderen Männern rechts und links von ihm – nicht gebrochen. Er könnte also durchaus einige Zeit die Qualen am Kreuz überlebt haben. Aber wie lange genau? Nach wenigen Stunden wird Jesus bereits wieder vom Kreuz genommen. War er da möglicherweise noch am Leben? Wird Jesus auf Befehl von Pilatus eine echte Überlebenschance gegeben? Es wäre denkbar. Josef von Arimathäa, ein (heimlicher?) Anhänger Jesu, holt mit dem Einverständnis des römischen Statthalters Jesus frühzeitig genug vom Kreuz. Sein Leichnam wird nicht voller Verachtung verscharrt, wie das bei Kreuzigungen üblich war, sondern man geht respektvoll mit dem Körper des vorgeblich Toten um. Jesus wird in das Felsengrab des Josef von Arimathäa geschafft und dort gepflegt.

Die Essener, heilkundig und romfeindlich, wirken am Komplott mit. Sie nutzen ihr medizinisches Wissen, um Jesus wieder gesunden zu lassen. Pontius Pilatus läßt Wachen vor das Grab Jesu stellen. Warum tut er das? Die Wachtposten sollen neugierige Gaffer vom Grab fernhalten. Niemand soll mitbekommen, daß Jesus die Kreuzigung überlebt hat. Der lebende Jesus wird schließlich in ein anderes Versteck gebracht.

Nach Plan erscheint Maria Magdalena am Morgen nach dem Feiertag. Sie ist eingeweiht und weiß, was sie erwartet. Das Grab Jesu ist leer. Maria Magdalena spielt ihre einstudierte Rolle. Sie stürzt vom Felsengrab in die Stadt, sucht Petrus auf und meldet ihm entsetzt, der Leichnam Jesu sei verschwunden. Dann kehrt sie mit Petrus zum leeren Grab zurück. Wie wird Petrus reagieren? Er begreift nicht, was scheinbar vorgefallen ist. So sehr ist er von Jesu Lehren offenbar nicht überzeugt, obschon Jesus immer wieder davon gesprochen hat, daß er auferstehen wird. Nun ist das Grab leer. Ist das nicht der Beweis? Müßte Petrus jetzt nicht an die Erfüllung der Prophetie Jesu glauben? Müßte er nicht überglücklich sein, weil Jesus offenbar den Tod überwunden hat? Petrus begreift nichts. Er geht in die Stadt zurück.

Maria Magdalena beteiligte sich also an einem »Jesus-Bluff«, an der vorgetäuschten Auferstehung? Ein solcher Gedanke ist starker Tobak für gläubige Christen. Skeptiker hingegen wenden ein: Maria Magdalena war ja mit dabei, als der angeblich verstorbene Lazarus wieder aus dem Reich der Toten ins Leben zurückgeholt wurde. Sie sehen die Auferstehung des Lazarus als fingierte Story, um Jesus für seine Jünger als Wundertäter glaubwürdig erscheinen zu lassen.

Jesus lebt noch – und kann seinen Anhängern als Auferstandener erscheinen. Selbst Zweifler müssen nun eigentlich an Jesus glauben. Werden ihn nun Freund und Feind als wahren Messias anerkennen? Wird man an ihn und seine Mission glauben? Was wird Jesus als Messias erreichen können? Wird sich sein Glaube durchsetzen?

Schließlich verläßt Jesus das Heilige Land. Flieht er mit Maria Magdalena? Pilgert er nach Indien? Seine Jünger werden indes vermelden, Jesus sei von den Toten auferstanden und gen Himmel gefahren. Seine Jünger predigen und missionieren für den neuen Glauben. Das Christentum entsteht. Aus einer kleinen Schar von schwachen Menschen erwächst eine der mächtigsten Religionsgemeinschaften der Welt.

Variante 2: Jesus glaubte an seine eigene Auferstehung

Jesus und Maria Magdalena zelebrieren fast provokativ die Heilige Hochzeit. Maria Magdalena salbt Jesus zum Messias. Judas Ischariot verrät Jesus an die Römer mit dem Einverständnis Jesu. Judas sieht sich als Vollstrecker göttlichen Willens. Vermutlich haben die Römer lange Jesus als einen von vielen Predigern geduldet, die durchs Land zogen und von einer besseren Moral und sittlicherem Lebenswandel kündeten. In Sachen Religion ist man im Imperium Romanum tolerant, solange nicht die Autorität des Kaisers in Frage gestellt wird.

Aber ist dieser Jesus wirklich harmlos? Spitzel berichten immer wieder über seine doppeldeutigen, häufig respektlos gefährlichen Reden. Man soll doch dem römischen Kaiser endlich wieder sein schnödes Geld zurückgeben! Als gläubiger Jude dürfe man nur Gott, nicht der römischen Obrigkeit gehorchen. Angeblich verdammt er den vermeintlichen Götzendienst der Römer! Schon die Darstellung des Kaisers auf römischen Münzen ist für Jesus unakzeptabel. Kein Kaiser darf für sich in Anspruch nehmen, als Gott verehrt zu werden. Des weiteren beläßt Jesus es dem Vernehmen nach nicht bei der Theologie. Offenbar ist er zu Gewalt bereit! Er sei gekommen, um das Schwert zu bringen, soll er predigen. Ist dieser Jesus also ein gefährlicher Rebell?

Judas setzt die Römer unter Zugzwang. Bislang mochte sich Jesus immer wieder ihrem Zugriff entzogen haben. Ruhelos wanderte er umher, zog von einem zum anderen Ort. Jetzt aber wußten die Römer genau, wo sie Jesus finden würden, wenn sie ihn wirklich haben wollten. Jetzt müssen sie Jesus verhaften, vor Gericht stellen und zum Tode verurteilen.

Warum agiert Judas, so wie er es tut? Weil Jesus ihn darum gebeten hat? Weil der militante Judas den friedliebenden Jesus zwingen will, endlich offen Partei gegen die römische Obrigkeit zu ergreifen? Und warum will Jesus sterben? Nach Variante 2 glaubt er selbst wirklich daran, daß er drei Tage nach seiner Hinrichtung wieder auferstehen wird. Er ist bereit, Qualen auf sich zu nehmen, um nach seinem Tod am Kreuz als Messias zurückzukehren.

Für Aufständische gibt es bei den Römern keine Gnade. Rebellionen sollen möglichst schon im Keim erstickt werden, noch bevor sie gefährlich werden können. Mancher trägt sich mit dem Gedanken, gegen die römische Obrigkeit zu kämpfen, aber viele werden es bei dem Gedanken belassen, wenn sie sehen, daß solcher Protest ans Kreuz führen kann. Aufständische werden schnell abgeurteilt und durch die belebtesten Straßen von Jerusalem zum Hinrichtungsort gezerrt. Jeder soll sehen, was mit solchen Revolutionären geschieht!

Jesus weiß, was auf ihn zukommt. Mit seinen Jüngern wartet er, weil er weiß, daß seine Verhaftung unmittelbar bevorsteht. Jesus hat Todesangst. Er zaudert. Soll er fliehen? Noch ist Zeit! Er könnte mit Maria Magdalena irgendwo ein ruhiges, beschauliches Leben führen. Jesus bittet Gott, daß ihm der grausame Tod am Kreuz erspart bleiben möge. Gibt ihm die Zwiesprache mit Gott wieder Kraft? Er zweifelt, schwankt. Doch dann bleibt er bei seinem Messias-Plan, zu dem sein Tod gehört.

Jesus wird von seinen Jüngern maßlos enttäuscht. Er bittet sie, mit ihm zu wachen, sie aber schlafen ein. Spüren sie nicht seine Angst? Jetzt, da Jesus sie braucht, sind sie nicht für ihn da. Ihre Müdigkeit ist stärker als ihre Treue zu Jesus. Und

Petrus, der für Jesus sterben wollte, wird seinen Herrn drei Mal verleugnen.

Endlich ist es soweit: Jesus wird bei Nacht und Nebel verhaftet und verhört. Das Schicksal nimmt seinen Lauf. Im Garten Gethsemane hätte Jesus noch fliehen können. Nun ist es zu spät. Jesus befindet sich in der Gewalt der Römer und kann nicht mit einem fairen Prozeß rechnen. Das Urteil ist längst gefallen, bevor die ersten Zeugen befragt werden. Wer der Rebellion beschuldigt wird, hat keine Chance auf Freispruch. Und Jesus muß besonders schnell abgeurteilt werden, da das Passahfest vor der Tür steht.

Jesus wird gepeinigt, gedemütigt und gekreuzigt. Er ist bereit, unvorstellbare Qualen auf sich zu nehmen. Warum? Glaubt er selbst an seine Auferstehung? Hofft er tatsächlich, drei Tage nach der Grablegung wieder von den Toten zu den Lebenden zurückkehren zu können? Will er als Auferstandener vor die Menschen treten? Soll so bewiesen werden, daß er den wahren Glauben lehrte?

Gläubige Christen meinen die Wahrheit zu kennen: Jesus ist, wie prophezeit, am Kreuz gestorben und am dritten Tage auferstanden. Der gedemütigte, geschundene und gekreuzigte Jesus sollte sich als Sieger erweisen.

Welche der beiden Varianten – Bluff oder echte Hoffnung auf Auferstehung – ist die richtige? Wie auch immer die Geschichte vor rund zwei Jahrtausenden wirklich ausging – die Hoffnungen der Menschen wurden enttäuscht. Jesus hat nicht der Herrschaft der Römer über das Heilige Land das erwünschte Ende bereitet. Besiegt wurde das kleine Volk der Kinder Israel mit der Zerstörung des Zentralheiligtums, des Tempels in Jerusalem.

In welcher Form man auch an eine Auferstehung Jesu glaubt: Das erhoffte himmlische Königreich jedenfalls kam nicht. Zunächst warteten gewiß viele Zeitgenossen nach Jesu Tod und Auferstehung auf das neue Jerusalem ohne die verhaßten Römer. Selbst nach der Zerstörung des Tempels in Jerusalem mögen die Mitglieder der jungen christlichen Gemeinschaft auf das nahe Himmelreich auf Erden gehofft haben. Hatte nicht Jesus angekündigt, daß mancher seiner Zeitgenossen das noch erleben würde?

Schließlich wurde das so lange versprochene Wiederkommen des messianischen Zeitalters völlig umgedeutet: Das neue Zeitalter sei längst angebrochen – mit der Ausbreitung der christlichen Kirchen über die Welt. Allerdings findet sich nirgendwo ein Beleg dafür, daß Jesus eine Kirche mit hauptamtlichen Dienern Gottes und einer Hierarchie vom einfachen Priester bis hinauf zum »Stellvertreter Gottes« gründen wollte.

4. Der Heilige Geist, Maria Magdalena und Jesus

Zu Zeiten Jesu hofften die Israeliten wie schon ihre Väter und Vorväter auf den Messias. Im ersten Jahrhundert vor der Zeitenwende verstärkte sich die Sehnsucht der Kinder Israels nach dem Erlöser. Die Menschen im Heiligen Land waren davon überzeugt, daß sie ihn an seiner Macht erkennen würden, sie mußten lediglich abwarten. Der echte Messias würde – im Gegensatz zu Hochstaplern – wirklich Wunder bewirken können. Wer den Messias suchte, mußte also Ausschau nach einem Mann halten, der echte Wunder tat. Somit entsprach der Jesus der Schriften des Neuen Testaments dem Bild des Messias, denn er vollbrachte ja, wie oftmals beschrieben, wirkliche Wunder.

Schon viele Generationen von Theologen grübeln über einer Frage: Warum verbot Jesus nach erfolgreich vollbrachten Wundern den verblüfften Geheilten immer wieder, ihren Mitmenschen von ihrer geheimnisvollen Genesung zu erzählen? Und wenn der historische Jesus kein solches Schweigegebot erließ – warum schrieben es ihm die Verfasser der biblischen Evangelien zu?

Die »Heilung des Aussätzigen« wird in den Evangelien nach Matthäus (Kapitel 8, Verse 1–4), nach Markus (Kapitel 1, Verse 40–45) und Lukas (Kapitel 5, Verse 12–16) beschrieben. Ausdrücklich verbittet es sich Jesus bei allen drei Evangelisten (zitiert nach Markus, Vers 44), daß der geheilte Aussätzige etwas über das Wunder erzählt: »Siehe zu, daß du niemandem etwas sagst!«

Mit Nachdruck fordert Jesus den überglücklichen Mann dazu auf zu schweigen. Vielmehr soll er zum Tempel gehen und dem Priester danken (zitiert nach Lukas, Kapitel 5 Vers 14): »Geh' aber hin und zeige dich dem Priester und opfere für deine Reinigung, wie Mose geboten hat, ihnen zum Zeugnis.«

Viele Jahrhunderte lang hatte der fromme Christ zu glauben, was in der Bibel steht. Auch an noch so phantastischen Wundergeschichten durfte nicht gezweifelt werden. Erst im 19. Jahrhundert kam es zu einer Kehrtwende. Kritisch-wissenschaftlich wurden die Texte der Bibel untersucht. Wunder konnte man mit Vernunft und Logik nicht erklären. Also reihte man Schilderungen von Wundern in die Welt der Märchen ohne realen Hintergrund ein.

Auch heute lassen kritische Theologen keinen Zweifel zu: Wunder hat es nicht gegeben. Die biblischen Texte sind – so beteuern sie – fromme Fiktion. So schreibt Gerd Lüdemann in seinem umfangreichen Werk »Jesus nach 2000 Jahren« (S. 28) über die »Heilung des Aussätzigen«: »Die Tradition hat keinen geschichtlichen Wert, da ihre Entstehung und ihr Ziel deutlich geworden sind.«

Die kritische Zensur auf »wissenschaftlicher Basis« löscht scheinbar unbegreifliche Texte. Die Wundertaten Jesu werden als fromme Fabeln abgetan und milde belächelt. Übrig bleibt Jesus als »normaler Mann« ohne übersinnlich-übermenschliche Fähigkeiten. Aber wäre so ein »Normalsterblicher« zum Gründer einer der großen Weltreligionen geworden?

Kritische Theologen, die Jesus auf einen allenfalls charismatischen, ansonsten aber gewöhnlichen Mann reduzieren, nehmen den Gläubigen etwas, ohne dafür Neues zu bieten. Strenggenommen entziehen sie vielen Menschen, die im christlichen Glauben Trost und Hoffnung fanden, die Grundlage ihres Glaubens. Wenig hilfreich ist es, vermeintliche falsche Glaubensvorstellungen zu zerstören. Es genügt nicht, Jesus auf rein historische Fakten zu reduzieren.

Wirkliche Wissenschaft darf nicht an Glaubenssätze gebunden sein. Sie sollte vielmehr endlich damit anfangen, nach der wahren, so lange verfälschten Bedeutung der Maria Magdalena zu suchen.

Zu fragen ist: Warum werden Jesus Wundertaten nachgesagt, über die Jesus selbst immer wieder den Mantel des Schweigens ausbreitet? Welchen Sinn hat dieses Verbot? Warum wird Jesus manchmal regelrecht rabiat, wenn er von Geheilten Stillschweigen fordert? Nachdem Jesus zwei Blinden ihr Augenlicht wiedergegeben hat, wird er (Matthäus-Evangelium, Kapitel 9, Vers 30) überdeutlich: »Und ihre Augen wurden geöffnet. Und Jesus bedrohte sie und sprach: ›Sehet zu, daß es niemand erfahre!‹«

Warum spricht Jesus immer wieder dieses Verbot aus, das doch nie befolgt wird? Mag sein, daß die beschriebenen Wunder nie geschehen sind. Mag sein, daß Jesus sie tatsächlich vollbrachte. Das Verbot Jesu hat aber unabhängig von der Frage nach der Realität der Wunder eine fundamentale Bedeutung.

Nach dem Verständnis des Alten Testaments wirken heilige Männer wie Elisa Wunder im Auftrag des männlichen Gottes Jahwe. Ein Beispiel: Naemann, König von Aram, war vom Aussatz befallen. Elisa brachte die Heilung (Das 2. Buch der Könige, Kapitel 5, Verse 1–14). Warum ist er dazu in der Lage?

Ausdrücklich wird er wiederholt als »Mann Gottes« bezeichnet. Als solcher kann er Wunder wirken. Elisa heilt als Mann Jahwes. Jesus aber ist der Mann Maria Magdalenas. Maria Magdalena hat Jesus zum Messias gesalbt. Jesus sieht sich als einen anderen Messias.

Der Jesus des Neuen Testaments möchte nicht als der Messias im alten Sinne verstanden werden. Deshalb will er nicht als der Jahwe-Messias erkannt werden, und deswegen wird immer wieder das Verbot ausgesprochen, ihn als Wundertäter zu offenbaren. Sonst würde er gegen seinen Willen für einen Messias gehalten, der er nicht sein will. Diese Haltung wird auf recht diplomatische Weise zum Ausdruck gebracht, ohne die religiösen Gefühle der Juden zu verletzen. Sie sollten ja von den ersten Missionaren zu Beginn der Geschichte des christlichen Glaubens für die neue Religion gewonnen werden.

Im Alten Israel wurden Könige, Priester und Propheten als auserwählte Stellvertreter Jahwes gesalbt. Dazu wurde ein kostbares Öl benützt, das von den Priestern des Tempels sorgsam und nach uralten Vorschriften hergestellt wurde. Es wurde strengstens behütet und sollte auf keinen Fall in die falschen Hände geraten. Wer sich unerlaubt in den Besitz des priesterlichen Salböls brachte und es nach eigenem Gutdünken gebrauchte, mußte mit härtester Bestrafung rechnen! Er wurde ausgestoßen und verlor den Schutz der Gemeinschaft, was in der Regel den Tod bedeutete.

Maria Magdalena besaß als Frau in einer patriarchalischen Gesellschaft keinerlei priesterliche Autorität oder Vollmacht. Sie salbte Jesus nicht in einer Funktion als Jahwe-Priesterin, sondern stand in einer ganz anderen Tradition – in der Tradition der Heiligen Frau. Deshalb salbte sie Jesus nicht mit priesterlichem Öl (»männlich«), sondern mit kostbarstem Parfüm (»weiblich«).

Wie weit reicht diese urweibliche Tradition zurück? Wir wissen es nicht. Es ist, als ob man einen Stammbaum in die Vergangenheit zurückverfolgt, der keinen Anfang zu haben scheint: Maria Magdalena und Jesus, Aschera und Jahwe, Aschera und Baal sowie Inanna und Dummuzi. Man muß davon ausgehen, daß es noch ältere Paarungen dieser Art gegeben hat, deren Namen vor Jahrtausenden als heilig angesehen wurden, die dann jedoch in Vergessenheit gerieten.

Immer wieder verbietet Jesus Menschen, die er geheilt hat, ihn als wundertätigen Messias zu loben. Er wehrt sich damit gegen seine Vereinnahmung durch einen alten, patriarchalischen Kult. Die Menschen sollten ihn nicht als Jahwe-Vertreter preisen. Jesus wollte zum älteren Kult zurückkehren, zum Kult der Heiligen Frau. Er war ein anderer Messias: der von Maria Magdalena Gesalbte! Damit sollte ein Neuanfang gewagt werden, basierend auf der Macht der Göttin. Deshalb betonte er auch die Wichtigkeit der Salbung durch Maria Magdalena.

Obwohl Jesu markante Worte auch heute noch in jedem Neuen Testament zu finden sind, kennt sie kaum jemand. Jesus bezeichnete Maria Magdalena ganz eindeutig als Mitschöpferin des Christentums. Wenn man, so prophezeite er, die gute Botschaft des Christentums predigen werde, dann werde man sich immer an Maria Magdalena erinnern.

Im Evangelium nach Matthäus (Kapitel 26, Vers 13) liest man: »Wahrlich, ich sage euch: Wo das Evangelium gepredigt wird in der ganzen Welt, da wird man auch sagen zu ihrem Gedächtnis, was sie gesagt hat.« Oder im Evangelium nach Markus (Kapitel 14, Vers 9): »Wahrlich, ich sage euch: Wo das Evangelium gepredigt wird in aller Welt, da wird man auch das sagen zu ihrem Gedächtnis, was sie jetzt getan hat.«

Zwei Jahrtausende sind seither verstrichen. Es ist endlich an der Zeit, daß wir uns wieder erinnern, wie wichtig Maria Magdalena für Jesus und das Christentum war. Und es ist an der Zeit, daß endlich eine verschlüsselte Botschaft dechiffriert wird: Eine zweite Beschreibung der Heiligen Hochzeit findet sich im Neuen Testament. Es läßt sich exakt nachweisen, wann und wo diese Zeremonie stattfand. Sobald wir das wissen, können wir endlich auch eine verläßliche Chronologie des Lebens Jesu erstellen und scheinbare Widersprüche in seiner Lehre erklären.

Um das große Geheimnis zu lösen, müssen wir uns auf die Spur des Heiligen Geistes machen – und uns auch ein wenig mit der Bedeutung christlicher Feste beschäftigen, die selbst bei gläubigen Christen immer mehr und mehr in Vergessenheit geraten sind.

Die Bedeutung von Weihnachten ist auch heute noch den meisten Christen bekannt: Man feiert die Geburt Jesu. Was Ostern bedeutet, wissen hingegen schon deutlich weniger Zeitgenossen. Die meisten aber bringen dieses Fest zutreffend mit der Kreuzigung und Auferstehung Jesu in Verbindung.

Aber was feiern die christlichen Kirchen am Pfingstfest? Welche Bedeutung hat Pfingsten im christlichen Glauben? Immerhin ist Pfingsten neben Weihnachten und Ostern eines der drei großen christlichen Feste. Drei Viertel der Deutschen wissen laut einer Umfrage des Emnid-Instituts keine Antwort auf diese Frage. Nur eine verschwindend kleine Minderheit von Deutschen kann den Namen des Pfingstfestes erklären: Er leitet sich vom altgriechischen »pentekoste« her. »Pentekoste« hat keinerlei theologische Bedeutung. Der Ausdruck ist ein schlichtes Zahl-Wort und weist darauf hin, daß Pfingsten am 50. Tag nach Ostern zelebriert wird.

Nach einer anderen Umfrage (»Die Welt«, 17. Mai 2005) weiß immerhin jeder zweite Deutsche etwas mit Pfingsten anzufangen: Am Pfingstfest erinnert man sich an das Herabkommen des Heiligen Geistes.

Wer oder was aber ist der Heilige Geist? Wann kam er vom Himmel herab? Über wen wurde er ausgeschüttet? Was erfolgte dadurch? Zunächst muß ein großer Irrtum aufgeklärt werden: Der Heilige Geist war ursprünglich keineswegs männlich, sondern weiblich – so wie Maria Magdalena. Und wer dem Geheimnis des Heiligen Geists auf den Grund geht, der erkennt: Wer das Mysterium um den Heiligen Geist lüftet, der erfährt Erstaunliches über Maria Magdalena und Jesus.

Die Heilige Hochzeit, von Maria Magdalena vor rund zwei Jahrtausenden zelebriert, war die Wiederbelebung eines schon damals jahrtausendealten Rituals. Maria Magdalena und Jesus handelten in uralter, vorchristlicher Tradition.

Es ist ein Irrtum, anzunehmen, daß es sich bei Pfingsten um ein primär christliches Fest handelt. Das christliche Pfingstfest geht auf das jüdische Erntedankfest »Schawuot« zurück: An diesem Tag wurden die Erstlingsfrüchte Gott dargeboten. Fünfzig Tage vor dem christlichen Pfingsten liegt das christliche Osterfest – zur Erinnerung an Jesu Tod am Kreuz und an seine Auferstehung. Fünfzig Tage vor dem jüdischen Schawuot zelebriert der fromme Jude das Passah-Fest. Dankbar erinnert er sich an Mose, der das Volk Israel aus der ägyptischen Sklaverei geführt haben soll.

Doch die Flucht eines Millionenheeres jüdischer Sklaven aus Ägypten ist genausowenig historisch, wie das jüdische Passah-Fest ursprünglich jüdisch ist. Den legendären Exodus hat es in der Historie niemals so gegeben, wie es das Alte Testament behauptet. Und das Passah-Fest hat in seinem Ursprung überhaupt nichts mit dem jüdischen Jahwe-Glauben zu tun. Sein Ursprung liegt weit in der vorjüdischen Vergangenheit: Es hatte gleich zwei Vorläufer, nämlich ein Hirtenfest (»Chag Ha-Pessach«, »Feier des Pessach-Lammes«) und ein ländliches Bauernfest (»Chag Ha-Mazzot«, »Feier des ungesäuerten Brotes«). Beide Feste entstanden unabhängig voneinander, sie wurden im Frühling gefeiert – und irgendwann zu einem Fest vereint.

Folgt man den Berichten des Neuen Testaments, dann wurden die getreuen Jünger und seine engsten Angehörigen in den Wochen vor und nach der Kreuzigung in ein Wechselbad der Gefühle gestürzt. Nach der Kreuzigung waren plötzlich alle Hoffnungen zerstört. Hatten sie nicht auf den Messias als einen mächtigen Anführer im Kampf gegen die römischen Unterdrücker gewartet? Nun war er schmachvoll am Kreuz gestorben, von den Römern wie ein Verbrecher gefoltert und hingerichtet! Mußten sie sich nicht schlimme Vorwürfe machen? Sie hatten Jesus verraten, verleugnet, waren geflohen. Als er sie brauchte, waren sie nicht für ihn da!

Nicht einmal ein schwacher Trost war es für die Jünger, daß Maria Magdalena am Kreuz des Erlösers ausgeharrt hatte und als erste Jesu Grab aufgesucht hatte. Ihr war er zuerst erschienen.

Nach der Auferstehung Jesu von den Toten schöpften die Jünger wieder Hoffnung. Jesus war wieder da. Sie konnten mit ihm sprechen. Würden sie doch noch mit Jesus siegen? Wenn publik wurde, daß Jesus gekreuzigt, gestorben und aus dem Totenreich zurückgekehrt war, bewies es eindeutig seine göttliche Macht! Mußte das nicht das Volk der Juden davon überzeugen, daß Jesus der ersehnte Messias war? Würden sie sich nun geschlossen hinter Jesus stellen und gemeinsam die Römer aus dem heiligen Land werfen?

Nach der Himmelfahrt aber mag sich Verzweiflung in der jungen Glaubensgemeinschaft ausgebreitet haben: Jesus hatte sich nach seiner wundersamen Auferstehung nicht als Messias zum Anführer des Widerstands gegen die Römer gemacht. Vor allem waren die Jünger erneut auf sich allein gestellt! Wieder hatten sie ihren charismatischen Führer verloren. Für immer wohl – zumindest nach menschlicher Zeitrechnung. Der Sieg, den sie und viele der Anhänger Jesu erhofft hatten, sollte ein Traum bleiben.

Mancher Jünger mag sich vor dem Spott der Mitmenschen gefürchtet haben. Würde man hämisch nach dem Messias fragen? Konnte man froh sein, wenn das Gerede um Jesus in Vergessenheit geriet, wenn man zum täglichen Einerlei des Alltags zurückkehren konnte?

Heute ist das Christentum die vielleicht mächtigste der großen Weltreligionen. Folgt man aber den Berichten des Neuen Testaments, dann hätte die Geschichte des Christentums beendet sein können, bevor sie wirklich begann. Ohne Jesus als Oberhaupt hätte seinen Anhängern die Orientierung fehlen können. Jeder Jünger hätte wieder seiner Wege gehen können, noch bevor von einer christlichen Bewegung im eigentlichen Sinne die Rede sein konnte. Der neue Glaube drohte bereits in die Bedeutungslosigkeit zu versinken. Dann jedoch ereignete sich das Pfingstwunder …

Was geschah damals laut Neuem Testament? Das denkwürdige Ereignis, welches die Entstehung des christlichen Glaubens als weltweite Großreligion einleitete, findet sich nicht in den nach Matthäus, Markus, Johannes und Lukas benannten Evangelien. Bei allen diesen vier kanonischen Evangelien steht das Wirken Jesu im Mittelpunkt. Ereignisse nach der Himmelfahrt werden nicht mehr beschrieben. In der Lukas zugeschriebenen Apostelgeschichte hingegen nimmt das Pfingstwunder breiten Raum ein.

Zunächst vermeldet die Apostelgeschichte, daß die Jünger einen Ersatzmann für den toten Judas wählten. Ein gewisser Matthias fand mehr Zustimmung als sein Gegenkandidat Barsabas mit dem Zunamen Justus. Nun war die kleine Schar der Jünger wieder komplett. Ungewiß aber war ihre Zukunft, bis zur rechten Zeit das Pfingstwunder geschah (Apostelgeschichte des Lukas Kapitel 2, Verse 1 bis 8): »Und als der Pfingsttag gekommen war, waren sie alle an einem Ort beieinander. Und es geschah plötzlich ein Brausen vom Himmel wie von einem gewaltigen Wind und erfüllte das ganze Haus, in dem sie saßen. Und es erschienen ihnen Zungen, zerteilt wie von Feuer; und er setzte sich auf einen jeden von ihnen, und sie wurden alle erfüllt von dem Heiligen Geist und fingen an zu predigen in andern Sprachen, wie der Geist ihnen gab auszusprechen. Es wohnten aber in Jerusalem Juden, die waren gottesfürchtige Männer aus allen Völkern unter dem Himmel. Als nun dieses Brausen geschah, kam die Menge zusammen und wurde bestürzt; denn ein jeder hörte sie in seiner eigenen Sprache reden. Sie entsetzten sich aber, verwunderten sich und sprachen: Siehe, sind nicht diese alle, die da reden, aus Galiläa? Wie hören wir denn jeder seine eigene Muttersprache?«

Als Tatsachenbericht kann man den Text kaum akzeptieren. Es ist definitiv falsch, wenn es in der Apostelgeschichte heißt: Damals »wohnten aber in Jerusalem Juden, die waren gottesfürchtige Männer aus allen Völkern unter dem Himmel«. Der Verfasser baut vielmehr bewußt ein Szenario als Gegenstück zu einem der bekanntesten Texte aus dem Alten Testament auf.

Der biblisch-alttestamentarischen Legende zufolge (Das erste Buch Mose, Kapitel 11, Verse 1 bis 9) gab es ursprünglich »einerlei Sprache«. Die Menschen aber wurden größenwahnsinnig. Sie wollten ihre menschlich-irdischen Grenzen sprengen und zu Gott emporsteigen. Ja, Gott nahm sogar an, daß die Menschen göttliche Allmacht anstrebten. Sie verschworen sich förmlich und bauten ein Denkmal menschlicher Hybris, den Turm zu Babel. Gott war empört über diese Anmaßung und bestrafte die Menschen, indem er den Turm vernichtete und die Menschen in Verwirrung stürzte. Hatte es – nach dem mosaischen Text – zunächst nur eine einzige Weltsprache gegeben, so kam es nun zur sprichwörtlichen babylonischen Verwirrung. Die Menschen konnten folglich einander nicht mehr verstehen.

Im Neuen Testament wird diese globale Bestrafung in der heiligen Stadt Israel wieder rückgängig gemacht. Durch das Pfingstwunder wird die mannigfaltige Sprachbarriere vorübergehend aufgehoben. Plötzlich verstehen die Menschen aller Sprachen die Predigten der Jünger.

Heute, zu Beginn des dritten nachchristlichen Jahrtausends, haben Menschen aus aller Herren Länder in Israel eine Heimat gefunden. Juden mit unterschiedlichsten Muttersprachen leben in Jerusalem. Im ersten Jahrhundert nach der Zeitwende gab es die von der Apostelgeschichte postulierte Sprachenvielfalt garantiert nicht in Jerusalem. Theologisch ist die Aussage klar: Die Jünger erhalten den Auftrag, den Menschen Jesu Lehren zu predigen. Sie erhalten himmlische Autorität. Ihre inneren Zweifel werden besiegt. Jetzt können sie ausschwärmen und das Christentum zu den Menschen aller Länder und Nationen bringen.

Wer verleiht den Jüngern diese Autorität? Wer vermittelt ihnen die Botschaft: »Geht hinaus in die Welt zu den Menschen unterschiedlicher Sprachen und unterrichtet sie in der christlichen Lehre«? Zu Beginn des zweiten Kapitels der Apostelgeschichte wird auf ein mysteriöses himmlisches Phänomen hingewiesen: »Ein Brausen vom Himmel wie eines gewaltigen Windes erfüllte das ganze Haus«. Mit diesem Himmelshauch kamen Zungen, »zerteilt, wie von Feuer«. Der griechische Originaltext der Apostelgeschichte ist in seiner Aussage wesentlich klarer als die meisten Übersetzungen (Apostelgeschichte des Lukas, Kapitel 2, Verse 3 und 4): Mit dem Brausen des Windes kamen die Feuerzungen. Jeweils eine davon setzte sich auf jeden der Jünger, der daraufhin vom Heiligen Geist erfüllt wurde und so sprechen konnte, daß ihn jeder verstand.

Die Jünger erhalten also vom Himmel her Autorität zu missionieren. Diese Machtbefugnis wird ihnen ganz offensichtlich vom Heiligen Geist übertragen. Somit gab der Himmel seinen Segen zur Ausbreitung des Christentums. Im Gegensatz zum Judentum, das keine Missionierung kennt, machten sich die ersten Christen daran, »die Welt« von der Lehre Jesu zu überzeugen. Somit gehört das Pfingstwunder zu den entscheidendsten Ereignissen der rund zwei Jahrtausende umfassenden

Kirchengeschichte. Daher verwundert es nicht, daß die mysteriöse Szene von unzähligen Malern festgehalten wurde. Eine der berühmtesten Darstellungen ist Gustave Dorés »Die Ausgießung des Heiligen Geistes«, 1865 entstanden.

Doré zeigt, genau wie der unbekannte Schöpfer der Darstellung des »Heiligen Abendmahls« in der Kirche von Kirchbrak, dreizehn und nicht zwölf Jünger. Eine der zentralen Gestalten ist eine Frau, vermutlich Maria Magdalena. Sie war Jesu engste Vertraute, daher wäre es auch sehr verwunderlich, wenn sie nicht im Kreis der Jünger anzutreffen gewesen wäre, nachdem der Messias gen Himmel gefahren war. Doch Dorés Bild verdeutlicht noch mehr, indem er auch das Motiv der Flammen über den Köpfen der Jünger aufgreift.

Die »Zungen, zerteilt, wie von Feuer« – so der Text der Apostelgeschichte (Kapitel 2, Vers 3) wortgetreu übersetzt – sind ein Symbol aus dem Alten Testament. Die Apostelgeschichte benutzt diese bildhafte Sprache, um anschaulich zu machen, daß Gott bei dem berühmten Pfingstwunder anwesend ist. Er zeigt sich im Alten Testament immer wieder in Flammen. Man denke nur an die Berufung des Mose durch Gott. Die Flammen an den Ästen des Dornbusches sind eines der bekanntesten biblischen Bilder überhaupt. Gott selbst bleibt zwar verborgen, aber die geheimnisvollen Flammen stehen für seine Gegenwart (Das zweite Buch Mose, Kapitel 3, Verse 2 bis 6). Ähnlich offenbart sich Gott auch dem Abram, der später Abraham heißen sollte (Das erste Buch Mose, Kapitel 15, Vers 17). In diesen Kontext muß auch der legendäre Auszug der Israeliten aus Ägypten verwiesen werden. Wiederum bleibt Gott den Menschen verborgen, wiederum sehen sie nur sein feuriges Leuchten (Das zweite Buch Mose, Kapitel 13, Vers 21).

Die bildhafte Sprache des Alten Testaments war den Jüngern Jesu bestens vertraut. Auch in der jungen christlichen Urgemeinde bestand die Bibel nach wie vor lediglich aus dem Alten Testament, die ersten Fassungen des Neuen Testaments begannen erst nach und nach zu kursieren.

So war im ersten und zweiten Jahrhundert auch das zweite Symbol des Pfingstwunders ein offenes Geheimnis: Die feurigen Zungen (»Heiliger Geist«) lassen sich vom Wort für »Wind« herleiten. Das griechische Wort »neuma« ist verwandt mit »pneuma« – Geist. Vom Himmel herab senkten sich die Flammenzungen (»Heiliger Geist«) auf die Menschen, begleitet vom Wind, vom Hauch, also vom Geist.

Im berühmten Bild von Gustave Doré findet sich noch ein weiteres göttliches Symbol: Zusammen mit dem weiblichen »ruach« und den züngelnden Feuerflammen steigt eine Taube vom Himmel. In der bildlichen Kunst taucht die Taube als fester Bestandteil des Pfingstwunders schon recht früh auf. In der Schilderung dieses wichtigen Ereignisses in der Apostelgeschichte wird man aber vergeblich nach einer Taube suchen! Wie also kam dann die Taube in die Pfingstüberlieferung?

Bevor wir diese Frage beantworten, wollen wir ein sehr wichtiges Zwischenergebnis festhalten: Etwas Göttliches kommt beim Pfingstwunder vom Himmel. Die Juden, die sich Jesus angeschlossen hatten, sprachen aramäisch, nicht griechisch. Die Sprache der Religion, des Glaubens war für sie nicht Griechisch, auch nicht Aramäisch, sondern das Hebräisch des Alten Testaments, der altehrwürdigen Thora. Und deshalb hat ein frommer jüdischer Mensch in der jungen Gemeinde dieses Göttliche als »ruach« bezeichnet. Und dieses »ruach« war im Hebräischen weiblich. Für die Jünger Jesu und deren Gefolgsleute stieg also etwas Weiblich-Göttliches vom Himmel zu den Menschen herab.

Der »Hauch« (»ruach«) Gottes taucht bei einer anderen, nicht minder bedeutsamen Gelegenheit auf. Johannes der Täufer und Jesus begegnen sich am Jordan. Vermutlich wurde Jesus nicht von Johannes getauft. Johannes dürfte vielmehr nach altem jüdischem Brauch als eine Art Zeuge fungiert haben, während Jesus eine Selbsttaufe vornahm. Beim Akt der Taufe Jesu gibt es, ganz ähnlich wie beim Pfingstwunder der Apostelgeschichte, göttliche Zustimmung. In beiden Fällen geschieht etwas auf der Erde, und aus dem Himmel kommt ein positives Echo.

Alle vier Evangelisten des Neuen Testaments schildern das eine mysteriöse Ereignis vom Jordan fast mit demselben Wortlaut, eine Übereinstimmung, die sich nicht so häufig findet. Im Evangelium nach Lukas lesen wir (Kapitel 3, Vers 22): »Und der Heilige Geist fuhr hernieder auf ihn (Jesus) in leiblicher Gestalt wie eine Taube.«

Bei Matthäus (Kapitel 3, Vers 16) findet sich eine sehr ähnliche Variante: »Und als Jesus getauft war, stieg er alsbald herauf aus dem Wasser. Und siehe, da tat sich ihm der Himmel auf, und er sah den Geist Gottes wie eine Taube herabfahren und über sich kommen.«

Im Evangelium nach Markus beobachtet Jesus selbst (Kapitel 1, Vers 10), »daß sich der Himmel auftat, und der Geist wie eine Taube herabkam auf ihn«.

Auch bei Johannes findet sich der identische Sachverhalt wie im Evangelium nach Markus, nur daß jetzt Johannes der Täufer als Zeuge benannt und in wörtlicher Rede zitiert wird (Evangelium nach Johannes, Kapitel 1, Vers 32): »Ich (Johannes der Täufer) sah, daß der Geist herabfuhr wie eine Taube vom Himmel und blieb auf ihm (Jesus).«

Es ist wichtig, die vier kurzen Texte sehr sorgsam zu studieren. In keinem der vier Evangelien wird behauptet, daß der Geist als Taube aus himmlischen Gefilden herab zur Erde gekommen sei. Vielmehr wird betont, daß der »ruach« (Geist, Hauch, Wind) wie eine Taube war, wie eine »peristera«. Wenn man nicht voreingenommen auf den männlichen Gott Jahwe fixiert ist, vermag man in »peristera« perah-Istar zu erkennen – den »Vogel der Ischtar«!

Ischtar war eine der wichtigsten Gottheiten Mesopotamiens, die Göttin der Liebe und des Krieges. Ihr Planet war die Venus. Ihr sumerischer Name lautete Inanna, ihr akkadischer war Ischtar. Überträgt man ihren Namen ins Deutsche, so wird er zu »Herrin des Himmels«. Wen wundert es da noch, daß die Taube im antiken Orient das Symbol für alle großen Göttinnen war?

Professor Hans Schindler-Bellamy schreibt dazu: »Gern stellt man den Monotheismus, also den Eingottglauben, dem Polytheismus, also dem Vielgottglauben, gegenüber. Der Monotheismus wird als Fortschritt angesehen. Aber der vermeintliche Vielgottglaube kann sehr wohl in Wirklichkeit eigentlich ein Eingottglaube gewesen sein.« Oder, um genauer zu sein: ein Eingöttin-Glaube! Prof. Hans Schindler-Bellamy fügt hinzu: »Monotheismus ist nicht auf das Patriarchat beschränkt. Monotheismus gibt es auch im Matriarchat: So wie Jahwe im Alten Testament viele Namen hat, hat auch die Göttin des Matriarchats viele Namen. Anhänger eines feministischen Monotheismus glauben an die große Göttin, die unter unterschiedlichen Namen in unterschiedlicher Gestalt auftreten kann.«

Der Ursprung der Göttin Ischtar liegt in grauer Vorzeit. Man hat sie wohl schon im vierten oder fünften Jahrtausend vor Christus verehrt. Als Urgöttin schenkte sie Leben und nahm es wieder. Sie stand für Geburt und Tod.

1891 veröffentlichte Eliphas Levi Lehrbriefe in Sachen Magie. Levi hat sich so intensiv wie kein Zweiter mit dem mittelalterlichen Zauberbuch »Clavicula Salomonis« (»Schlüsselchen Salomons«) auseinandergesetzt. Unter anderem konstatierte der legendäre Fachmann: »Das Weib versinnbildlicht die Natur, die Natur offenbart die gesetzmäßige Macht, schafft die Religion, die der Freiheit zur Grundlage dient und die den Menschen zum Herrn über sich selbst und über das Universum macht.«

Am Anfang war die Urgöttin. Einer ihrer Namen lautete Ischtar. Ischtar, die weibliche Obergottheit, versinnbildlichte Geburt, Leben, Lust und Leiden – und Tod. Ihr Symbol war die Taube oder ein taubenähnlicher Vogel. Aus diesem Tier Ischtars wurde der Heilige Geist. Aus der weiblichen Gottheit wurde das männliche Göttliche, das genau zu fassen selbst Theologen schwerfällt.

Fakt ist: Auch wenn wir uns den Heiligen Geist nur noch männlich vorstellen können, galt er ursprünglich als weiblich. Erst durch die Übersetzung ins Lateinische wurde aus dem weiblichen Heiligen Geist der männliche »Spiritus Sanctus«. Aber Ischtar wurde nicht nur vermännlicht, sie wurde auch noch degradiert. Aus der alleinigen mächtigen All-Göttin wurde der untergeordnete männliche Heilige Geist. Aus der Allmächtigen wurde der »Spiritus Sanctus«, als Teil der sogenannten Dreifaltigkeit. Die Dreifaltigkeit selbst ist allerdings keineswegs ein Produkt christlicher Theologen. Die Trinität ist

Jahrtausende älter als das Christentum. Erst seit dem fünften nachchristlichen Jahrhundert wird sie als reine »Männergruppe« angesehen.

Das Dreiergespann Gott, Sohn und Heiliger Geist hatte Vorläufer. In der uralten sumerischen Religion wird die Götterhierarchie durch das Trio An, Enlil und Enki angeführt. Die Priesterschaft im babylonisch-assyrischen Raum übernahm sie als Anu, Ellil und Ea. Auch die alten Ägypter verehrten eine göttliche Trinität: Osiris, Isis und Horus. Bei den Römern dominierten zunächst Jupiter, Mars und Quirinus, und in den ältesten indischen Texten, den sogenannten Veden, bestimmen Agni, Vayu und Surya die kosmischen wie die irdischen Geschicke. Selbst im Buddhismus sind vergleichbare Strukturen zu erkennen.

Im christlichen Volksglauben allerdings wird die Dreifaltigkeit als eine fromme Lehre christlichen Ursprungs gesehen. Gegen diesen Irrglauben geht die Kirche nicht vor, und das, obwohl es in der Theologie keinen Zweifel daran gibt, daß die Trinität weit älter als die Bibel ist. Mehr noch: Die wissenschaftliche Theologie läßt keinen Zweifel daran, daß in der Bibel die Trinitätslehre gar nicht vorkommt!

So muß der Theologe M.R. DeHaan in seinem Werk »508 Answers to Bible Questions« zugeben: »Es gibt keinen Vers in der Bibel, der aussagt, daß Gott eine Dreifaltigkeit ist, bestehend aus drei Personen.« Damit vertritt er keine Außenseiterposition, sondern die allgemeine wissenschaftliche Lehrmeinung, die auch der Theologe Karl-Heinz Ohlig teilt. 1999 brachte er es in seinem Buch »Ein Gott in drei Personen?« auf den Punkt. Kurz und bündig: Die Lehre von der Dreifaltigkeit »besitzt keinerlei biblische Grundlage«.

Unklar ist aber nach wie vor, wann und wie die Lehre von der Einheit Vater–Sohn–Heiliger Geist entstand. Eher unwahrscheinlich mutet an, daß die uralte Götter-Triade einfach ins Christentum übernommen wurde. Ausgangsbasis war der alte Jahwe-Glaube, der mit Göttervorstellungen aus dem hellenistischen Bereich kombiniert wurde. Auf dem 1. Konzil von Nizäa im Jahre 325 nach Christus gab es den ersten Schritt zur Dreifaltigkeit. Fromme Theologen legten die Gleichheit von »Sohn« Jesus und »Vater« fest. Beide galten als in gleichem Maße göttlich, als »wesensgleich«. Der Heilige Geist kam erst im Jahre 381 nach Christus hinzu. Erst fast vier Jahrhunderte nach Jesu Tod setzte sich die Ansicht offiziell durch, daß auch der »Geist« heilig sei.

Aber warum gesellte man zu Gott-Sohn und Gott-Vater noch den Heiligen Geist? Man darf nicht vergessen, daß das Volk selten sofort einem neuen Glauben folgte und einen alten Glauben aufgab. Kluge Theologen integrierten deshalb Elemente manches alten Glaubens in abgewandelter Form in den neuen. Für die Ur-Göttin gab es keinen Platz mehr im Christentum. Sie wurde vermännlicht und in das Konstrukt von der Dreifaltigkeit eingesetzt.

Dabei konnten sich die Theologen selbst keineswegs so schnell einigen, was denn unter der Dreieinigkeit genau zu verstehen war. Wie standen Gott-Vater, Gott-Sohn und Heiliger Geist zueinander? Die sogenannten Monarchianer in der christlichen Kirche verneinten eine Gleichberechtigung der drei. Für sie war Jesus keineswegs gottgleich, sondern nur von einer unpersönlichen göttlichen Kraft erfüllt. Gott-Vater mußte ihn erst als Sohn annehmen und zu sich emporheben.

Auch der Subordinationismus ging nicht von Gleichberechtigung innerhalb der Trinität aus. Vielmehr sah man innerhalb der Dreifaltigkeit eine klare Hierarchie. Demnach hatte sich der Sohn wie im menschlichen Alltagsleben dem Vater unterzuordnen.

Die Modalisten flüchteten sich in schwer verständliche lebensferne Theorie: Sie stellten sich Gott vor, der in verschiedenen »Arten« wirkt, nämlich als Vater, Sohn oder Heiliger Geist.

Im Jahre 553 n. Chr. verkündete das 2. Konzil von Konstantinopel mit aller Autorität der katholischen Kirche, daß der Fromme nicht an drei Götter, sondern an einen »einzigen Gott in drei Personen« zu glauben habe. Eine Hierarchie innerhalb der Trinität wurde strikt abgelehnt. Die 11. Synode von Toledo hielt im Jahr 675 fest, daß der Vater derselbe wie der Sohn, der Sohn derselbe wie der Vater und Vater und Sohn derselbe wie der Heilige Geist seien.

Zu keiner Zeit konnten Theologen plausibel machen, was unter der Dreifaltigkeit zu verstehen ist. Gewiß, Definitionen gibt es viele. So wurde auf dem 4. Lateran-Konzil im Jahre 1215 beschlossen und verkündet: »Jede der drei Personen ist jene Wirklichkeit, das heißt göttliche Substanz, Wesenheit und Natur.« Gut zwei Jahrhunderte später war die kirchliche Lehre keineswegs verständlicher geworden. Noch immer diskutierten vor allem die Theologen untereinander. Wie immer gaben sie vor, zu begreifen, und versteckten ihr eigenes Unwissen hinter komplizierten Formulierungen, mit denen die meisten Menschen nichts anzufangen wußten.

Anno 1442 erklärte das Konzil von Florenz: »Wegen dieser Einheit ist der Vater ganz im Sohn, ganz im Heiligen Geist. Der Sohn ist ganz im Vater, ganz im Heiligen Geist. Der

Heilige Geist ist ganz im Vater, ganz im Sohn.« Damit verwirrte das Konzil mehr, als daß es etwas erklärte.

Mühsam ist auch die Suche nach dem Heiligen Geist. Die gefundenen Erkenntnisse können schockieren, wenn man die verschlüsselten Botschaften dechiffriert!

Der Heilige Geist als Frau mag dem Christen befremdlich erscheinen, und doch stellt »ihn« ein faszinierendes sakrales Kunstwerk genauso dar. Unweit von Prien am Chiemsee liegt das Dörfchen Urschalling. Der ländliche Weiler bietet in seiner kleinen Kirche eine echte Sensation. Errichtet wurde das Gotteshaus zwischen 1160 und 1200. Nicht ganz klar ist, wann die frommen Fresken angebracht wurden. Um 1550 wurden sie jedenfalls übermalt und erst 1923 zufällig wiederentdeckt.

Warum wurden die kostbaren Malereien übertüncht? Lag es daran, daß auffallend viele Frauen dargestellt sind? Als ein Sakrileg wurde vermutlich die Heilige Dreifaltigkeit im Gewölbe erachtet: Da wurde vor mehr als einem halben Jahrtausend eine seltsame Gestalt verewigt, bestehend aus einem Unterkörper und drei Oberkörpern. Das Wesen hat nur zwei Hände und ein Übergewand, aber drei ganz unterschiedliche Oberkörper. Man erkennt rechts Gott Vater mit weißem Bart, links Jesus mit blondem Bart und – in der Mitte – den Heiligen Geist, der eindeutig als Frau dargestellt wurde: mit weichen weiblichen Formen, langem Haar und vollem Busen.

Man mag darüber diskutieren, ob da drei Personen zu einem Wesen mit zwei Armen zusammengewachsen sind. Oder sind da drei eigenständige Personen gruppiert und in ein gemeinsames Obergewand gehüllt worden? Wie auch immer: In der Mitte befindet sich eine Frau als Heiliger Geist!

Der Heilige Geist ist aber keineswegs eine christliche Erfindung. Er entpuppt sich als Göttin aus uralten, vorbiblischen Zeiten. Der im Christentum vermännlichte Heilige Geist wird erkennbar als Göttin Ischtar im neuen Gewand. Und Ischtar »ist« auch Maria Magdalena. So wie einst Ischtar alias Inanna mit Dummuzi die Heilige Hochzeit zelebrierten, so feiern im Neuen Testament Maria Magdalena und Jesus diesen alten Ritus. Maria Magdalena – als Heiliger Geist – kam über die Jünger. Sie verlieh ihnen Autorität. Die Jünger akzeptierten diese Autorität und zogen hinaus in die Welt, um den Menschen den neuen Glauben näherzubringen.

Neben dem von Maria Magdalena verfaßten Evangelium nach Johannes gibt es ein apokryphes Evangelium, das nach Maria Magdalena benannt wurde und zu den ältesten außerbiblischen Texten gehört. Vermutlich entstand es bereits im zweiten nachchristlichen Jahrhundert, vielleicht ist es sogar noch älter. Ob es auf Aufzeichnungen zurückgeht, die Maria Magdalena selbst als Augenzeugin verfaßte? Oder diktierte sie ihre Geschichte einem Jünger Jesu?

Theologen wie der Apokryphen-Experte Professor Bammel gehen davon aus, daß ursprünglich zwei zunächst eigenständige Texte zu einem neuen zusammengefügt wurden. Tatsächlich fallen bereits bei oberflächlicher Lektüre erhebliche Unterschiede auf. Im ersten Teil des außerbiblischen Textes spielt Maria Magdalena eine untergeordnete Rolle. Es drängt sich der Eindruck auf, als ob eifrige Bearbeiter Maria Magdalena aus dem Text verbannt hätten.

Wilhelm Schneemelcher (»Neutestamentliche Apokryphen«, 6. Auflage, Band 1, Evangelien, S. 315) bringt den Sachverhalt auf den Punkt: »In der Tat besteht ein Gegensatz zwischen der beherrschenden Rolle, die diese heilige Frau im zweiten Teil spielt, und dem bescheidenen Platz, den sie im ersten Teil einnimmt.«

Der in koptischer Sprache erhaltene Text belegt die enge persönliche, ja intime Verbindung zwischen Jesus und Maria Magdalena. Es werden die Eifersüchteleien der männlichen Jünger Jesu gegenüber Maria Magdalena deutlich zum Ausdruck gebracht. Andererseits möchten die Jünger aber schon wissen, was Jesus Maria Magdalena anvertraut hat.

Petrus hat es gewiß große Überwindung gekostet, fühlt er sich doch als Mann jeder Frau überlegen, aber schließlich wendet er sich selbst an die ungeliebte Rivalin (»Apokryphe Evangelien aus Nag Hammadi«, S. 258): »Petrus sprach zu Maria: ›Schwester, wir wissen, daß der Erlöser dich mehr liebt als die anderen Frauen. Sage uns daher die Worte des Erlösers, an die du dich erinnerst, die du kennst, wir aber nicht, und die wir auch nicht gehört haben.‹«

Die entschlüsselte Fassung des mysteriösen Pfingsterlebnisses besagt: Die Jünger erhielten von Maria Magdalena die Autorität, um den Menschen den christlichen Glauben näherzubringen. Was genau ist darunter zu verstehen?

Das Evangelium nach Maria Magdalena gibt darüber Auskunft. Demnach lehrte Maria Magdalena die Menschen aus Jesu direktem Umfeld, was sie selbst von Jesus erfahren hatte. Nachdem Maria Magdalena ihnen einen Vortrag gehalten hatte, entstand eine Diskussion unter den Jüngern (»Apokryphe Evangelien aus Nag Hammadi«, S. 260):

»Als Maria das gesagt hatte, schwieg sie. Denn dies war alles, was der Erlöser mit ihr besprochen hatte. Andreas aber hatte Einwände und sprach zu den Brüdern: ›Sagt an, was meint ihr zu dem, was sie gesagt hat? Ich jedenfalls glaube nicht, daß der

Erlöser so gesprochen hat. Seine Lehren haben sicher ganz andere Bedeutungen.‹ Da machte auch Petrus Einwände zu dem Gesagten und fragte seine Brüder nach ihrer Meinung über den Erlöser: ›Sollte er wirklich mit einem Weibe unter vier Augen gesprochen haben und uns davon ausgeschlossen haben? Sollen wir uns etwa ihr zuwenden und alle auf sie hören? Hat er sie uns gegenüber bevorzugt?‹«

Man muß davon ausgehen, daß Maria Magdalena den Jüngern Aspekte der Lehre Jesu offenbarte, die ihnen vollkommen neu waren. Offensichtlich ging es auch um die Nachfolgefrage: Wer sollte nach Jesus die junge Gemeinschaft anführen? Offenbar war nicht Petrus auserkoren worden, denn insbesondere er muß Maria Magdalena massiv angegriffen haben, wie man unschwer an ihrer Reaktion erkennen kann (»Apokryphe Evangelien aus Nag Hammadi«, S. 261): »Da weinte Maria und sprach zu Petrus: ›Mein Bruder Petrus, was glaubst du denn? Meinst du, ich habe das alles ersonnen in meinem Herzen oder ich lüge über den Erlöser?‹«

Anscheinend war die kleine Schar der Jünger in ihrem männlichen Stolz verletzt. War es denn möglich, daß Jesus Maria Magdalena mehr anvertraut hatte als ihnen? Offenbar dachten die meisten anderen Jünger ähnlich wie Petrus. Nur Levi setzte sich vehement und mit Erfolg für Maria Magdalena ein: »›Petrus, du bist schon immer aufbrausend gewesen. Und auch jetzt sehe ich, wie du dich gegen diese Frau ereiferst, als wärest du ihr Widersacher. Wenn aber der Erlöser sie gewürdigt hat, wer bist du, daß du sie verwerfen dürftest? ... Wir sollten uns schämen ... und das Evangelium verkünden, wie er es uns aufgetragen hat, ohne daß wir ein weiteres Gebot oder Gesetz erlassen außer dem, worin uns der Erlöser unterwiesen hat.‹ Als

Levi das gesagt hatte, machten sie sich bereit, zu verkündigen und zu predigen.«

Maria Magdalena also verleiht den Jüngern die Autorität zur Missionierung. Dann ziehen sie los und predigen den Menschen den neuen Glauben. Im Evangelium nach Maria Magdalena trägt Maria Magdalena den Jüngern vor, was Jesus ihr beigebracht hat. Sie stößt auf Widerspruch, Petrus greift sie an, aber Levi setzt sich für Maria Magdalena ein.

Beide Quellen berichten über dasselbe Ereignis: Maria Magdalena instruiert die Jünger, bevor sie den christlichen Glauben »unter die Völker« bringen. Mit anderen Worten: Jesu Jünger lebten mit Jesus, zogen mit ihm durchs Land. Sie sahen ihn als Rabbi und Meister an. Als Jesus nicht mehr bei ihnen war, war es Maria Magdalena, die die Jünger unterwies. Erst dann konnten sie mit ihrer Arbeit als Verkünder des Christentums beginnen. Leider wird dieser Teil der Kirchengeschichte bis heute weitgehend verschwiegen.

Doch nicht nur das Pfingstwunder muß entschlüsselt werden, sondern auch die Taufe Jesu. Dechiffriert verweist sie wieder auf die Heilige Hochzeit zwischen Maria Magdalena und Jesus.

Nach archaischer Vorstellung kommt es in der Heiligen Hochzeit zur Verbindung zwischen Himmelsgottheit und Erdgöttin. Im Neuen Testament feiern Maria Magdalena und Jesus die heilige Zeremonie. Und was spielt sich bei der Taufe Jesu ab? Hier kommt es zur Verbindung zwischen Gottessohn und Göttin, also ebenfalls zur Heiligen Hochzeit!

Am ausführlichsten schildert das Evangelium nach Matthäus (Kapitel 3, Vers 3–17) – in verschlüsselter Form – diese Zeremonie: »Zu der Zeit kam Jesus aus Galiläa an den Jordan zu Johannes, daß er sich von ihm taufen ließe. Aber Johannes wehrte ihm und sprach: Ich bedarf dessen, daß ich von dir getauft werde, und du kommst zu mir? Jesus aber antwortete und sprach zu ihm: Lass es jetzt geschehen! Denn so gebührt es uns, alle Gerechtigkeit zu erfüllen. Da ließ er es geschehen. Und als Jesus getauft war, stieg er alsbald herauf aus dem Wasser. Und siehe, da tat sich ihm der Himmel auf, und er sah den Geist Gottes wie eine Taube herabfahren und über sich kommen. Und siehe, eine Stimme vom Himmel herab sprach: Dies ist mein lieber Sohn, an dem ich Wohlgefallen habe.«

Die wenigen Verse bieten eine Fülle von Informationen: Johannes der Täufer hält sich nicht für würdig, Jesus zu taufen. Offenbar erkennt er in Jesus den Gottessohn. Und tatsächlich: Im Rahmen der Taufzeremonie wird Jesu Göttlichkeit bestätigt, läßt sich doch eine Stimme aus dem Himmel vernehmen: »Dies ist mein lieber Sohn, an dem ich Wohlgefallen habe.«

Somit ist eine der zwei für eine Heilige Hochzeit notwendigen Parteien anwesend: der männliche, göttliche Part: Jesus alias Dummuzi. Zum männlichen Gott kommt nun der weibliche Partner hinzu: Maria Magdalena, im Evangelium nach Matthäus (Kapitel 3. Vers 16) als Taube symbolisiert – oder als Ischtar.

Interessanterweise bestätigen alle vier Evangelisten Matthäus, Markus, Lukas und Johannes in seltener Eintracht ein wichtiges Detail: Vor der Heiligen Hochzeit zwischen Jesus und Maria Magdalena alias Heiliger Geist (weiblich!) kommt es zur Taufe Jesu. Dabei wird aber Jesus nicht nach heutigem Verständnis getauft. Johannes fungiert vielmehr lediglich als Taufzeuge. Jesus unterzieht sich bei der Taufe einer rituellen

Reinigung, bevor es zur mystischen Heiligen Hochzeit kommt, zur Verbindung zwischen Gott und Göttin.

In Nuancen unterscheiden sich die vier Evangelisten. Doch alle vier beschreiben in dezenter Form die Vereinigung des männlichen Göttlichen mit dem weiblichen Göttlichen. Weil es um eine außergewöhnlich wichtige Aussage des Neuen Testaments geht, werden die entsprechenden Verse alle zitiert.

Evangelium nach Matthäus (Kapitel 3, Vers 16): »Und siehe, da tat sich ihm der Himmel auf, und er (Jesus) sah den Geist Gottes wie eine Taube herabfahren und über sich kommen.«

Evangelium nach Markus (Kapitel 1, Vers 10): »Und alsbald, als er aus dem Wasser stieg, sah er (Jesus), daß sich der Himmel auftat und der Geist wie eine Taube herabkam auf ihn.«

Evangelium nach Lukas (Kapitel 3, Vers 22): »Und der heilige Geist fuhr hernieder auf ihn in leiblicher Gestalt wie eine Taube.«

Evangelium nach Johannes (Kapitel 1, Vers 32): »Und Johannes (der Täufer) bezeugte und sprach: ›Ich sah, daß der Geist herabfuhr wie eine Taube vom Himmel und blieb auf ihm.‹«

Das Evangelium nach Johannes – von Maria Magdalena verfaßt – beschreibt die Heilige Hochzeit am deutlichsten: Der Heilige Geist vereinte sich mit Jesus und »blieb auf ihm«.

Niemand vermag zu sagen, wann zum ersten Mal die Heilige Hochzeit praktiziert wurde. Vor vielen Jahrtausenden wurde sie in Zeichnungen in Stein dargestellt. In patriarchalischen Systemen kam das männliche Göttliche vom Himmel und vereinte sich mit der weiblichen Natur. Die Anhänger des männlich-mächtigen Bibelgottes Jahwe beschrieben dieses für patriarchalisches Denken typische Szenario (Das erste Buch

Mose, Kapitel 6, Vers 4): »Als aber die Menschen sich zu mehren begannen auf Erden und ihnen Töchter geboren wurden, da sahen die Gottessöhne, wie schön die Töchter der Menschen waren, und nahmen sich zu Frauen, welche sie wollten. Da sprach der Gott: Mein Geist soll nicht immerdar im Menschen walten, denn auch der Mensch ist Fleisch. Ich will ihm als Lebenszeit geben hundertundzwanzig Jahre. Zu der Zeit und auch später noch, als die Gottessöhne zu den Töchtern der Menschen eingingen und sie ihnen Kinder gebaren, wurden daraus die Riesen auf Erden. Das sind die Helden der Vorzeit, die hochberühmten.«

Gleich in geballter Macht kamen männliche Götter vom Himmel herab – die Gottessöhne. Und sie vollzogen die Heilige Hochzeit mit den »Töchtern der Menschen«, die ihnen gefielen. Das männliche Himmlische vereinte sich also mit dem fruchtbaren Irdischen. Das blieb nicht ohne Konsequenzen: die »Riesen«, »die Helden der Vorzeit« wurden geboren, »die hochberühmten«.

Noch ausführlicher sind die entsprechenden Schilderungen im äthiopischen Buch Henoch (Kapitel 7, Verse 1–7) das nicht in den Kanon des Alten Testaments aufgenommen wurde. Das Buch Henoch wurde von dem Afrikareisenden James Bruce (1730–1794) entdeckt. Drei Exemplare brachte der britische Forscher nach Europa. Seither wurden noch eine ganze Anzahl weiterer Handschriften gefunden, so daß Lücken im Text geschlossen werden konnten.

Viele Jahrzehnte lang waren Texte wie das Buch Henoch nur wenigen Experten bekannt. Es war schwierig, sich die Bücher zu besorgen. In der Regel gab es die teuren Werke nur in Spezialbibliotheken, wo sie von der Öffentlichkeit so gut wie gar nicht beachtet wurden. Dank des Internets sind sie heute aber allgemein zugänglich und können jederzeit ohne Probleme eingesehen werden.

Auch im Buch Henoch geht es um die Verbindung männlicher Himmelswesen mit irdischen, menschlichen Frauen, also um die Heilige Hochzeit. Auch hier vereinen sich Himmel und Erde miteinander. Auch hier dominiert eindeutig die männliche Seite, die sich sozusagen herabläßt und vom Himmel steigt, um sich mit der wartenden Weiblichkeit zu paaren. Der nachfolgende Text stammt aus dem Internet (http://apokryphen.diebibel4you.de/henoch2.html): »Nachdem die Menschenkinder sich gemehrt hatten, wurden ihnen in jenen Tagen schöne und liebliche Töchter geboren. Als aber die Engel, die Himmelssöhne, sie sahen, gelüstete es sie nach ihnen, und sie sprachen untereinander: ›Wohlan, wir wollen uns Weiber unter den Menschentöchtern wählen und uns Kinder zeugen.‹«

Die männlichen Himmelswesen fühlten sich also von den Erdentöchtern angezogen. Oder anders ausgedrückt: Die Himmelssöhne waren so angetan von den Frauen auf Erden, daß sie sehr gern hinab zu den Irdischen gestiegen wären. Doch sie hatten Bedenken. Weiter heißt es im Buch Henoch: »Semjasa aber, ihr Oberster, sprach zu ihnen: ›Ich fürchte, ihr werdet wohl diese Tat nicht ausführen wollen, so daß ich allein eine große Sünde zu büßen haben werde.‹ Da antworteten ihm alle und sprachen: ›Wir wollen alle einen Eid schwören und durch Verwünschungen uns untereinander verpflichten, diesen Plan nicht aufzugeben, sondern dies beabsichtigte Werk auszuführen.‹ Da schworen alle zusammen und verpflichteten sich untereinander durch Verwünschungen dazu.

Es waren ihrer im Ganzen zweihundert, die in den Tagen Jareds auf den Gipfel des Berges Hermon herabstiegen. Sie nannten aber den Berg Hermon, weil sie auf ihm geschworen und durch Verwünschungen sich untereinander verpflichtet hatten. Dies sind die Namen ihrer Anführer: Semjasa, ihr Oberster, Urakib, Arameel, Akibeel, Tamiel, Rauel, Danel, Ezeqeel, Saraqujal, Asael, Armers, Betraal, Anani, Zaqebe, Samsaveel, Sartael, Tumael, Turel, Jomjael, Arasjal.«

Das Buch Henoch ist also wesentlich ausführlicher in seinen Darlegungen als die Bibel, die sich auf nur wenige Worte beschränkt. Der Sachverhalt ist aber derselbe. Weiter im Buch Henoch: »Diese und alle übrigen mit ihnen nahmen sich Weiber, jeder von ihnen wählte sich eine aus, und sie begannen zu ihnen hineinzugehen und sich an ihnen zu verunreinigen; sie lehrten sie Zaubermittel, Beschwörungsformeln und das Schneiden von Wurzeln und offenbarten ihnen die heilkräftigen Pflanzen. Sie wurden aber schwanger und gebaren dreitausend Ellen lange Riesen, die den Erwerb der Menschen verzehrten.«

Sowohl im Alten Testament als auch im Buch Henoch wird die Vereinigung des männlichen Göttlichen mit dem irdisch Weiblichen eindeutig negativ gesehen. In der verschlüsselten Form wird die Heilige Hochzeit sowohl in der Apostelgeschichte (»Salbung Jesu in Bethanien«) als auch bei allen vier Evangelisten (»Selbsttaufe Jesu«) hingegen positiv bewertet. Allerdings muß der Leser erst die eigentliche Bedeutung der Texte erkennen.

Die »Gottessöhne« oder »Wächter des Himmels« finden ganz und gar nicht die Zustimmung Gottes, die Verbindung Maria Magdalena und Jesus aber sehr wohl.

In patriarchalischen Systemen dominierte das Männliche über das Weibliche, auch bei der Heiligen Hochzeit. In matriarchalischen Systemen hingegen war das weibliche Göttliche wichtiger als das männliche. Und genau so ist es auch bei der Heiligen Hochzeit zwischen Maria Magdalena und Jesus. Die weibliche Göttin kommt in der Gestalt der Taube vom Himmel. Ihr männlicher Part hat sich durch ein rituelles Taufbad gereinigt und ist bereit für die heilige Zeremonie.

Jesus entsagt der patriarchalischen Dominanz des Männlichen. Er ist der Bräutigam, der auf die Braut wartet. Maria Magdalena ist der aktive, der bestimmende Teil. Jesus ist der passive, hinnehmende Teil. Er identifiziert sich mit der weiblichen Seite der Schöpfung, mit der Natur. In der Heiligen Hochzeit übernimmt er den Part des Dummuzi.

Dummuzi, den die Hebräer Tammuz nannten, und Jesus sind auch im Neuen Testament eng miteinander verbunden. In früher christlicher Tradition wurde Dummuzis Geburtsort von Jesus übernommen. Dummuzi wurde in Bethlehem vermutlich jahrhunderte-, wenn nicht jahrtausendelang in einer Höhle verehrt, so wie einst in den ältesten matriarchalischen Religionen – wie bei den Ägyptern lange bevor die Pyramiden gebaut wurden. Aus Dummuzis Kulthöhle wurde Jesu Geburtsgrotte.

Es ist also wirklich kein Zufall, daß im Evangelium nach Matthäus (Kapitel 2, Vers 1) ausgerechnet Bethlehem als Geburtsort Jesu genannt wird. Bis in unsere Tage hat sich eine uralte Tradition im Volksglauben erhalten: die Darstellung von Jesu Geburt in einer Grotte. In zahllosen katholischen Kirchen kann man sie zur Weihnachtszeit noch immer bewundern.

Wo der historische Jesus wirklich geboren wurde, wissen wir nicht. Der wahre Geburtsort Jesu ist allerdings auch für den christlichen Glauben bedeutungslos. Zu Recht fordert der Neutestamentler Rudolf Hoppe (»Jesus – Von der Krippe an den Galgen«, S. 24), man müsse endlich darauf verzichten, Geschichten wie die vom Geburtsort Jesu Bethlehem »auf der historischen Ebene zu suchen«.

Wichtiger ist die Frage: Warum legt die christliche Kirche auf Bethlehem als Ort von Jesu Geburt Wert? Was soll mit dem biblischen Hinweis auf Bethlehem ausgesagt werden? Die Nennung von Bethlehem läßt sich einfach dechiffrieren: Jesus entspricht Dummuzi. Was vor Jahrtausenden Dummuzi war, das wurde Jesus zur Zeitenwende um das Jahr 0. So wie Dummuzi eine Partnerin hatte, so war das auch bei Jesus. Inanna feierte mit Dummuzi die Heilige Hochzeit, so wie – Jahrtausende später – Jesus mit Maria Magdalena.

Jesus übernahm also den Kultort Dummuzis. Wo man Dummuzi verehrt hatte, entstand ein neuer heiliger Platz. Die Menschen mochten wohl den Glauben an Dummuzi nicht so leicht aufgeben. Sie konnten es trotz Christianisierung wohl nicht lassen, die alte heidnische Stätte aufzusuchen. Also ersetzte man offiziell Dummuzi durch Jesus, und schon war von christlicher Seite an frommen Pilgern in Bethlehem nichts mehr auszusetzen.

Dummuzi, der Partner der Göttin Inanna, hatte einen aus heutiger Sicht eigenartigen Beinamen für einen Gott: »Gärtner«. Ein »Gärtner« kommt an einer einzigen, ganz zentralen Stelle des Neuen Testaments vor: Maria Magdalena eilt nach dem großen jüdischen Feiertag an das Grab Jesu. Sie findet es leer und begegnet schließlich einem Mann. Sie denkt

(Evangelium nach Johannes, Kapitel 20, Vers 15), »er sei der Gärtner«. Warum sollte Maria Magdalena beim Grab Jesu einen Gärtner vermuten? Warum sollte ausgerechnet ein Gärtner den Leichnam Jesu aus dem Grab rauben und dann beim leeren Grab bleiben?

Es scheint, als solle der kleine Text von Maria Magdalena am Grab an eine jahrtausendealte Geschichte erinnern: an die Heilige Hochzeit zwischen der weiblichen Gottheit Inanna und der männlichen Gottheit Dummuzi, genannt »der Gärtner«.

Jahrtausende zuvor hatte sich Inanna auf die Suche nach dem toten Dummuzi gemacht. Sie war in die Unterwelt gestiegen, um ihren Geliebten, den »göttlichen Gärtner« schließlich zu finden. Auch Maria Magdalena macht sich Jahrtausende später auf die Suche nach dem geliebten Partner. Auch sie geht in die Unterwelt – in das Grab Jesu in der Felsengruft – und findet Jesus, den sie als vermeintlichen »Gärtner« anspricht. Die Anspielung an Dummuzi ist nicht zu verkennen!

Maria Magdalena und Jesus wirken wie Kopien von Dummuzi und Inanna. Kann man davon ableiten, daß Maria Magdalena und Jesus als reale Personen der Geschichte nicht existiert haben? Kann man von den Ähnlichkeiten zwischen Maria Magdalena und Dummuzi und Inanna darauf schließen, daß das Paar aus dem Neuen Testament nach dem Vorbild der alten Götter Inanna und Dummuzi erfunden wurde?

Nein, Maria Magdalena und Jesus kannten ihre Vorläufer. Sie sind keine Kopien ihrer frühen Pendants, sondern handelten ganz bewußt wie sie. Sie praktizierten wie sie ein uraltes Ritual, das seit ungezählten Jahrtausenden immer wieder aufgeführt wird, und wandelten es ab.

5. Maria Magdalena, Jesus und die Entscheidung in der Wüste

Maria Magdalena und Jesus vollzogen nach den Evangelien die Zeremonie der Heiligen Hochzeit zwei Mal. Zwei verschlüsselte Berichte finden sich im Neuen Testament. Beide lassen sich sehr gut in die Lebenschronologie Jesu einfügen. Zum letzten Mal fand das intime Ritual kurz vor der Hinrichtung Jesu statt. Wie oft es zelebriert wurde, läßt sich an Hand der biblischen Texte nicht ermitteln. Sicher ist, daß der uralte Brauch in seinen ältesten Formen alljährlich stattfand. Aber wie war das mit Maria Magdalena und Jesus?

Zum ersten Mal feierten Maria Magdalena und Jesus die Heilige Hochzeit im Umfeld von Johannes dem Täufer. Offensichtlich gehörte Marie Magdalena schon von Anfang an zur Gefolgschaft Jesu, auch wenn sie namentlich genannt erst später auftaucht. Mit Fragen der Thematik des Lieblingsjüngers Jesu hat sich ein amerikanischer Forscher von Weltrang besonders intensiv auseinandergesetzt: Prof. Raymond E. Brown (1928–1998). Der Gelehrte wurde zwei Mal in die päpstliche Bibelkommission berufen. Er gilt als einer der profiliertesten Theologen der Welt.

Prof. Brown wies sich durch zahlreiche umfangreiche Bibelkommentare als Experte ersten Rangs aus. Er beschäftigte sich immer wieder mit dem Lieblingsjünger Jesu und kommt zu dem Schluß, daß dieser zu den ersten Gefolgsleuten Jesu gehört haben muß. Zunächst trete der Lieblingsjünger kurz als ein namenloser Mensch auf, der Jesus folgte.

Wichtig ist: Die kurze Episode spielte sich eindeutig sehr früh in Jesu Laufbahn ab, als er noch im näheren Umfeld von Johannes dem Täufer zu finden war. Johannes der Täufer pries Jesus, was (Evangelium nach Johannes, Kapitel 1, Vers 37) »zwei Jünger hörten«. Sie gingen ihm nach und schlossen sich ihm an. Nur von einem der beiden wird der Name enthüllt (Vers 40): »Einer von den zweien, die es von Johannes (dem Täufer) hörten und Jesus nachfolgten, war Andreas, der Bruder von Simon Petrus.« Wer aber war der zweite?

Für Prof. Brown gibt es keinen Zweifel: Der anonyme Begleiter sollte bald zum Jünger werden, den Jesus liebte. Da aber eben dieser Jünger als Maria Magdalena identifiziert werden konnte, ergibt sich ein eindeutiges Bild: Maria Magdalena schloß sich Jesus bereits an, noch bevor Petrus dazukam, der ja erst von Andreas angeworben wurde.

Es wird klar, warum spätere Textbearbeiter Maria Magdalena als Autorin der ersten Fassung des Evangeliums nach Johannes aus dem Text verschwinden ließen. Für sie war schon der Gedanke schwer erträglich, daß eine Frau ein Evangelium geschrieben haben sollte. Völlig unakzeptabel war es, daß ausgerechnet die Geliebte Jesu diese Verfasserin war. Und diese Frau sollte obendrein schon vor Petrus Jesus gefolgt sein? Das waren Gründe genug, gegen Maria Magdalena voreingenommen zu sein. Maria Magdalena mußte aus dem Evangelium nach Johannes verschwinden.

Vor Johannes dem Täufer als Zeugen begingen Maria Magdalena und Jesus die Heilige Hochzeit. Der Bericht findet sich verschlüsselt im Neuen Testament als Taufe Jesu. Zu dieser

Zeit kam es, daß sich Jesus in die Wüste zurückzog und fastete. Warum tat er das? Veranlaßte ihn jemand dazu?

»Vierzig Tage« lang blieb Jesus in der Wüste, berichten die Evangelien nach Matthäus, Markus und Lukas. Am knappsten wird diese Zeit in der Einöde bei Markus geschildert (Evangelium nach Markus, Kapitel 1, Verse 12 und 13): »Und alsbald trieb ihn (Jesus) der Geist in die Wüste vierzig Tage und wurde versucht von dem Satan und war bei den wilden Tieren.« Worin die »Versuchung« bestanden haben soll, verschweigt Markus. Um so gesprächiger sind Matthäus und Lukas. Allerdings widersprechen sich die beiden Texte, was die Reihenfolge der Versuchungen angeht.

Im Evangelium nach Matthäus (Kapitel 4, Verse 1–11) fordert der Teufel zunächst den hungrigen Jesus auf, doch Steine in Brot zu verwandeln. Dann soll er von der Zinne des Tempels von Jerusalem springen, und schließlich bietet der Teufel ihm die Weltherrschaft an, für den Fall, daß Jesus vor ihm niederkniet und ihn anbetet.

Im Evangelium nach Lukas (Kapitel 4, Verse 1–13) verlangt der Teufel zunächst wie bei Matthäus von Jesus, Steine in Brot zu verwandeln, dann bietet er ihm die Weltherrschaft an, wenn Jesus ihn anbetet und schließlich soll Jesus von der Zinne des Tempels springen.

So einfach die kleine Geschichte auch zu sein scheint, muß es doch verwundern, daß sich Matthäus und Lukas nicht über die Reihenfolge der Versuchungen einigen können. Logischer aufgebaut ist die Version nach Matthäus: Die Versuchungen steigern sich und werden immer verlockender. Es fängt mit Brot gegen den knurrenden Magen an und endet bei der Herrschaft über die gesamte Welt.

Die Geschichte von Jesu Versuchung gehört zu den relativ bekannten Texten über Jesus. Doch wer sie zu kennen meint, irrt oft. Richtig ist, daß Jesus in den Texten nach Matthäus, Markus und Lukas, »in der Wüste vom Teufel versucht« wurde, aber in die Wüste wurde er nicht vom Teufel geführt, sondern »vom Geist«.

Wie bereits entschlüsselt wurde, steht der Heilige Geist für Maria Magdalena. Wie muß man sich die Versuchung Jesu in der Wüste vorstellen? Jesus geht auf Veranlassung des Heiligen Geists in die Wüste und wird dort drei Mal zu einer Entscheidung gedrängt. Dabei geht es um grundlegende menschliche Bedürfnisse, wie sie jeder Mensch kennt: einmal um jegliche Absicherung und dann um gesellschaftliche Stellung.

Das angebotene Wunder, Stein zu Brot zu verwandeln, steht für materielle Versorgung. Wer aus Stein das Grundnahrungsmittel Brot machen kann, der muß nie mehr hungern. Man kann dieses Wunder durchaus allgemeiner verstehen. Wer in allen Bereichen abgesichert ist, der muß keine Angst mehr um seine Existenz haben. In der biblischen Sprache sind es Engel, die selbst den sicheren Tod (Sturz in den Abgrund) abwenden. Jesus wird also eine vollkommen sichere Zukunft angeboten.

Schließlich geht es um die Macht schlechthin: Will sich Jesus zum Despoten über die ganze Welt aufschwingen?

Ist erst einmal eine Bibelstelle enträtselt, dann können weitere Passagen besser gedeutet werden. Maria Magdalena (Heiliger Geist/Geist) ist es, die Jesus in die Wüste treibt. Die lange Dauer – »vierzig Tage« – muß man nicht wörtlich nehmen. Diese Zahl steht symbolisch für einen langen Zeitraum: Mose blieb vierzig Tage und Nächte auf dem Berg Sinai, um mit Gott zu sprechen. Vierzig Tage und Nächte regnete es, als die große biblische Flut ausbrach. Vierzig Jahre führte Mose das Volk Israel aus der ägyptischen Sklaverei ins Gelobte Land. Vierzig Tage blieb er auf dem Heiligen Berg bei Gott.

Warum trieb Maria Magdalena Jesus in die Wüste? Offenbar ging es um die Suche nach wichtigen Antworten auf zentrale Fragen. Jesus stand vor der Entscheidung, wie er sein künftiges Leben führen soll. Will er vollkommen gegen jegliche Gefahr abgesichert sein? Möchte er nie mehr von Hunger bedroht sein? Will er vor jeder denkbaren Gefahr bewahrt werden? Und schließlich: Soll er Karriere machen und immer höher und höher steigen? Will er so Macht gewinnen, andere beherrschen, die ihm dienen müssen?

Das Szenario in der Bibel ist höchst dramatisch in packende Bilder gekleidet. Dabei geht es um Entscheidungen, die jeder Mensch fällen muß. Was ist ihm wichtiger? Sind es Ideale? Oder sind es soziale Integration und Karriere ohne Rücksicht auf Verluste? Maria Magdalena ist es, die Jesus zu einer Entscheidung für sein Leben drängt. Sie ist es, die ihn offenbar vor eine Alternative stellt. Wie will er sein weiteres Leben gestalten? Vor allem: Soll Maria Magdalena einen Platz haben in diesem Leben?

Jesus entscheidet sich gegen die bequeme Sicherheit ohne Sorgen, gegen die Karriere, die ihm Macht über andere bieten könnte. Er entscheidet sich für ein Herumziehen durch das Land mit einigen Vertrauten, vor allem mit Maria Magdalena. Sie bleibt ihm von nun an treu und verläßt ihn selbst dann nicht, als es gefährlich wird.

Jesu Entscheidung für Maria Magdalena muß noch im Umfeld von Johannes dem Täufer gefällt worden sein. Sie wurde in den Kreis der Jünger aufgenommen. Erst nach und nach entwickelte sie sich zu Jesu Lieblingsjünger, verärgerte dadurch aber die anderen, die Maria Magdalena als unliebsame Konkurrenz ansahen. Jesu Entscheidung gegen materiellen Wohlstand und gegen Machtstreben führte zur letzten, tragischen Konsequenz. Er entschied sich für einen Tod am Kreuz.

Siddharta Gautama, genannt Buddha, lebte rund ein halbes Jahrtausend vor Jesus, in der Zeit von 560 bis 480 v. Chr. Zwar herrscht heute in der Wissenschaft kaum noch Zweifel daran, daß er wirklich gelebt hat, doch die genauen Lebensdaten sind unbekannt. Geboren wurde Gautama im heutigen Nepal an der Grenze zu Indien. Immer wieder hört man, er sei der Nachkomme eines Königs gewesen. Doch gab es damals sehr viele »Könige« in seiner Heimat. Man kommt der Wahrheit wohl näher, wenn man ihn als »Fürstensohn« bezeichnet. Er lebte – im Vergleich zur damaligen Durchschnittsbevölkerung – im Überfluß. Sorgen mußte er sich jedenfalls keine um seine Zukunft machen.

Buddha entschied sich gegen den Reichtum, gegen Macht und Einfluß – für ein Leben auf der Suche nach einer höheren, geistigen Wahrheit, genau wie Jesus es tat. Doch Jesu historischer Hintergrund war ein anderer. Sein Vater war ein Handwerker ohne großen Besitz. Zimmerleute im eigentlichen Sinn gab es zu Jesu Lebzeiten im Heiligen Land gar nicht. Joseph arbeitete vermutlich im Baugewerbe. Jesus hatte – auch wenn das von der katholischen Geistlichkeit bis heute bestritten wird – offenkundig mehrere Geschwister.

Jesus stand also – anders als Buddha – nicht vor der Entscheidung, ob er elterlichen Wohlstand behalten wolle oder nicht. Er mußte sich für oder gegen einen materiell orientierten Lebensablauf entscheiden. Offensichtlich tendierte Jesus zu einem radikalen Leben. Sonst hätte es ihn kaum in die Nähe von Johannes dem Täufer getrieben. Johannes der Täufer lebte als eine Art mönchischer Einsiedler in Armut. Er verabscheute bequemen Luxus und verzichtete auf alle Annehmlichkeiten.

So lockte Johannes der Täufer viele Menschen an, die ein asketisches Leben führen wollten. Offenbar rechnete man Jesus schon zur Gemeinde des Täufers. Deshalb bezeichneten manche Jesus als (Das Evangelium nach Matthäus, Kapitel 11, Vers 19) »Fresser und Weinsäufer«. Nirgendwo im Neuen Testament findet sich sonst ein Hinweis darauf, daß Jesus unmäßig gegessen oder getrunken hat. Diesen negativen Eindruck kann nur jemand erhalten haben, der Jesus als einen Abweichler ansah, als einen Menschen, der sein Heil nicht mehr in der Askese und Selbstkasteiung suchte.

Maria Magdalena ist Jesus offenbar im Umfeld von Johannes begegnet. Es steht zu vermuten, daß sie sich in ihn verliebt hat. Doch gab es überhaupt eine Aussicht auf eine Liebesbeziehung zu ihm? Danach sah es wohl nicht so aus. Johannes der Täufer war nicht nur Asket, er führte auch ein zölibatäres Leben, und es gab Anzeichen, daß Jesus eine ähnliche Richtung einschlagen wollte.

Johannes der Täufer war ein strenggläubiger Jude, der den Essenern nahe stand. Der Täufer lehrte wie sie eine strikte Befolgung der unzähligen Gesetze der Thora, des Alten Testaments. Als Anhänger von Johannes dem Täufer forderte auch Jesus noch die strikte Einhaltung jedes Gesetzes (Evangelium nach Matthäus, Kapitel 5, Verse 17–20): »Meint nicht, daß ich gekommen sei, das Gesetz oder die Propheten aufzulösen; ich bin nicht gekommen, aufzulösen, sondern zu erfüllen. Denn wahrlich, ich sage euch: Bis der Himmel und die Erde vergehen, soll auch nicht ein Jota oder ein Strichlein von dem Gesetz vergehen, bis alles geschehen ist. Wer nun eins dieser geringsten Gebote auflöst und so die Menschen lehrt, wird der Geringste heißen im Reich der Himmel; wer sie aber tut und lehrt, dieser wird groß heißen im Reich der Himmel. Denn ich sage euch: Wenn nicht eure Gerechtigkeit vorzüglicher ist als die der Schriftgelehrten und Pharisäer, so werdet ihr nicht in das Reich der Himmel eingehen.«

Mit anderen Worten: Der extrem gesetzestreue Jesus verbietet jegliche noch so kleine Änderung an einer Vorschrift. Nur wenn man die Gesetzesvorschriften noch genauer nimmt als die Schriftgelehrten und Pharisäer, kommt man in den Himmel.

Von dieser harten Linie weicht Jesus alsbald ab. Er entschließt sich zu einer Loslösung von der extremen Haltung von Johannes dem Täufer und den Essenern und entscheidet sich für Maria Magdalena – und für eine freiere, lebensfreundlichere Haltung in Gesetzesfragen. Oberste Priorität hat nicht mehr die buchstabengetreue Erfüllung des Gesetzes, sondern der Mensch, zu dessen Wohl das Gesetz geschaffen wurde (Evangelium nach Matthäus, Kapitel 12, Vers 8): »Der Menschensohn ist ein Herr über den Sabbat.«

Indem sich Jesus von Johannes dem Täufer und den Essenern entfernt, nähert er sich einer neuen Auffassung vom guten, frommen Leben. Eine wirklich buchstabengetreue Befolgung der unzähligen Vorschriften der Thora, der fünf Bücher Mose, ist in der Praxis kaum einzuhalten, etwa wenn es um die zahllosen präzisen Vorschriften in Sachen Ernährung geht. Nach seiner Entscheidung für Maria Magdalena hebt

Jesus daher letztlich die strengen Reinheitsgebote auf, die genau definieren, was rein und was unrein ist, was also gegessen werden darf und was nicht. Das elfte Kapitel im 3. Buch Mose hält penibel fest, welche Tiere verzehrt werden dürfen und welche – da »unrein« – unbedingt gemieden werden müssen.

In der Wüste faßte Jesus wichtige Entschlüsse. Vor allem konzentrierte er sich nun auf das Wohl des Menschen, das über der peniblen Einhaltung der unzähligen Gesetze steht. Der gewandelte Jesus (Das Evangelium nach Matthäus, Kapitel 15, Verse 10 und 11) zeigte sich bald: »Und er (Jesus) rief das Volk und sprach zu ihm: ›Was zum Munde eingeht, das macht den Menschen nicht unrein, sondern was zum Munde ausgeht, das macht den Menschen unrein.‹«

Mit anderen Worten: Nicht was der Mensch ißt, macht ihn zum Sünder. Seine Gedanken und Worte sind es, die ihn unrein machen. Ausgerechnet Petrus erweist sich als begriffsstutzig und bittet Jesus, seine klaren Worte nochmals zu erklären. Geduldig führt Jesus aus (Vers 18): »Seid denn auch ihr noch immer unverständig? Merkt ihr nicht, daß alles, was zum Mund hineingeht, das geht in den Bauch und wird danach in die Grube ausgeleert? Was aber aus dem Mund herauskommt, das kommt aus dem Herzen, und das macht den Menschen unrein. Denn aus dem Herzen kommen böse Gedanken, Mord, Ehebruch, Unzucht, Diebstahl, falsches Zeugnis, Lästerung. Das sind die Dinge, die den Menschen unrein machen. Aber mit ungewaschenen Händen essen macht den Menschen nicht unrein.«

Direkt auf die Vorschriften über reine und unreine Tiere (3. Buch Mose, Kapitel 11) folgen recht konkrete Anweisungen über Reinheit bei Wöchnerinnen (Kapitel 12). Ganz eindeutig sind diese Vorschriften frauenverachtend, was schon bei der Geburt eines Kindes anfängt: Nach mosaischem Gesetz wird eine Frau, die ein Kind gebiert, unrein. Nach der Geburt eines Knaben soll die Mutter »sieben Tage unrein sein, wie wenn sie ihre Tage hat«. Anschließend muß sie 33 Tage zu Hause bleiben.

Gebiert sie eine Tochter, dann wird sie zwei Wochen unrein, also doppelt so lang wie bei einem Knaben. Anschließend muß sie doppelt so lang wie bei einem Jungen zu Hause bleiben, also 66 Tage. In der Zeit ihrer Unreinheit »beschmutzt« sie sozusagen alles, was sie berührt. Selbst das »Heilige« muß nach dieser Vorstellung vor der Frau geschützt werden.

Nach Einhaltung der vorgeschriebenen Fristen muß die Frau dem Priester ein Opfertier bringen: ein Schaf oder eine Taube. Erst durch dieses Opfer kann sie wieder als rein gelten. Da eine Frau, so sie ihre Tage bekommt, immer wieder »unrein« wird, beschmutzt sie sich aus Sicht des streng gesetzesgläubigen Juden immer wieder. Eigentlich müßte jeder Mensch, der nach den mosaischen Gesetzen der Bibel lebt, jede Frau, in deren Nähe er kommt, fragen, ob sie denn im Augenblick ihre Tage habe.

Wie stand Jesus zu solch einem Gebot? Hätte er jedes mosaische Gesetz strikt befolgt, hätte er wie Johannes der Täufer möglichst jeden Kontakt mit einer Frau vermeiden müssen. Er hätte sich zurückziehen und in der Abgeschiedenheit zölibatär leben müssen. Vielleicht tendierte Jesus ursprünglich in diese Richtung. Doch dann kam es anders! Nach dem »Versuchungserlebnis« in der Wüste entschied er sich gegen die sture Auslegung der Gesetze. Er schaute nicht mit Abscheu auf vermeintlich unreine Frauen herab, sondern behandelte sie wie Gleichberechtigte und nicht – wie es der Geist der Zeit befahl – wie rechtlose Gegenstände.

Nach den Evangelien nach Matthäus (Kapitel 9, Verse 18 bis 26), Markus (Kapitel 5, Verse 21–43) und Lukas (Kapitel 8, Verse 40–56) tummelte sich einst eine große Menschenmenge um Jesus. Im Gedränge näherte sich ihm eine kranke blutflüssige Frau. Seit zwölf Jahren war sie von dieser Krankheit befallen. Sie hatte schon viele Ärzte konsultiert, die ihr nicht helfen konnten. Dabei hatte sie ihre ganze Habe verloren.

Der Jesus, der jedes mosaische Gesetz befolgen wollte, hätte diese Frau eindeutig als unrein betrachtet. Er aber handelt anders und zeigt keine Berührungsängste. Als ihn die »unreine Frau« berührt, reagiert er gelassen. Er schreit nicht entsetzt auf und gibt sich nicht empört über die erlittene »Beschmutzung«. Die Frau selbst ist schuldbewußt, fällt vor Jesus nieder und gesteht ihm ihre »Sünde«.

Prof. Dr. Ernst Bammel, Experte in judaistischen Fragen, schreibt dazu: »Jesus hätte die Frau beschimpfen, ja verfluchen können für die Verunreinigung seiner Person! Seine Zeitgenossen hätten vermutlich auch für einen Gewaltakt Jesu Verständnis gehabt. Die Frau als ›Verrückte‹ zu bezeichnen, das wäre noch als milde Reaktion gesehen worden. Jesus aber handelt völlig unerwartet! Die Frau wird gesund und er segnet sie: ›Geh hin in Frieden!‹«

Niemand weiß, ob die Episode mit der »blutflüssigen Frau« wirklich so geschehen ist. Wichtiger aber als ergründen zu wollen, ob sich alles so zugetragen hat, ist eine andere Frage: Warum wird eine Episode so erzählt? Was soll zum Ausdruck gebracht werden? Ähnliches gilt auch für die Geschichte von der »Ehebrecherin«.

Zu Beginn des Kapitels 8 des Evangeliums nach Johannes wird Jesus mit der Frage konfrontiert, wie man mit einer Sünderin umgehen muß: »Jesus aber ging zum Ölberg. Und frühmorgens kam er wieder in den Tempel, und alles Volk kam zu ihm, und er setzte sich und lehrte sie. Aber die Schriftgelehrten und Pharisäer brachten eine Frau zu ihm, die man beim Ehebruch ergriffen hatte, und stellten sie in die Mitte und sprachen zu ihm: Meister, diese Frau ist auf frischer Tat beim Ehebruch ergriffen worden. Mose aber hat uns im Gesetz geboten, solche Frauen zu steinigen. Was sagst du? Das sagten sie aber, ihn zu versuchen, damit sie ihn verklagen könnten.«

Nach dem strengen Buchstaben des Gesetzes müßte Jesus die Steinigung der Ehebrecherin fordern, so wie es das Thora-Strafgesetz fordert. Weiter heißt es: »Aber Jesus bückte sich und schrieb mit dem Finger auf die Erde. Als sie nun fortfuhren, ihn zu fragen, richtete er sich auf und sprach zu ihnen: ›Wer unter euch ohne Sünde ist, der werfe den ersten Stein auf sie.‹ Und er bückte sich wieder und schrieb auf die Erde. Als sie aber das hörten, gingen sie weg, einer nach dem andern, die Ältesten zuerst; und Jesus blieb allein mit der Frau, die in der Mitte stand. Jesus aber richtete sich auf und fragte sie: ›Wo sind sie, Frau? Hat dich niemand verdammt?‹ Sie antwortete: ›Niemand, Herr.‹ Und Jesus sprach: ›So verdamme ich dich auch nicht; geh hin und sündige hinfort nicht mehr.‹«

Jesus hat ganz eindeutig mosaisches Gesetz verletzt, indem er der Ehebrecherin das Leben rettete. Es ist dabei völlig belanglos, ob diese mutige Tat Jesu wirklich historisch ist oder nicht. Historiker mögen einwenden, daß zu Lebzeiten Jesu die Steinigung von Ehebrecherinnen längst nicht mehr üblich war. Wichtiger ist, was der Text über Jesus vermitteln will:

Jesus hebt nicht irgendein Gesetz auf, sondern ein zutiefst frauenfeindliches Denken, wonach die Frau als ganz gewöhnlicher Besitz des Mannes galt, den niemand beschädigen durfte. Bestraft wird nach der Rechtsprechung in diesem frauenfeindlichen Geist nicht das Vergehen der Vergewaltigung als Verbrechen gegen eine Frau. So fordert es das mosaische Gesetz (5. Buch Mose, Kapitel 22, Vers 22): Wenn ein Mann eine verlobte Jungfrau in einer Stadt vergewaltigt, dann werden Täter wie Opfer zu Tode gesteinigt, »die Jungfrau, weil sie nicht geschrien hat, obwohl sie in der Stadt war, der Mann, weil er seines Nächsten Braut geschändet hat«.

Bestraft wird also der Vergewaltiger nicht wegen seines Verbrechens an seinem Opfer, sondern weil er die Jungfrau – Besitztum eines anderen – beschädigt hat. Als weit harmloser wird die Vergewaltigung einer Jungfrau angesehen, wenn sie nicht verlobt ist. Wird sie vergewaltigt, dann wird damit kein fremdes Eigentum in Mitleidenschaft gezogen. Der Verbrecher muß dann lediglich (Vers 29) »ihrem Vater fünfzig Silberstücke geben und sie zur Frau haben, weil er ihr Gewalt angetan hat. Er darf sie nicht entlassen sein Leben lang.« Der Vergewaltiger muß sein Opfer also heiraten. Ob die Frau damit einverstanden ist, ist für den Gesetzgeber ohne Belang.

Der zitierte Text beschreibt, wie Jesus die Steinigung einer »Ehebrecherin« verhindert. Es wird klar, daß er die Rechte der Frau als Mensch höher einschätzt als juristische Vorschriften, die die Frau zum Besitz ihres Mannes degradieren. Jesus sieht sie als gleichberechtigten Menschen, nicht als Besitz ohne Seele.

In der Wüste entschied sich Jesus für ein Leben mit Maria Magdalena und gegen menschenfeindliche göttliche Gebote.

Sein alter, militanter Weg ging in Richtung eines militärischen Befreiers, der die Römer mit Waffengewalt aus dem Heiligen Land treiben wollte. Dieser gewaltbereite Jesus kommt immer noch in der Bibel zu Wort. So sagt Jesus (Das Evangelium nach Lukas, Kapitel 19, Vers 27): »Doch jene meiner Feinde, die nicht wollen, daß ich über sie herrsche, bringt sie her und macht sie vor mir nieder.« Ältere Ausgaben wie die Luther-Bibel von 1915 sind in der Ausdrucksweise noch drastischer. Da sollen dann Jesu Feinde auf seinen ausdrücklichen Befehl hin vor seinen Augen »erwürgt« werden.

In der Wüste verabschiedet sich Jesus von seinem militanten Messias-Verständnis. Er will nicht der gewaltbereite Widerstandskämpfer sein, der die Römer mit kriegerischen Mitteln vertreibt. Der neue Messias Jesus ist ein Gesalbter der Liebe und nicht des Hasses. Er lehnt jegliche Form der Gewalt ab.

Als die Römer Jesus gefangennehmen, so berichten es alle vier Evangelisten, will Simon Petrus Jesus mit Gewalt retten. Im Evangelium nach Johannes wird der Vorfall ausführlich beschrieben (Kapitel 18, Verse 4–11): »Da nun Jesus alles wußte, was ihm begegnen sollte, ging er hinaus und sprach zu ihnen: ›Wen sucht ihr?‹ Sie antworteten ihm: ›Jesus von Nazareth.‹ Er spricht zu ihnen: ›Ich bin's!‹ Judas aber, der ihn verriet, stand auch bei ihnen. Als nun Jesus zu ihnen sagte: ›Ich bin's!‹, wichen sie zurück und fielen zu Boden. Da fragte er sie abermals: ›Wen sucht ihr?‹ Sie aber sprachen: ›Jesus von Nazareth.‹ Jesus antwortete: ›Ich habe euch gesagt, daß ich es bin. Sucht ihr mich, so laßt diese gehen!‹ Damit sollte das Wort erfüllt werden, das er gesagt hatte: Ich habe keinen von denen verloren, die du mir gegeben hast. Simon Petrus aber hatte ein

Schwert und zog es und schlug nach dem Knecht des Hohenpriesters und hieb ihm sein rechtes Ohr ab. Und der Knecht hieß Malchus. Da sprach Jesus zu Petrus: ›Steck dein Schwert in die Scheide! Soll ich den Kelch nicht trinken, den mir mein Vater gegeben hat?‹«

Im Evangelium nach Lukas wird Jesu pazifistische Haltung noch deutlicher gemacht (Kapitel 22, Vers 51): »Da sprach Jesus: ›Laßt ab! Nicht weiter!‹ Und er rührte sein Ohr an und heilte ihn.« Nach Lukas zeigt sich Jesus als Messias, aber eben nicht als Gesalbter im Sinne des Alten Testaments. Der Gläubige des Alten Testaments setzte seine Hoffnung auf einen wundertätigen Messias, der mit göttlichen Kräften die militärisch überlegenen Römer besiegt. Der neue Messias opfert sich selbst nach dem Ritus der Heiligen Hochzeit – um Mensch und Welt zu retten. Er tötet keine Feinde, um zu siegen, sondern läßt sich selbst töten. So soll nach jahrtausendealtem Ritus der ewige Kreislauf des Werdens und Vergehens immer wieder von neuem beginnen und niemals unterbrochen werden.

Das als Versuchung Jesu bekannte Umdenken Jesu ist für die Interpretation des Neuen Testaments von ganz entscheidender Bedeutung. Wer unvoreingenommen die Evangelien studiert, wird etwas Erstaunliches erkennen: *Den* Jesus des Neuen Testaments gibt es nicht.

Einerseits wird Jesus als gewaltbereiter Revolutionär beschrieben (Das Evangelium nach Matthäus, Kapitel 10, Verse 34–39): »Ihr sollt nicht meinen, daß ich gekommen bin, Frieden zu bringen auf die Erde. Ich bin nicht gekommen, Frieden zu bringen, sondern das Schwert. Denn ich bin gekommen, den Menschen zu entzweien mit seinem Vater und die Tochter mit ihrer Mutter und die Schwiegertochter mit ihrer Schwiegermutter. Und des Menschen Feinde werden seine eigenen Hausgenossen sein. Wer Vater oder Mutter mehr liebt als mich, der ist meiner nicht wert; und wer Sohn oder Tochter mehr liebt als mich, der ist meiner nicht wert. Und wer nicht sein Kreuz auf sich nimmt und folgt mir nach, der ist meiner nicht wert. Wer sein Leben findet, der wird's verlieren; und wer sein Leben verliert um meinetwillen, der wird's finden.«

So spricht ein Rebell, der seine Mitverschwörer an sich bindet. Die revolutionäre Gruppe ist wichtiger als die Familie. Die Rebellion steht über dem Wohlergehen des einzelnen Menschen. Mit Gewalt kämpft jeder Aufständische gegen die verhaßte Obrigkeit, so wie es ihm befohlen wird. Der eigene Tod wird in Kauf genommen. Wenn alle Rebellen so kämpfen, so hofft der Aufständische, ist ein Sieg auch über haushoch überlegene Gegner möglich.

Diametral entgegensetzt zu diesen Worten sind andere Äußerungen Jesu, in denen er von bedingungsloser Liebe spricht. Wie aber kann er Haß und Liebe gleichzeitig gepredigt haben? Das krasse Gegenstück zum Jesus der Zwietracht ist der Jesus der vollkommen selbstlosen, ja unterwürfigen Liebe (Das Evangelium nach Matthäus, Kapitel 5, Verse 38–42): »Ihr habt gehört, daß gesagt ist: ›Auge um Auge, Zahn um Zahn.‹ Ich aber sage euch, daß ihr nicht widerstreben sollt dem Übel, sondern: wenn dich jemand auf deine rechte Backe schlägt, dem biete die andere auch dar. Und wenn jemand mit dir rechten will und dir deinen Rock nehmen, dem laß auch den Mantel. Und wenn dich jemand nötigt, eine Meile mitzugehen, so geh mit ihm zwei. Gib dem, der dich bittet, und wende dich nicht ab von dem, der etwas von dir borgen will.«

Jesus bringt es auf den Punkt (Evangelium nach Matthäus, Kapitel 5, Verse 43–45): »Ihr habt gehört, daß gesagt ist: ›Du sollst deinen Nächsten lieben und deinen Feind hassen!‹ Ich aber sage euch: ›Liebet eure Feinde und bittet für die, die euch verfolgen, damit ihr Kinder seid eures Vaters im Himmel. Dann läßt er seine Sonne aufgehen über Böse und Gute und läßt regnen über Gerechte und Ungerechte.‹«

Es ist nach menschlichem Ermessen unbegreiflich, daß Jesus gleichzeitig den Haß des Revolutionärs und die Feindesliebe gepredigt haben soll. Der scheinbar unüberwindbare Widerspruch läßt sich indes leicht auflösen: Wenn man Jesus zubilligt, daß er sich verändert und entwickelt hat – vom gewaltbereiten Messias im Sinne des Alten Testaments hin zum Prediger der vollkommen selbstlosen Liebe des Messias des Neuen Testaments.

Widersprüchliche Jesusbilder, die in den Schriften des Neuen Testaments sozusagen nebeneinander stehen können, haben eine einfache Ursache. Die vier Evangelien schildern das Leben Jesu nicht in chronologisch korrekter Reihenfolge. Nach dem Johannes-Evangelium etwa fand die sogenannte Tempelreinigung zu Beginn von Jesu Wirken statt. Er betrat demnach schon sehr früh den Tempel von Jerusalem und empörte sich über die Entweihung des heiligen Orts, da man dort nicht nur den Rabbis zuhörte, sondern eifrig Handel trieb. Empört jagte er die pietätlosen Händler aus dem Tempel. Im Evangelium nach Johannes (Kapitel 2, Vers 15) heißt es: »Und er machte eine Geißel aus Stricken und trieb sie alle zum Tempel hinaus samt den Schafen und Rindern und schüttete den Wechslern das Geld aus und stieß die Tische um.« Auch die anderen Evangelisten vermelden den Vorfall, der in Jerusalem großes Aufsehen erregt haben muß.

Vier Mal wird das Geschehen ganz ähnlich erzählt, allerdings wird es von den vier Evangelisten ganz verschieden in die Chronologie im Leben Jesu eingeordnet. Bei Johannes steht der Bericht am Anfang (Kapitel 2, Verse 14–22), bei Lukas hingegen fast am Schluß (Kapitel 19, Verse 45–46).

Offensichtlich läßt sich nicht immer klären, wann genau eine Begebenheit stattgefunden hat, dennoch kann man sagen, daß der Wandel vom Hitzkopf, der Jesus unter dem Einfluß von Johannes dem Täufer war, zum Prediger, der für die Nächsten- und Feindesliebe eintrat, sich vollzogen haben muß, als er Maria Magdalena kennenlernte. Sie war es, die sein Leben ganz entscheidend beeinflußte – und das offenbar auch auf sexuellem Gebiet! Gibt es doch deutliche Hinweise auf eine homosexuelle Neigung Jesu, die bis heute weitestgehend als Tabu behandelt wird.

1958 entdeckte der Bibelforscher Professor Morton Smith im Kloster Mar Saba in der Nähe von Jerusalem ein geheimnisvolles Dokument. Es handelte sich um die handschriftliche Abschrift eines Briefes von Clemens von Alexandrien an einen gewissen Theodorus. In diesem Brief zitierte Clemens aus dem sogenannten Geheimen Evangelium nach Markus. Hätte er das nicht getan, wüßten wir heute vermutlich nicht mehr, daß es je existiert hat. Dabei dürfte es kaum jünger sein als die vier kanonischen Evangelien.

Wann mag dieses Evangelium entstanden sein? Man weiß, daß Clemens um 175 n.Chr. nach Alexandria kam. Das Geheime Evangelium des Markus soll schon damals existiert haben, es soll sogar bereits recht alt gewesen sein, man datierte es auf das Jahr 125. Wann aber wurde es zum ersten Mal zu Papier gebracht? Ab wann kursierte es erstmals in der jungen

Gemeinde? Stammt es in der Urform aus der Zeit der vier kanonischen Evangelien?

Eigentlich hätte das Geheime Evangelium nach Markus eine große Beachtung finden müssen, bot es doch eine echte Sensation – allerdings in einer den christlichen Kirchen unangenehmen Art, denn es liefert einen deutlichen Hinweis darauf, daß Jesus eine tendenziell homoerotische Gruppe von jungen Männern um sich scharte.

Nach Clemens existierte einst ein umfangreicheres Evangelium nach Markus, das mehr Text bietet als die Version, die heute in den Bibeln zu finden ist. Es war aber nicht für die breite Masse bestimmt, sondern für Menschen, die schon fest im Glauben verankert waren. In diesem erweiterten, Geheimen Evangelium nach Markus soll ausgeführt werden, was die »normale« Version verschämt verschweigt. Clemens schreibt: »(Solchermaßen) verfaßte (Markus) ein geistigeres Evangelium zum Gebrauch für jene, die eben vervollkommnet wurden. Des ungeachtet enthüllte er nicht die nicht zu verbreitenden Dinge, sondern fügte den schon geschriebenen Geschichten noch andere hinzu und brachte überdies gewisse Aussprüche hinein, von denen er wußte, daß ihre Interpretation als ein Mystagogon (großes Geheimnis) die Hörer in das innerste Heiligtum jener Wahrheit führen würde, die von sieben (Schleiern) verhüllt ist. So bestimmte er insgesamt, meiner Meinung nach, weder ungern noch unvorsichtig, die Dinge vorher und hinterließ sterbend sein Werk der Kirche in Alexandria, wo es noch heute aufs sorgfältigste behütet und nur denen vorgelesen wird, die in die großen Geheimnisse eingeweiht werden.«

Große Verbreitung hat der mysteriöse Text bis heute nicht gefunden.

Im Geheimen Evangelium des Markus heißt es (Zitat aus: »Der Brief des Clemens von Alexandrien an Theodorus«, in der von der Universität Bremen per Internet veröffentlichten Fassung. http://www-user.uni-bremen.de/~wie/Secret/secmark.html): »Und sie kamen nach Bethanien, und eine gewisse Frau, deren Bruder gestorben war, war dort. Und herzukommend warf sie sich vor Jesus nieder und sagte zu ihm: ›Sohn Davids, habe Erbarmen mit mir!‹ Aber die Jünger wiesen sie zurück. Und Jesus, der in Wut geriet, ging hin mit ihr in den Garten, wo das Grab war, und zugleich wurde ein lauter Schrei aus dem Grab gehört. Und näher tretend, rollte Jesus den Stein vom Eingang des Grabes weg. Und sogleich ging er hinein, wo der Jüngling war, streckte seine Hand aus und zog ihn hoch, indem er dessen Hand ergriff. Aber der Jüngling, als er ihn ansah, liebte ihn und fing an, ihn anzuflehen, daß er bei ihm sein möge. Und sie gingen aus dem Grab heraus und kamen in das Haus des Jünglings, denn er war reich. Und nach sechs Tagen sagte ihm Jesus, was er tun solle, und am Abend kommt der Jüngling zu ihm, ein leinenes Tuch über seinem nackten Körper tragend. Und er blieb diese Nacht bei ihm, denn Jesus lehrte ihn das Geheimnis des Reiches Gottes.«

Für viele Christen ist die Vorstellung skandalös: Jesus erweckt einen Toten zum Leben, der dann, fast nackt, eine Nacht bei ihm verbringt. Man könnte den Text leicht unbeachtet zur Seite legen, gäbe es nicht im Neuen Testament ebenfalls einen kurzen Text, der Jesus und einen nackten Jüngling miteinander in Verbindung bringt.

Jesus ging bei seiner Verhaftung den Römern entgegen. Offenbar wollte er die Angelegenheit beschleunigen, um möglichst bald am Kreuz zu sterben. Er fragte die anrückenden

Soldaten (Evangelium nach Johannes, Kapitel 18, Verse 4–5): »Da nun Jesus alles wußte, was ihm begegnen sollte, ging er hinaus und sprach zu ihnen: ›Wen sucht ihr?‹ Sie antworteten ihm: ›Jesus von Nazareth.‹ Er sprach zu ihnen: ›Ich bin's!‹«

Verzweifelt greift Simon Petrus zum Schwert und schlägt einem der Soldaten ein Ohr ab. Jesus befiehlt seinem Jünger, doch seine Waffe wegzustecken. Er heilt den Verletzten. Kaum ist Jesus verhaftet, fliehen seine Jünger entsetzt. Einen – wer genau, ist den Evangelien nicht zu entnehmen – packen die römischen Knechte, aber es gelingt ihm, sich loszureißen und – wenn auch nackt – zu fliehen (Evangelium nach Markus, Kapitel 14, Verse 51 und 52): »Da verließen ihn alle und flohen. Ein junger Mann aber folgte ihm nach, der war mit einem Leinengewand bekleidet auf der bloßen Haut. Und sie griffen nach ihm. Er aber ließ das Gewand fahren und floh nackt davon.«

Dem kurzen Passus vom Jüngling, der die Nacht mit Jesus verbracht hat und nackt flieht, wird gewöhnlich wenig Beachtung geschenkt. Irgendwie passen diese Worte nicht so recht in die Verhaftungsszene. Hat sich das Ereignis möglicherweise in einem anderen Kontext ereignet?

Auf Intimkontakte zwischen Männern stand nach dem mosaischen Gesetz die Todesstrafe. Warum hat man die anrüchigen oder zumindest mißverständlichen Worte nicht einfach gestrichen? Weil zumindest ein kurzer Hinweis auf sexuelle Spannungen zwischen den Jüngern beibehalten werden sollte, die womöglich der jungen christlichen Gemeinde noch aus Erzählungen von wirklichen Augenzeugen sehr wohl bekannt waren?

Man kann versuchen, sich in die Männer um Johannes den Täufer hineinzuversetzen. Sie lebten in kleinen Gruppen, die ausschließlich aus Männern bestanden, und verachteten Frauen, die in ihren Augen Quellen der Unreinheit waren. Frauen galt es zu meiden. Wer einer unreinen Frau zu nahe kam, wurde von ihr »angesteckt« und stellte wiederum für andere eine Gefahr dar.

Jesus rekrutierte so manchen seiner Jünger offensichtlich aus der Anhängerschaft von Johannes dem Täufer. Wer gehörte vielleicht sogar zu den beiden Gruppen? Im Evangelium nach Lukas (Kapitel 6, Verse 12–16) wird aufgelistet: »Und es begab sich aber zu der Zeit, daß er auf einen Berg ging, um zu beten; und er blieb die Nacht über im Gebet zu Gott. Und als es Tag wurde, rief er seine Jünger und erwählte zwölf von ihnen, die er auch Apostel nannte: Simon, den er auch Petrus nannte, und Andreas, seinen Bruder, Jakobus und Johannes; Philippus und Bartholomäus; Matthäus und Thomas; Jakobus, den Sohn des Alphäus, und Simon, genannt der Zelot; Judas, den Sohn des Jakobus, und Judas Iskariot, der zum Verräter wurde.«

Das Lukas-Evangelium nennt zwei Simons: Simon, der auch Petrus hieß, und Simon, der Zelot. Der letztere taucht auch in der Apostelgeschichte (Kapitel 1, Vers 13) als Simon Zelotes auf. Die Evangelien nach Matthäus (Kapitel 10, Vers 4) und Markus (Kapitel 3, Vers 18) nennen ihn Simon Kananäus. Im Evangelium nach Johannes findet er indes keine Erwähnung.

Simon der Zelot gehörte den von der Obrigkeit seiner Zeit so gefürchteten Zeloten an, die sich »Sicarii«, also »Dolchmänner« nannten. Demnach war er ein Aufständischer. Sein Leben endete auch gewaltsam. Nach widersprüchlichen Überlieferungen wurde er gekreuzigt oder in zwei Teile gesägt.

Simon war freilich nicht der einzige Zelot in der Anhängerschaft Jesu. Judas Iskariot gehörte auch zu dieser Gruppe. Sein Beiname Iskariot oder Ischariot leitet sich ebenfalls von den »Sicarii« ab. Für seine Zeitgenossen war dieser Sachverhalt klar, daher trug er auch den Beinamen »der Dolchmann«.

Im Kreis um Johannes den Täufer mag es zu homosexuellen Beziehungen gekommen sein, möglicherweise auch unter den Jüngern Jesu. Dann jedoch stellte Maria Magdalena Jesus ein Ultimatum. Er ging in die Wüste – und entschied, wie sein weiteres Leben verlaufen würde. Er löste sich von Johannes dem Täufer, zog mit einigen Männern durchs Land – und mit Maria Magdalena. Zu ihr hatte er eindeutig ein sexuelles Verhältnis, auch wenn die vier kanonischen Evangelien nach Markus, Matthäus, Lukas und Johannes darüber verschämt schweigen. Der Verfasser des Evangeliums nach Philippus hat da keine Scheu. Offen wird mitgeteilt, daß Maria Magdalena ein besonders enges Verhältnis zu Jesus hatte. Sie gehörte zu den drei Frauen, die »mit dem Herrn (Jesus) … allezeit wandelten: Maria, seine Mutter, seine Schwester und Magdalena, die seine Paargenossin genannt wird«.

Vermutlich existierte eine syrische Fassung des Evangeliums nach Philippus, von der eine griechische Übersetzung angefertigt wurde. Darin heißt es, daß Maria Magdalena die »kainos« Jesu war. Bereits 1962 setzte sich R. McL. Wilson in dem Buch »The Gospel of Philip« (S. 35) mit der Bedeutung des Begriffs »kainos« auseinander. Demnach muß man »kainos« mit »Gefährtin« oder »Partnerin« übersetzen. Gemeint sei immer eine Frau, mit der ein Mann Geschlechtsverkehr hat. Und diese »kainos« küßte Jesus – nach dem Evangelium nach Philippus – »oftmals auf ihren Mund«. So steht es in den wissenschaftlich anerkannten Übersetzungen, wie etwa im

Standardwerk »Neutestamentliche Apokryphen« von Wilhelm Schneemelcher (Band 1, Evangelien, S. 161).

Manche Theologen wollen Jesus jedoch weiterhin kein Intimleben zugestehen. Der zitierte Vers sei im Original beschädigt, argumentieren sie. Entziffert werden kann im Originalmanuskript nur: »Der Herr liebte Maria Magdalena mehr als die Jünger. Und der Herr küßte sie oftmals auf ...« Dabei übersehen diese Kritiker, daß es letztlich belanglos ist, wohin genau Jesus Maria Magdalena küßte. Es war ein klares Zeichen dafür, daß er sie »mehr als die Jünger liebte«.

Eine weiteres Argument konservativer Theologen lautet: Wenn eine Liebesbeziehung zwischen Maria Magdalena und Jesus beschrieben werde, sei damit kein intimes Verhältnis zwischen Frau und Mann gemeint. Maria Magdalena werde mit der Kirche gleichgesetzt. Und zu dieser Kirche habe Jesus ein ganz besonders inniges Verhältnis gehabt.

Dieses Argument läßt sich leicht entkräften. Mit Fug und Recht kann man sagen, daß zu Lebzeiten Jesu eine christliche Kirche noch gar nicht existierte.

Im apokryphen Evangelium Pistis Sophia erscheint Maria Magdalena als die an Jesus besonders interessierte Frau. Wenn er lehrt, ist sie es, die die meisten Fragen stellt. Maria Magdalena wird als »glückliche«, als »reine« Frau beschrieben, die über den anderen Jüngern steht. Sie ist eine gleichberechtigte Partnerin Jesu und ihm nicht untergeordnet.

Gleichwohl wird manchmal auf eine geradezu abenteuerliche Weise versucht zu erklären, warum Maria Magdalena nicht intime Partnerin Jesu gewesen sein könne. Die Theologin Dr. Marjorie M. Malvern etwa erkennt an, daß Maria Magdalena alles andere als die untertänige Dienerin Jesu ist. Eine

Geliebte Jesu möchte sie in ihr jedoch nicht sehen. Also versucht sie zu begründen, daß Maria Magdalena gar keine historische Gestalt war. Warum aber wurde dann Maria Magdalena in so herausragender Position geschildert? Nach Dr. Marjorie M. Malvern (»Venus in Sackcloth«) soll Maria Magdalena ein christliches Manko ausgleichen. Die Mitglieder der frühen Anhängerschaft Jesu beklagten angeblich schon bald, daß sie keine Göttin hatten. Neidisch blickten demnach die frühesten Christen zu den Kulten der Ägypter, Babylonier, Griechen und Inder, die alle Göttinnen anbeteten. Dieses Defizit empfanden sie als schmerzlich – und erfanden zum Ausgleich Maria Magdalena als göttliche Partnerin Jesu.

Diese vermeintliche Erklärung mutet alles andere als glaubwürdig an. Maria Magdalena wurde nicht hinzuerfunden, im Gegenteil: Sie wurde, wo es nur ging, aus den Texten getilgt, vor allem aus den vier kanonischen Evangelien.

Sehr absichtsvoll wurde auch in die Beschreibungen Jesu eingegriffen. Er sollte nicht zu menschlich, mit menschlichen Bedürfnissen erscheinen. Daher verschwieg man auch, daß er verheiratet gewesen sein muß.

Jesus wird von seinen Jüngern in der Regel mit dem Titel »Meister« bedacht. Auch Fremden gegenüber benutzen sie diesen Ausdruck. Im Evangelium nach Markus (Kapitel 5, Vers 35) liest man: »Deine Tochter ist gestorben. Was bemühst du weiter den Meister?« Selbst Fremde wählen diese Anrede (Evangelium nach Matthäus, Kapitel 19, Vers 16): »Und siehe, einer trat zu ihm und sprach: ›Meister, was soll ich Gutes tun?‹« Sogar Schriftgelehrte titulieren ihn so (Evangelium nach Matthäus, Kapitel 8, Vers 19): »Und es trat zu ihm ein Schriftgelehrter und sprach zu ihm: ›Meister, ich will dir folgen.‹« Überall scheint man Jesus so zu bezeichnen – allerdings nur in unseren Übersetzungen. In Wahrheit wurde Jesus als »Rabbi« angeredet? Warum aber verschwand diese Bezeichnung und wurde in »Meister« umgewandelt? Die Antwort findet sich bei Johannes (Kapitel 1, Vers 38): »Sie aber sprachen zu ihm: ›Rabbi – das heißt übersetzt Meister – wo bist du zu Hause?‹«

Warum wurde der Titel »Rabbi« durch den wenig aussagekräftigen »Meister« ersetzt? Die Veränderung des Textes läßt sich rekonstruieren: In der lateinischen Vulgata-Übersetzung finden wir die Anrede »Magister«, in der älteren griechischen Textausgabe heißt es »Diadaskalos«.

Die Zeitgenossen Jesu sprachen in der Regel weder Griechisch noch Lateinisch, sondern Aramäisch. Freund wie Feind redeten Jesus als »Rabbi« an, so wie es das Evangelium nach Johannes festhält.

Jesus war ein Lehrer. Eine Trennung zwischen Schullehrer und Prediger existierte damals gar nicht. In den jüdischen Gemeinden haben dieselben Männer unterrichtet, die auch das Wort Gottes in den Synagogen predigten: die Rabbis.

Warum aber ist dieser offensichtlich ehrerbietige Titel in unseren Bibelübersetzungen weitgehend verschwunden? Eine Vermutung liegt nahe: Ein jüdischer Rabbi mußte verheiratet sein. Selbst Bischof Christoph Köhler, einer der führenden Köpfe der Evangelischen Kirche Deutschlands, mußte eingestehen: »Es stimmt jedoch: Normale Rabbiner und normale Männer hatten im Judentum die Pflicht zu heiraten.« (Interview mit »Spiegel online«, 24. Mai 2006)

Da Jesus sowohl ein normaler Mann als auch ein normaler Rabbiner war, muß er wohl verheiratet gewesen sein. Dieser

Sachverhalt jedoch mißfiel den Bearbeitern des Neuen Testaments. Sie bevorzugten den unverheirateten Jesus, der möglichst jeden Kontakt zum anderen Geschlecht vermied.

Sollte sich die Auffassung verbreiten, daß Jesus verheiratet war, gerät vor allem die katholische Kirche in Argumentationsschwierigkeiten. Dann nämlich ließe sich die erzwungene Ehelosigkeit katholischer Priester beim besten Willen nicht mehr rechtfertigen. Denn wie wollte man noch die Ehelosigkeit von katholischen Priestern begründen, wenn Jesus selbst verheiratet gewesen wäre?

Für ihre dogmatische Sturheit wird die katholische Kirche auch von kirchennahen Menschen kritisiert, die sich intensiv mit den Aussagen der Bibel auseinandersetzen. So erklärte Tobias Raschke von »Wir sind Kirche« im Interview mit dem Zweiten Deutschen Fernsehen (ZDF-heute.de, 8. Juni 2006): »Jesus war Jude und deshalb glaube ich zum Beispiel, daß Jesus verheiratet war. Er war Rabbiner und bis heute sind alle Rabbiner verheiratet. Wenn sie es nicht wären, würde das als großer Makel angesehen werden. Der Umkehrschluß des Vatikans, daß Jesus nicht verheiratet war, nur weil darüber nichts steht, der ist falsch. Ich glaube, wir haben uns schon sehr weit von Jesus entfernt.«

In der Tat wäre Jesus als unverheirateter Rabbiner eine große Ausnahme gewesen, die sicherlich irgendwo Erwähnung gefunden hätte. Die Tatsache, daß in den Evangelien nicht explizit auf Jesu Ehelosigkeit hingewiesen wird, deutet eher daraufhin, daß Jesus der Norm entsprach und als Rabbiner verheiratet war.

Allerdings läßt sich doch eine Ausnahme finden: Die Rabbiner der Essener lebten zölibatär. Es mutet jedoch seltsam an, daß in Sachen Zölibat Jesus plötzlich mit den Essern in Verbindung gebracht wird, wo doch diese Beziehung sonst nur von wenig wissenschaftlich argumentierenden Autoren vertreten wird.

Einen deutlichen Hinweis, daß Jesus tatsächlich verheiratet war, findet man indes auch im Neuen Testament. Seine Hochzeit wird sogar ausführlich geschildert – auch wenn man es auf den ersten Blick nicht erkennt.

Zu den bekanntesten Wundern Jesu gehört die schon legendäre Verwandlung von Wasser in Wein. Die geheimnisvollen Ereignisse werden im Evangelium nach Johannes (Kapitel 2, Verse 1–11) so beschrieben: »Und am dritten Tage war eine Hochzeit zu Kana in Galiläa, und die Mutter Jesu war da. Jesus aber und seine Jünger waren auch zur Hochzeit geladen. Und als der Wein ausging, spricht die Mutter Jesu zu ihm: Sie haben keinen Wein mehr. Jesus spricht zu ihr: ›Was geht's dich an, Frau, was ich tue? Meine Stunde ist noch nicht gekommen.‹«

Was soll der Hinweis »am dritten Tage« bedeuten? Diese Zeitangabe mutet sinnlos an, da weder im vorausgehenden noch im folgenden Text ein genauerer Zeitrahmen gegeben wird. Möglicherweise spielte der Verfasser des Berichts auf den Schöpfungsbericht des Alten Testaments an. Vom dritten Tag der Schöpfung war Gott besonders angetan. Zweimal (1. Buch Mose, Kapitel 1, Verse 10 und 12) heißt es von eben diesem Tag: »Gott sah, daß es gut war.« Am dritten Tag ließ Gott (wörtliche Übersetzung von Vers 11 durch den Autor) »die Erde sprießen ein Gesproß«. So gilt der dritte Tag der Schöpfung als der Tag des aufkeimenden Lebens. Deshalb wurden seit Urzeiten im alten Israel an diesem dritten Tag der Woche Hochzeiten gefeiert.

Warum aber reagiert Jesus so ablehnend seiner Mutter gegenüber? Warum verhält er sich gar nicht wie ein liebender Sohn? Offenkundig wurde seine Antwort verfälscht. Man wollte aus dem Jesus, der sich um das leibliche Wohl seiner Mitmenschen in der Gegenwart sorgte, einen anderen Jesus machen.

Die Theologie bietet folgende Deutung an: Jesus empfindet das Problem des ausgegangenen Weins als höchst lästig, weil für ihn nicht die Gegenwart zählt. Er lebt nur, um dereinst am Kreuz für die Sünden der Menschen zu sterben. Deshalb sagt er (allerdings in der falschen Übersetzung): »Meine Stunde ist noch nicht gekommen.«

Als der griechische Text ins Lateinische übertragen wurde, schlich sich ein kleiner, aber folgenschwerer Fehler ein. Das griechische »ora« kann mit »Stunde« oder »Zeit« übersetzt werden, wenn über dem o das Hauchzeichen spiritus asper steht. Ein Hauchzeichen spiritus lenis über dem o verändert die Bedeutung radikal: Aus »Stunde« oder »Zeit« wird »Sorge« oder »Befürchtung«. Die korrekte Übersetzung heißt demnach: »Meine Sorge ist nicht gekommen.« Oder: »Ich mache mir keine Sorgen.«

Die beschriebene Szene erfährt also eine neue Bedeutung: Der Wein geht zu Ende. Maria macht ihren Sohn darauf aufmerksam. Jesus antwortet: »Was geht's dich an, Frau, was ich tue? Ich mache mir keine Sorgen.«

Daß die beiden Sätze noch immer nicht richtig zusammenzupassen scheinen, liegt daran, daß auch der erste Teil des Zitats falsch übersetzt wurde. Im Original ist nämlich gar keine Frage gestellt worden. Es heißt korrekt: »Etwas ist mir, etwas ist dir, Frau. Ich mache mir keine Sorgen.«

Schon bekommt die Geschichte vom Wunder zu Kana eine radikal andere Bedeutung: Jesus macht keine dunkle Andeutung. Er sagt nicht, daß er mit seiner Mutter nichts zu tun haben will. Nirgendwo ist davon die Rede, daß seine Stunde – die der Kreuzigung – noch nicht gekommen sei. Jesus raunzt auch nicht seine Mutter unhöflich an.

Zurück zur Hochzeit in Kana: Jesus ist mit seinen Jüngern auf einer Hochzeitsfeier. Da tritt seine Mutter, ganz besorgte Hausfrau, an Jesus heran und teilt ihm mit, daß der Wein getrunken sei. Jesus antwortet darauf: »Etwas ist mir, etwas ist dir, Frau, schon möglich. Ich mache mir keine Sorgen.« Oder, noch etwas salopper, aber dem griechischen Original getreu formuliert: »Etwas wird mir oder dir, Mutter, schon einfallen. Ich mache mir keine Sorgen.«

Diese korrigierte Übersetzung fügt sich nahtlos in den Gesamttext ein. Maria ist danach beruhigt. »Seine Mutter spricht zu den Dienern: Was er euch sagt, das tut. Es standen aber dort sechs steinerne Wasserkrüge für die Reinigung nach jüdischer Sitte, und in jeden gingen zwei oder drei Maße.« Jesus läßt sie mit Wasser füllen – und verwandelt es in köstlichen Wein.

»Als aber der Speisemeister den Wein kostete, der Wasser gewesen war, und nicht wußte, woher er kam, die Diener wußten's, die das Wasser geschöpft hatten, ruft der Speisemeister den Bräutigam und spricht zu ihm: ›Jedermann gibt zuerst den guten Wein und, wenn sie betrunken werden, den geringeren! Du aber hast den guten Wein bis jetzt zurückgehalten.‹ Das ist das erste Zeichen, das Jesus tat, geschehen in Kana in Galiläa, und er offenbarte seine Herrlichkeit. Und seine Jünger glaubten an ihn.«

Woran glaubten seine Jünger? An einen Wundertäter, der nur einen Zauberspruch aufsagen mußte, um Wasser in Wein zu verwandeln? An einen Trickkünstler mit verblüffenden Fertigkeiten? Nein, die Jünger glaubten an einen Menschen, der dem Diesseits zugewandt war und dem das Wohlergehen im Hier und Jetzt wichtig war. Jesus vertröstete die Menschen nicht auf eine bessere Zukunft, die weit weg sein mochte, sondern half ihnen, wenn Hilfe vonnöten war.

Eine zentrale Aussage dieser Passage liegt indes immer noch im dunklen. Um sie zu sehen, muß man mehr über die Gepflogenheiten im Heiligen Land wissen.

Der Text enthält für den heutigen Leser keinen Hinweis darauf, wer genau in Kana geheiratet hat. Dabei sind die Hinweise auf den Bräutigam recht eindeutig. Warum wird die Nachricht vom Wein, der zur Neige geht, ausgerechnet Jesu Mutter vorgetragen? Warum soll sich Jesus um den Nachschub kümmern? Ganz einfach: Die Sorge um das leibliche Wohl der Hochzeitsgäste lag stets bei der Mutter des Bräutigams und beim Bräutigam selbst.

Mit anderen Worten: Jesus selbst hat geheiratet. Deshalb war es seine Aufgabe und die seiner Mutter, für Speisen und Getränke zu sorgen. Bleibt die Frage, wen denn Jesus geheiratet hat. Die Antwort liegt auf der Hand: seine »kainos«, seine Gefährtin!

Der historische Jesus wanderte mit seinen Jüngern durchs Heilige Land. Er besaß eine Art Stützpunkt in Kapernaum. Von hier aus erreichte er bequem alle Dörfer und Siedlungen um den See Genezareth, wo er häufig predigte. Kana, heute Kefar Kana genannt, liegt zwischen Tiberias und Nazareth und war von Kapernaum bequem zu Fuß zu erreichen –

und somit der ideale Ort für die Heirat von Maria Magdalena und Jesus.

Es steht zu vermuten, daß die Namen von Braut und Bräutigam im ursprünglichen Text von Maria Magdalena genannt wurden. Als der Text jedoch zum Evangelium nach Johannes umgearbeitet wurde, verschwanden die Namen der Getrauten.

6. Maria Magdalena, der Messias und ihre Magie

Maria Magdalena und Jesus waren allem Anschein nach verheiratet, ein Gedanke, der strengen Theologen heute noch mißfällt, denen Jesus als Ehemann nicht ins Konzept paßt. Dabei glauben sie doch angeblich daran, daß Jesus »wahrer Gott«, aber auch noch »wahrer Mensch« war. Warum soll Jesus als »wahrer Mensch« keine Frau gehabt haben?

Gab es vielleicht schon zu Jesu Zeiten einen Grund dafür, möglichst nicht offiziell von der Heirat zwischen Maria Magdalena und Jesus zu sprechen? Wurde mit der Heirat ein Tabu verletzt? Was könnte Jesu Zeitgenossen an einer Hochzeit Jesu mit Maria Magdalena mißfallen haben?

Ein Grund, diese Hochzeit diskret zu verschweigen, wäre eindeutig eine nichtjüdische Herkunft Maria Magdalenas gewesen. Im Evangelium nach Lukas (Kapitel 8, Vers 2) wird die Ehefrau Jesu als »Maria, genannt Magdalena« vorgestellt. Das Evangelium nach Markus verleiht ihr gleich einen kompletten Namen (Kapitel 16, Vers 9) »Maria Magdalena«. Damit scheint Maria Magdalenas Herkunft eindeutig festzustehen. Die offizielle Lehrmeinung läßt keinen Zweifel mehr zu, was einen Ort dieses Namens angeht. So heißt es im »Jerusalemer Bibellexikon« über die biblische »M. M.«, herausgegeben von Kurt Hennig (4. Auflage 1998, S. 564): »Eine Frau aus Magdala (beziehungsweise Magadan; heutiges Migdal) in Galiläa.«

Jesus hat wohl den Ort Magdala gekannt. Das Gebiet, in welchem Jesus mit seinen Jüngern umherzog, war nicht sonderlich groß. Auch wenn nicht klar ist, ob Jesus nur einige Monate oder wenige Jahre reiste und predigte, dürfte er jede Stadt und jede Gemeinde mindestens einmal aufgesucht haben.

Um eine direkte Verbindung zwischen Jesus, Maria Magdala und den Ort Magdala herstellen zu können, wird gelegentlich das biblische »Dalmanutha« mit Magdala gleichgesetzt. Diesen Ort suchte Jesus nach dem Evangelium nach Markus (Kapitel 8, Vers 10) auf: »Und alsbald trat er in das Schiff mit seinen Jüngern und kam in die Gegend von Dalmanutha«. Im Evangelium nach Matthäus freilich (Kapitel 15, Vers 39) landeten Jesu und Jünger »im Gebiet von Magadan«. Kann man also wirklich die kleine Fischersiedlung Magadan mit Magdala und Dalmanutha gleichsetzen? Oder waren es in Wirklichkeit drei verschiedene Dörfer?

Zu Zeiten Jesu gab es rund um den See Genezareth eine Vielzahl von kleinen Ortschaften, die oftmals nur aus einzelnen Häusern bestanden. Viele dürften in offiziellen Listen gar nicht aufgeführt sein, weil sie oft schnell wieder von der Landkarte verschwanden. Stammte Maria Magdalena aus so einem Fischerdorf? Einige der Jünger Jesu waren Fischer. Warum sollten Jesus und Gefolgschaft nicht häufig Fischersiedlungen aufgesucht haben? In so einem Nest könnten sich Maria Magdalena und Jesus durchaus begegnet sein.

Die Ortsnamen Magadan und Dalmanutha weisen allerdings keinen erkennbaren Bezug zu Maria Magdalena auf, und das spätere »Magdala« hieß zu Jesu Lebzeiten noch Taricheai. Der für Mitteleuropäer etwas zungenbrecherische Name weist ganz prosaisch auf das griechische Wort »taricheuo« hin. Damit wird das »Konservieren mit künstlichen Mitteln« beschrieben, also zum Beispiel das Einpökeln und Einsalzen. Warum der Name gewählt wurde, liegt auf der Hand: Offensichtlich hat man in Taricheai die Fische mit Hilfe von Salz konserviert, um sie bei der Hitze, die dort zumeist herrschte, transportieren zu können.

Doch wenn Maria Magdalena tatsächlich aus Taricheai stammen würde, hätte man vermutlich diesen Namen zu ihrem Beinamen erkoren und nicht Magdalena, das nun völlig anders klingt. Kluge Theologen haben versucht, dafür eine Erklärung zu finden. Taricheai hieß im Aramäischen »Migdal Nunaya«, was so viel wie »Fischer-Turm« bedeutet. Daher brachten Theologen den Namen Magdalena mit »Migdal-eder« in Verbindung, mit »Turm der Herde«. Die Erklärung: Turm heißt im Hebräischen »magdala«, »eder« bedeutet »Herde«.

Somit gelingt es, zwischen Taricheai und Magdalena eine allerdings eher wackelige Brücke zu schlagen. Beide Begriffe haben etwas mit einem Turm zu tun. Aber reicht das aus als Beweis dafür, daß Maria Magdalena aus Taricheai stammt? Wohl kaum!

Eine Frage drängt sich auf: Warum versuchen Theologen schon seit Generationen immer wieder, Maria Magdalena einer jüdischen Stadt, möglichst in Galiläa, zuzuordnen? Und warum wird der Name Magdalena ausschließlich als Hinweis auf eine Ortschaft verstanden?

Migdal-eder weckt konkrete biblische Vorstellungen: Ein Turm der Herde dient dem Schutz der Tiere. Vom Turm aus sieht man früher als der Hirte, wann etwa ein wildes Tier auftaucht, das den weidenden Tieren gefährlich werden könnte. Der Turm der Herde und der Schäfer sind zum Wohl der

Herde da. Jesus wird im Neuen Testament als guter Hirte verstanden, der auf seine Herde aufpaßt. Migdal-eder hilft ihm als Turm der Herde dabei, darauf zu achten, daß den Tieren unter seiner Obhut nichts Böses widerfährt. Eine Frau namens Migdal-eder wäre also das ideale Pendant zum guten Hirten Jesus. Man könnte bei Maria Magdalena und Jesus von Hirtin und Hirte sprechen. Im übertragenen, religiösen Sinn würde es bedeuten, daß Maria Magdalena und Jesus beide eine Führungsfunktion in der frühen Gemeinde innehatten. Beide betreuten die Menschen, die Jesus verehrten und seinen Predigten lauschten.

Einen »Turm der Herde« kündigt das Alte Testament auch in einer Prophezeiung an – als die künftige Herrscherin. Im kleinen, wenig beachteten Büchlein des Propheten Micha heißt es (Kapitel 4, Vers 8): »Und du, Turm der Herde, du Feste der Tochter Zion, zu dir wird kommen und wiederkehren die frühere Herrschaft, das Königtum der Tochter Jerusalem.«

Jesus und seine Jünger kannten die Schriften des Alten Testaments, vor allem wussten sie um die uralten Prophezeiungen. Zu Lebzeiten von Rabbi Jesu brodelte es schon viele Jahrzehnte im Heiligen Land. Je aussichtsloser die Situation wurde, desto mehr sehnte man sich nach einem Messias, der die Terrorherrschaft der Römer beenden würde. Voller Hoffnung lasen die Menschen die Bücher der Propheten. Was schrieben sie über den Messias? Woran würde man ihn erkennen? Deshalb las man die Thora eifriger denn je und kannte auch die Vorhersagen von Micha.

Einen Ort Magdala gab es zu Jesu Lebzeiten nicht im Heiligen Land, wohl aber eine alte römische Stadt namens Magdolum im nordöstlichen Ägypten, nahe an der Grenze von Judäa. Maria Magdalena oder Maria, genannt Magdalena, aus Magdolum in Ägypten – Jesus muß sie als die ideale Partnerin gesehen haben.

In einem streng patriarchalischen Land wie Israel muß die Vorstellung schwer erträglich gewesen sein, daß da eine Frau auftauchte, zu der – wie der Prophet Micha vorhersagt – »wird kommen und wiederkehren die frühere Herrschaft, das Königtum der Tochter Jerusalem«. Eine Frau als künftige Herrscherin, vielleicht mit einem letztlich nur unbedeutenden »Messias« an ihrer Seite? Keine Frage: Dagegen mußte eingeschritten werden, wenn man die Herrschaft der Männer aufrechterhalten wollte.

Der prophetische Text sagt aber noch mehr aus: »Zu dir wird kommen und wiederkehren die frühere Herrschaft.« Diese Worte können durchaus auch im Sinne eines neuen Matriarchats verstanden werden. Die Herrschaft wird zur Regentin zurückkehren. Eine Frau wird die »frühere Herrschaft« wiedererlangen.

Für die Männer galt es also, die Frau aus Magdolum in ein möglichst schlechtes Licht zu rücken. Ob man sie als »Sünderin« verunglimpfen konnte? Auf alle Fälle mußte man einen Keil zwischen Jesus und diese gefährliche Frau treiben! So wiegelte kein anderer als Petrus Jesus gegen Maria Magdalena auf. Genauer: Er versuchte es – doch vergeblich.

Voller Haß griff Petrus sie im gnostischen Thomas-Evangelium an (Wort Nr. 114): »Simon Petrus sagte ihnen (den übrigen Jüngern): ›Maria möge von uns gehen. Denn die Frauen sind des Lebens nicht würdig.‹«

Erfolg hatte Petrus mit dieser Argumentation allerdings

nicht. Jesus verteidigte Maria Magdalena, und Petrus gab klein bei – zunächst jedenfalls.

Wollte man auch eine größere Anhängerschaft Jesu gegen Maria Magdalena aufbringen? Indem man Maria Magdalena nachsagte, Jesus habe ihr sieben Dämonen ausgetrieben? Was ist damit gemeint? Den Terminus »Dämonen« hat man inzwischen durch »böse Geister« ersetzt. Man wird ihn in heutigen Bibelübersetzungen meist vergeblich suchen.

Das griechische Original hat vor den »epta daimonia«, den »sieben Dämonen«, keine Scheu. Im Evangelium nach Markus wird das Vertreiben der sieben Dämonen eher beiläufig erwähnt (Kapitel 16, Vers 9): »Als er (Jesus) auferstanden war frühe am ersten Tag der Woche, erschien er zuerst der Maria Magdalena, von welcher er sieben Dämonen ausgetrieben hatte.«

Im Evangelium nach Lukas wird scheinbar derselbe Sachverhalt wiedergegeben (Kapitel 8, Verse 1 und 2): »Und es begab sich danach, daß er durch Städte und Dörfer zog und predigte und verkündigte das Evangelium vom Reich Gottes. Und die Zwölf waren mit ihm, dazu einige Frauen, die er gesund gemacht hatte von bösen Geistern und Krankheiten, nämlich Maria, genannt Magdalena, von der sieben böse Geister ausgefahren waren ...«

Ein sorgsamer Blick ins griechische Original läßt einen deutlichen kleinen Unterschied erkennen. Richtig übersetzt müßte der kurze Passus so lauten: »Und es begab sich danach, daß er durch Städte und Dörfer zog und predigte und verkündigte das Evangelium vom Reich Gottes. Und die Zwölf waren mit ihm, dazu einige Frauen, die er gesund gemacht hatte von *bösen Geistern* und Krankheiten, Maria, genannt Magdalena, von der sieben *Dämonen* ausgefahren waren ...«

Man muß wirklich Wort für Wort im griechischen Original gründlich lesen, um alle Informationen des Texts zu erfassen: Jesus war mit seinen zwölf Jüngern umhergezogen. Er hatte einige Frauen gesund gemacht. Nach damaliger Vorstellung wurden Krankheiten von bösen Geistern verursacht. Diese bösen Wesen hat Jesus vertrieben, worauf die Frauen genasen.

Dann folgt abrupt und völlig unvermittelt der Hinweis auf Maria Magdalena: Aus ihr wurden keine bösen Geister verjagt, sondern sieben Dämonen. Man kann vermuten, daß Maria Magdalena nicht krank war, aber sieben Dämonen hatte. Für Erkrankungen waren ja die bösen Geister zuständig. Warum unterscheidet das griechische Neue Testament im konkreten Fall zwischen »bösen Geistern« einerseits und »Dämonen« andererseits? Heilungen von Kranken waren zu Lebzeiten Jesu die Aufgabe von Magiern, die den Menschen Linderung oder gar Genesung verschafften. Ärzte nach unserer modernen Vorstellung gab es damals noch nicht. Dafür reisten Zauberer umher und bot ihre Dienste feil. Sie konnten angeblich mittels geheimnisvoller Magie Böses wie Gutes bewirken, zum Beispiel Kranke heilen.

Zwischen solchen Zauberern und Jesus wollten bereits die ersten Christen deutlich unterschieden wissen. Für sie waren die heidnischen Zauberer Betrüger oder Schwarzmagier, die böse Dämonen für die eigenen Zwecke einsetzten. Jesus hingegen war für sie der Sohn Gottes, der zum Wohle kranker Menschen seine übersinnlichen Fähigkeiten einsetzte. Im Evangelium nach Lukas (Kapitel 4, Vers 41) zollen selbst die bösen Geister Jesus diese Anerkennung: »Du bist der Sohn Gottes!«

Magie besaß zu Jesu Lebzeiten keinen negativen Beiklang,

sondern war für viele Menschen eine Fähigkeit, die insbesondere einen Sohn Gottes auszeichnete. Ja, für viele konnte man ihn daran erkennen, wie er mit magischen Kräften umgehen konnte.

Aus Sicht der Zeitgenossen war Jesus nicht so recht von seiner heidnischen Konkurrenz zu unterscheiden. Jesus und Apollonius etwa zogen beide predigend durch die Lande und vollbrachten Wunder. Sie riefen gelegentlich Tote zurück ins Reich der Lebenden, und von beiden wurde behauptet, sie seien nicht von einem Menschen gezeugt worden. Ihnen beiden wurde ein »himmlischer Ursprung« nachgesagt. Es gibt sogar weitere Parallelen. So sollen Apollonius und Jesus beide nach Überzeugung ihrer Anhänger in den Himmel aufgefahren sein.

Beim einfachen Volk galt Jesus als ein Magier wie Apollonius – was keineswegs abwertend verstanden wurde. Vor kundigen Magiern hatte man Respekt, gleichgültig wie die übernatürlichen Kräfte begründet wurden. Diese Einschätzung kommt immer noch im Evangelium nach Johannes zum Ausdruck. Da halten ihm die Juden vor (Kapitel 8, Vers 48): »Sagen wir nicht recht, daß du ein Samariter bist und hast einen Dämon?« Warum nennen die Juden Jesus einen Samariter? Weil in Samaria einst ein berühmt-berüchtigter Magier lebte, der als Simon Magus über seinen Tod hinaus in aller Munde war.

Die Aussage dieser rhetorischen Frage ist eindeutig: Jesus, du bist doch auch so ein Magier und hast einen Dämon. Ganz in diesem Sinn heißt es auch im Evangelium nach Markus (Kapitel 3, Vers 22): »Die Schriftgelehrten aber, die von Jerusalem gekommen waren, sprachen: ›Er hat den Beelzebub und treibt die Dämonen aus durch ihren Obersten.‹«

Jesus wurde mit Simon Magus verglichen. Anscheinend genossen beide Männer einen ähnlichen Ruf. Beiden traute man es zu, mittels Zauberei wahre Wunder zu tun, weil sie einen Dämon hatten. Über Zauberkraft verfügen hieß also demnach, einen Dämon zu haben. Je stärker der Dämon des Magiers, desto mehr kann er vollbringen.

Prof. Dr. Ernst Bammel, Judaistikexperte von Rang, ging im Gespräch mit dem Verfasser sogar noch einen Schritt weiter: »Viele Zeitgenossen Jesu sahen das so: Simon der Magus und Jesus waren beide Zauberer. Sie konnten Kranke heilen und, wenn sie wollten, Tote zum Leben erwecken. Beide waren starke Vertreter ihrer Zunft, beide verfügten über einen starken Dämon. Man sagte ihnen beiden nach, daß Simon wie Jesus eine große magische Kraft hätte oder daß sie selbst magische Kraft seien. Ein Zauberer ist nach diesem Verständnis sozusagen selbst magische Kraft oder ein Dämon.«

Mit anderen Worten: Der Magier wird mit seiner Zauberkraft identifiziert. Wenn ihn ein »Dämon« dazu befähigt, Wunder zu tun, dann ist er selbst ein Dämon. Nirgendwo wird im Neuen Testament auch nur angedeutet, daß Maria Magdalena in irgendeiner Form krank war. Der Hinweis auf ihre sieben Dämonen bedeutet offenbar, daß Maria Magdalena über besonders ausgeprägte magische Fähigkeiten verfügte.

Zum Verdruß der ersten Christen war es nicht so einfach, zwischen dem wundertätigen Jesus und vermeintlich bösen, sprich heidnischen Magiern zu unterscheiden. Deshalb versuchte man durch sorgsam formulierte Definitionen, Unterschiede zwischen dem Wirken Jesu und dem der Magier herauszuarbeiten. Für das einfache Volk jedoch waren Simon Magus und Jesus zunächst einmal beide Magier.

Daher mußte man deutlich auf einen Unterschied hinweisen: Jesus war ein Magier mit guten Absichten, während den anderen, die scheinbar genauso vorgingen wie er, Böses unterstellt werden mußte. Jesus wirkte auch eher im Verborgenen und heilte die Menschen um ihrer selbst willen, die falschen Magier jedoch suchten nach öffentlicher Anerkennung.

Die frühe christliche Kirchengeschichte verlief in den ersten Jahrhunderten nach der Kreuzigung nicht als glorreicher Sieg der Anhänger Jesu. Die Botschaft von der christlichen Lehre wurde keineswegs überall begeistert aufgenommen. Falsch ist auch die Vermutung, daß es rasch überall zu Bekehrungen zum Christentum kam. Das Heidentum blieb noch Jahrhunderte ein starker Konkurrent. In dieser Zeit sah sich das Christentum immer wieder attackiert, auch von heidnischer Seite. Und das Christentum versuchte darzulegen, warum es ein besserer Glaube als das Heidentum sei.

Warum, so wurde immer wieder gefragt, soll man als Heide überhaupt Christ werden? Verehrten doch die Christen in Gestalt von Jesus auch einen Magier. Lucius Caecilius Firmianus Lactantius (verdeutscht gewöhnlich zu Laktanz) wirkte in der zweiten Hälfte des dritten Jahrhunderts. Der lateinische Kirchenvater verteidigte das frühe Christentum gegen heidnische Kritik. Offenbar bekam er immer wieder zu hören, daß Jesus doch nur ein Magier wie viele andere sei.

Laktanz tat sich schwer in seiner Argumentation. Christen, so erklärte er, sähen in Jesus nicht deshalb einen Gott, weil er magische Fähigkeiten besäße. Solche Kräfte hätten andere auch. Jesus sei deshalb als Gott zu erkennen, weil er von den Propheten des Alten Testaments als solcher angekündigt werde.

Celsus, ein römischer Arzt und Schriftsteller, attackierte im ersten Jahrhundert das Christentum besonders heftig. Jesus, so wetterte er, sei doch nichts anderes als ein Magier wie viele andere auch. Von seiner Kindheit und Jugend wisse man nichts. »Im Verborgenen« sei er aufgewachsen. Dann »ging er als Lohnarbeiter nach Ägypten und dort erwarb er Erfahrung in gewissen magischen Kräften. Von dort kehrte er zurück und rief sich auf Grund dieser Kräfte als Gott aus«.

Celsus behauptete also, daß Jesus seine magischen Fähigkeiten in Ägypten erlangt habe. Origines, ein christlicher Kirchenlehrer, hingegen verteidigte Jesus: Natürlich sei Jesus nicht mit den niederen Magiern zu vergleichen, die ihre Kunststücke in Ägypten erlernt haben. Origines streitet also lediglich ab, daß Jesus eine Art Trickkünstler war. Ägypten war also offensichtlich zu Jesu Lebzeiten als Land der Magie berühmt und berüchtigt. Es ist daher leicht möglich, daß Maria Magdalena aus dem ägyptischen Magdolum nach Israel kam.

Für Maria Magdalena als Ägypterin spricht eine weitverbreitete Tradition: die der »schwarzen Madonna«. Interessanterweise werden oftmals Maria Magdalena und die »schwarze Madonna« in unmittelbarer Nachbarschaft zueinander verehrt. In Marseille etwa gibt es eine unterirdisch angelegte Kapelle, die Maria Magdalena gewidmet ist. In direkter Nachbarschaft wird in der Basilika Sankt Viktor zur »schwarzen Madonna« gebetet. Die Vermutung liegt deshalb nahe, daß Maria Magdalena ursprünglich als schwarze Frau gesehen wurde.

Im Laufe der Zeit wurden aus der schwarzen Maria zwei Marien: die namenlose schwarze Maria und die weiße Maria Magdalena. Sollten so die magischen Wurzeln von Maria Magdalena verdrängt werden? Wollte man von einer Magierin

Maria Magdalena nichts mehr wissen, als alles verteufelt wurde, was nur irgendwie an Magie erinnerte?

Müßig sind weitere Spekulationen, auch wenn ihnen ein gewisser Reiz nicht abzusprechen ist: War Jesus in seinen jungen Jahren, über die die Evangelien nichts zu berichten wissen, in Ägypten? Lernte er dort Maria Magdalena kennen? Oder drang Jesu Ruf als Magier bis nach Ägypten, und erfuhr Maria Magdalena dort von ihm? Machte sie sich deshalb auf die Reise, um mit Jesus zusammenzutreffen? Darüber gibt es leider keine Quellentexte.

Unbestreitbar aber ist, daß eine heidnische Maria Magdalena aus dem Land der Zauberei als Ehepartnerin für Rabbi Jesus aus Sicht seiner jüdischen Mitmenschen absolut inakzeptabel war. Eine solche Hochzeit wäre keineswegs mit Stolz vermeldet worden. Sie dürfte im kleinen Kreis stattgefunden haben. Nur zu verständlich ist es auch, daß man auf keinen Fall eine zauberkundige Ägypterin als Ehefrau Jesu sehen wollte. Daran hat sich bis zum heutigen Tag nichts geändert. Auch wenn katholische wie protestantische Kirchen Jesus als »wahren Gott und wahren Menschen« verstehen, so wollen sie ihn auf keinen Fall als verheirateten Mann sehen – und schon gar nicht mit Maria Magdalena. Denn nach wie vor hat sie in christlichen Kreisen einen schlechten Ruf.

Schuld daran ist kein Geringerer als Papst Gregor I., der anno 591 Maria Magdalena zur Hure machte. Damals erklärte er: »Sie, die von Lukas als sündige Frau bezeichnet wird, die von Johannes Maria genannt wird, sie war, so glauben wir, jene Maria, aus der gemäß Markus sieben Teufel vertrieben wurden. Was aber bedeuteten diese sieben Teufel, wenn nicht die sieben Laster? Es ist klar, Brüder, daß zuvor diese Frau die

Salbe dazu benutzte, um ihr Fleisch bei verbotenen Handlungen zu parfümieren.«

Papst Gregor I. übersetzte also die »sieben Dämonen« mit »sieben Teufeln« und sah in ihnen die »sieben Laster«: Zorn, Neid, Habsucht, Wollust, Völlerei, Trägheit und Hochmut. Nirgendwo im Neuen Testament findet sich allerdings ein Hinweis, daß eine solche Deutung zulässig ist.

Eine Prostituierte aber mußte Maria Magdalena nach päpstlichem Wunschdenken gewesen sein, denn auf diese Weise konnte die sakrale Handlung der Heiligen Hochzeit in den Schmutz gezogen werden. Papst Gregor begeht ein schlimmes Sakrileg, indem er das Salböl mit Hurerei in Verbindung bringt. Maria Magdalena salbte Jesus zum Messias – und Papst Gregor spricht davon, daß Maria Magdalena ihr »Fleisch parfümieren« wollte, gewissermaßen für den zahlenden Kunden. Ob ihm der Sinn der Zeremonie bekannt war? Vielleicht wußte der Heilige Vater von der religiösen Bedeutung des jahrtausendealten Ritus und degradierte deshalb Maria Magdalena zur Prostituierten, obwohl dergleichen nirgendwo in der Bibel steht.

Es dauerte immerhin bis 1969 – also 1378 Jahre! –, bis die katholische Kirche Maria Magdalena von dem Makel, eine Prostituierte zu sein, offiziell befreite. Besonders laut wurde die Kunde nicht verbreitet, so daß der falsche Makel immer noch an Maria Magdalena haftet. Über Maria als Magierin ist im übrigen niemals offen debattiert worden. Wie überhaupt die magischen Wurzeln des Christentums weiterhin vehement geleugnet werden. Dabei ist es unbestreitbar, daß sie existieren.

»Die Zauberinnen sollst du nicht am Leben lassen!« fordert das mosaische Gesetz (2. Buch Mose, Kapitel 22, Vers 17) der Bibel. Dieses göttliche Gebot führte zu den schlimmsten

Verbrechen, die in der Menschheitsgeschichte im Zeichen des Kreuzes begangen wurden. Der Hexenwahn grassierte allerdings nicht – wie allgemein geglaubt wird – in den »dunklen Zeiten« des Mittelalters (etwa 500 bis 1500 n. Chr.), sondern erst später. Besonders intensiv wütete er zwischen 1560 und 1630 – in Deutschland, Frankreich, Italien, England, Schottland, Russland, Böhmen und Skandinavien. Nicht im vermeintlich »finstren« Mittelalter loderten die meisten Scheiterhaufen zum Himmel, sondern in der angeblich so aufgeklärten Neuzeit von Luther, Galilei und Gutenberg. Und Zauberei wurde nicht erst im Mittelalter verfolgt, sondern schon viel früher.

Magie galt im Römischen Reich lange nicht als strafbare Handlung, es sei denn, sie wurde als Maleficium, als Schadenzauber, ausgeübt. Nur wenn jemand mit magischen Kräften Sachen, Tieren oder Menschen Schaden zufügte, mußte er mit gerichtlicher Verfolgung und Bestrafung rechnen. Unter der Regentschaft von Kaiser Tiberius (14–37 n. Chr.) galt: Wer einen Mitmenschen mit Gift oder mit Magie tötete, der wurde hingerichtet. Unter Kaiser Diokletian (240–316 n. Chr.; Regierungszeit 284–305 n. Chr.) unterschied man allerdings nicht mehr zwischen geduldeten »Magi« (Magier) und »Malefici« (Schadenzauberer). Geahndet wurde jede Form der Magie. Wer mit Magie tötete, mußte wie jeder Mörder mit der Todesstrafe rechnen.

Die Kaiser Konstantin II. (etwa 317–340 n. Chr.) und Valentinian I. (321–375 n. Chr.) ließen Hexen fast schon systematisch verfolgen. Man warf den Frauen Zauberei vor, was als Staatsverbrechen geahndet wurde. Die Todesstrafe drohte den Magiern, aber auch ihren Auftraggebern.

Warum hatten römische Kaiser so große Angst vor Magie? Ganz offensichtlich hatten sie keine religiösen oder gar moralischen Einwände. Wie alle Despoten fürchteten sie sich indes vor Mordanschlägen aus dem Volk. Vielleicht vermochten kundige Schadenzauberer, wozu herkömmliche Attentäter nicht in der Lage waren. Vor Überfällen konnten gut ausgebildete Leibwächter schützen. Wie aber sollte man den heimtückischen Zauberer daran hindern, im stillen Kämmerlein geheimnisvolle Riten zu praktizieren, die zum Tode des Regenten führten?

Folter wurde in wachsendem Maße eingesetzt, um Magier, die dem Kaiser nach dem Leben trachteten, zu enttarnen. Zunächst durften Angehörige der Oberschicht nicht der Tortur unterzogen werden. Gepeinigt wurden nur Angehörige der niederen Klassen, wenn auch nur der leiseste Verdacht aufkam, daß sie mit Zauberei dem Kaiser gefährlich werden könnten. 357 wurde das Folterverbot demokratisiert: von nun an durften auch Adelige gemartert werden. Unter Kaiser Valens (328 bis 378 n.Chr.; Regierungszeit 364–378 n.Chr.) wurde ein Spezialgericht mit der Verfolgung von Magiern betraut.

Ein Verdächtiger wurde angezeigt. Unter der Folter gestand er und bezichtigte andere, sie würden ebenfalls die verbotenen Künste ausüben. Die Bezichtigungen hatten sodann weitere Anklagen zur Folge. Dr. Christa Tuczay (»Magie und Magier im Mittelalter«, S. 34) schreibt dazu: »Es kam zu regelrechten Verhaftungswellen, Folterungen und Hinrichtungen.«

Auffällig ist, daß die brutale Verfolgung von Magiern in einer Zeit erfolgte, in der in zunehmendem Maße das Heidentum von offizieller Seite bekämpft wurde. Doch schon der frühe Historiker Ammianus Marcellinus (etwa 335–400 n. Chr.) erkannte in den blutrünstigen Verfolgungen der Magier durch »christliche Kaiser« Machtmißbrauch unter dem Deckmantel der Verteidigung christlicher Lehre. Zudem waren die meisten Kaiser theologisch überfordert. Was sollten sie als »böse«, was als »gute« Magie definieren?

Selbst der berühmte Philosoph und Kirchenlehrer Thomas von Aquin (1225–1274) versuchte vergeblich, zwischen »guter« christlicher und »böser« heidnischer Magie zu unterscheiden. So bezichtigte er einerseits dämonische Magier der verbotenen Wahrsagerei. Was er jedoch als Attribut hexerischen Unwesens brandmarkt, wird gleichzeitig als besonderes Kennzeichen der frommen Heiligen gepriesen. Thomas von Aquin vermag nicht in nachvollziehbarer Weise einen eklatanten Widerspruch zu erklären: Wieso ist die Wahrsagekunst sowohl Merkmal des Heiligen als auch des Bösen?

Erst im fünften Jahrhundert versuchte Papst Gelasius, eine Vielzahl von religiösen Texten zu verbieten. Die apokryphen Texte wurden nicht in den Kanon der Bibel aufgenommen. Sie galten aber in den christlichen Gemeinden lange Zeit als ebenbürtig mit den klassischen Evangelien nach Markus, Matthäus, Lukas und Johannes. In diesen alten Texten wird Jesus eindeutig als Magier beschrieben, der sogar einen Schadenzauber anwendet.

Die Kindheitserzählung des Thomas dürfte zu den ältesten Überlieferungen über Jesu Leben zählen. Sie ist vermutlich in den ersten Jahrhunderten nach der Zeitenwende schriftlich niedergelegt worden. Freilich darf man wohl nicht davon ausgehen, daß es sich um das Werk eines einzelnen Verfassers handelt. Der Text lag zunächst in einer griechischen Fassung vor, die dann in syrischer, äthiopischer, georgischer, altslawischer, arabischer, armenischer und lateinischer Sprache niedergeschrieben wurde. Dabei handelte es sich aber nicht um Übersetzungen nach unserem heutigen Verständnis. Vielmehr unterschieden sich die verschiedenen Versionen oft sehr stark voneinander.

Die heute vorliegende Fassung ist am ehesten als eine lose Aneinanderreihung von Episoden zu bezeichnen, die Jesus als Fünf-, Sechs-, Acht- und Zwölfjährigen darstellen. Er erscheint dabei als ein mächtiges Wesen, das über Zauberkraft verfügt. Die Untaten des fünfjährigen Jesus können keineswegs mehr als Kinderstreiche beschönigt werden. Man kann nachvollziehen, warum die Kirchenväter diese Texte nicht in den Kanon des Neuen Testaments aufgenommen haben.

Spielende Kinder haben noch keinen Begriff von der Endgültigkeit des Todes. Im Eifer des Gefechts wünschen sie ihren Gefährten schon einmal unbedacht das Schlimmste. Konkrete Tötungswünsche werden auch dem kleinen Jesus in der Kindheitserzählung des Thomas zugeschrieben. Im Gegensatz zu seinen Spielgefährten aber kann er sie mit Magie auch in die Tat umsetzen. So heißt es in den Kapiteln 2 und 3: »Als dieser Knabe Jesus fünf Jahre alt geworden war, spielte er an der Furt eines Baches; das vorbeifließende Wasser leitete er in Gruben zusammen und machte es sofort rein; mit dem bloßen Worte gebot er ihm. Er bereitete sich weichen Lehm und bildete daraus zwölf Sperlinge. Es war Sabbat, als er dies tat. Auch viele andere Kinder spielten mit ihm. Als nun ein Jude sah, was Jesus am Sabbat beim Spielen tat, ging er sogleich weg und meldete dessen Vater Joseph: ›Siehe, dein Knabe ist am Bach, er hat Lehm genommen, zwölf Vögel gebildet und hat den Sabbat entweiht.‹ Als nun Joseph an den Ort gekommen war und (es) gesehen hatte, da herrschte er ihn (Jesus) an: ›Weshalb tust du am Sabbat, was man nicht tun darf?‹ Jesus aber klatschte in die Hände und schrie den Sperlingen zu: ›Fort mit euch!‹ Die Sperlinge öffneten ihre Flügel und flogen mit Geschrei davon. Als aber die Juden das sahen, staunten sie, gingen weg und erzählten den Ältesten, was sie Jesus hatten tun sehen. Der Sohn des Schriftgelehrten Annas aber stand dort bei Joseph; er nahm einen Weidenzweig und brachte das Wasser, das Jesus zusammengeleitet hatte, zum Abfließen. Als Jesus sah, was geschah, wurde er aufgebracht und sprach zu ihm: ›Du Frecher, du Gottloser, du Dummkopf, was haben dir Gruben und das Wasser zuleide getan? Siehe, jetzt sollst du auch wie ein Baum verdorren und weder Blätter noch Wurzeln noch Frucht tragen.‹ Und alsbald verdorrte jener Knabe ganz und gar. Da machte Jesus sich davon und ging in das Haus Josephs. Die Eltern des Verdorrten aber trugen diesen, sein Jugendalter beklagend, weg, brachten ihn zu Joseph und machten ihm Vorwürfe: ›Solch einen Knaben hast du, der so etwas tut!‹«

Es gibt nicht nur Hinweise auf das zaubernde Jesuskind. Immer wieder wird in uralten Texten Jesus als Magier bezeichnet. Das Schrifttum des Theologen, Philosophen und Universalgelehrten Celsus ist weitestgehend vernichtet worden. Nur einige Zitate sind in alten Büchern erhalten geblieben, in denen er massiv bekämpft wurde. So behauptete Celsus in seinem verschollenen Werk »Alethes Logos«, um 180 n. Chr. verfaßt, Jesus sei in Ägypten gewesen. Dort habe er die magischen Künste erlernt. Nach seiner Rückkehr habe er im Heiligen Land Zauberei betrieben.

Im Mittelalter erfreuten sich Zauberbücher wie der »Schlüssel Salomo« zum Ärger der Kirche großer Beliebtheit. Und bis ins Mittelalter war das Bild vom Magier Jesus im Volksglauben präsent. So zeichnete ein namentlich unbekannter mittelalterlicher Dramatiker aus York die Verurteilung Jesu zum Tode so: Kaiphas und Annas bezichtigen Jesus magischer Machenschaften. Seine Wunder leugnen sie nicht. Sie führen sie als Beweise für ihre Anklage an: Jesus heilt Kranke, Jesus ruft Tote wieder ins Leben zurück, Jesus wandelt auf dem Wasser – weil er als Zauberer die Naturgesetze aufheben kann.

Pilatus kann den Anklägern nicht folgen. Niemand sei zu Schaden gekommen, wirft er zugunsten Jesu ein. Doch es gelingt ihm nicht, Jesus zu retten. Gewiß, man will den mächtigen Römer nicht brüskieren, indem man seine Argumentation in Frage stellt. Aber jetzt wird eine scheinbar neue Anklage formuliert. Jesus sei ein Hochverräter, heißt es. Ein wirklich neuer Vorwurf wird damit allerdings nicht erhoben. Lediglich der Wortlaut hat sich geändert: Es ist nicht mehr von Zauberei die Rede, sondern von Hochverrat. Die beiden juristischen Termini können aber sehr wohl letztlich den identischen Sachverhalt umschreiben! Erinnern wir uns: In der römischen Rechtsprechung wurden zeitweise »Hexerei« und »Hochverrat« gleichgesetzt und mit dem Tode bestraft.

Um 180 n. Chr. wies Celsus darauf hin, daß sich die Wunder Jesu und die so manches übers Land ziehenden Zauberers sehr ähnelten. Vertrieben nicht Jesus wie Magier »böse Dämonen« aus Menschen? Auch Augustin (185–254 n. Chr.), von nicht wenigen Theologen als größter christlicher Kirchenlehrer verehrt, mußte zugeben, daß Jesus und die Jahrmarktmagier ähnliche Wunder vollbrachten.

Wie aber soll dann der gläubige Christ zwischen den Tricks gemeiner Magier und den Wundertaten Jesu unterscheiden? Woran soll er erkennen, was gutes, frommes Wunder und was böse, unchristliche Zauberei ist? Lucius Caecilus Firmianus Lactantius wird wegen seiner Beredsamkeit und seines guten Lateins als »Cicero des Christentums« bezeichnet. Der lateinische Kirchenvater (etwa 250–317 n. Chr.) verteidigte vehement das Christentum gegen Angriffe von heidnischer Seite. Er versuchte energisch, die These von Jesus als Magier zu widerlegen. Seine Argumentation verdeutlicht aber nur, daß Jesu Taten ganz offensichtlich nicht von jenen von zeitgenössischen Magiern zu unterscheiden waren. Lactantius gibt zu, daß Magier wie Jesus ähnlich Wundersames vollbrachten. Aber Magier waren, so Lactantius, ganz normale Menschen. Sie zauberten nur. Jesus aber war nicht Mensch, sondern Gott. Als Gott wirkte er Wunder, während seine menschlichen Kollegen »nur« zauberten. Dabei übersah der gelehrte Kirchenmann eine uralte Tradition, nach der auch Götter zauberten. Kirke und Isis etwa galten als Götter, die auch mit Magie wirkten!

Theologisch spitzfindig behauptet Lactantius: Jesus war nicht deshalb göttlich, weil er Wundersames zuwege brachte. Seine Wunder sind kein Beweis für seine Göttlichkeit. Jesus konnte zaubern, weil er Gott war. Er war nicht Gott, weil er zaubern konnte. Sonst wären ja Magier wie Apollonius wegen ihrer Künste auch göttlich gewesen. Jesus war göttlich, weil die Propheten ihn als Gott vorhergesagt hatten. Gäbe es diese Prophezeiungen nicht, dann wäre Jesus ein ganz gewöhnlicher Magier. Für Lactantius war klar: Wir müßten Jesus für einen Magus halten, hätten ihn nicht die Propheten als Gott, der eben diese Wunder wirken würde, vorhergesagt.

Eusebius (etwa 260–338 n. Chr.), Hoftheologe von Kaiser Konstantin, verfaßte eine bedeutende Kirchengeschichte und zwei Werke mit Geschichten der Märtyrer. Auch er versuchte zu beweisen, daß Apollonius ein Zauberer, Jesus aber göttlich und kein Magier gewesen sei. Seine Argumente wirken oft wie zaghafte Rechtfertigungsversuche. So betont er, daß Jesus mehr und vor allem frömmere Anhänger überzeugen konnte. Außerdem sei es Jesus gelungen, das gesamte Imperium Romanum zu bekehren, was belege, daß Jesus ein göttlicher Bote war, der echte Wunder tat, während Menschen wie Apollonius nur Betrüger gewesen seien.

Die Vehemenz, mit der Jesus gegen den Vorwurf der Zauberei verteidigt wird, ist augenfällig. Der Vorwurf, ein Magoi zu sein, dürfte sehr oft gegen ihn erhoben worden sein. Vermutlich konnten weder Jesu Anhänger noch seine Gegner so recht zwischen Jesu Wundern und den Mirakeln von Magiern unterscheiden. Auch war unter Jesu Anhängerschaft Magie weit verbreitet. So befanden sich im Besitz der Christen von Ephesus zahlreiche Zauberbücher. Paulus gelang es, so manchen Jesusanhänger zu überreden, die verbotenen Werke zu verbrennen (Apostelgeschichte, Kapitel 19, Vers 19).

Zu Zeiten des Alten Testaments erhob das Judentum keinen Absolutheitsanspruch. Kein frommer jüdischer Gelehrter behauptete, daß es nur einen Gott gab. Allerdings dufte nur Jahwe verehrt werden. Und so wie es neben Jahwe noch andere Götter gab, so traute man keineswegs nur Jahwe Wunder zu. Jedoch glaubte man, daß der eigene Gott stärker war als alle anderen. Es galt also nicht, den einzigen Gott anzubeten, sondern den stärksten. Wer der stärkste war, das sollten regelrechte himmlische Duelle klären. Dabei stiegen nicht die

Götter selbst in den Ring. Sie ließen vielmehr für sich kämpfen. Oder anders ausgedrückt: Sie ließen zaubern.

Im 2. Buch Mose (Kapitel 7, Verse 8–13) treten Zauberer in einem Wettkampf gegeneinander an: die ägyptischen Magoi des Pharao gegen Aaron und Mose. Beide Seiten demonstrieren offenbar die gleiche Magie. Oder um es salopper zu formulieren: Beide Seiten beherrschen die gleichen Tricks mehr oder minder gut. Man wirft einen Stock zu Boden, der sich dann in eine Schlange verwandelt. Die magische Aktion gelingt sowohl den ägyptischen Zauberern als auch dem jüdischen Aaron. Doch Aarons Schlange erweist sich als stärker als die Konkurrenz. Sie besiegt die ägyptischen und frißt sie auf. Die Aussage dieses Bibeltextes ist eindeutig: Zaubern können die Ägypter wie die Juden, doch die Magie der Juden ist viel mächtiger.

Ein ganz ähnliches Duell hat sich nach frommen Überlieferungen zwischen dem christlichen Simon Petrus und dem Zauberer Simon Magus abgespielt. Der älteste Bericht über den Zweikampf dürfte schon bestanden haben, bevor die vier biblischen Evangelien nach Markus, Matthäus, Lukas und Johannes verfaßt worden waren.

Im alten Israel mußte sich Jahwe, der Gott des Judentums, erst durchsetzen und bewähren. Er hatte mächtige Gegner, die immer noch sehr viele Anhänger fanden. Im missionarischen Wetteifer schrieb man Gott Jahwe im mosaischen Text die kräftigere Magie als den Ägyptern zu. Somit siegte Jahwe über die ägyptischen Konkurrenten. Das sollte überzeugen: Vergeßt die alten Götter! Folgt dem neuen Gott Jahwe, denn sein Zauber ist stärker! Jahwe ist deshalb mächtiger!

Jahrtausende später wiederholte sich die Geschichte: In den

frühen Zeiten des damals noch jungen Christentums gab es eine ähnliche Konkurrenz: Nicht zwischen Jahwe und den alten Göttern, sondern zwischen Jesus und konkurrierenden heidnischen Magiern. Wieder fragten sich die Menschen: Wem sollte man folgen? Woran wollte man glauben? Wollte man im Heidentum verharren? Oder wollte man sich der neuen Religion, dem Christentum, zuwenden? Beide Seiten verfügten über magische Fähigkeiten.

Jesus vollbrachte den Evangelien nach unzählige Wunder, und Paulus, sein Nachfolger, eiferte ihm nach. Und das mit Erfolg! Petrus sollen Spontanheilungen und sogar Totenerweckungen gelungen sein (Apostelgeschichte, Kapitel 9, Verse 32–43).

Bis in die Neuzeit wurde in frommer Einfalt ausgeschmückt, was letztlich die christliche Magie als überlegen darstellen sollte. Im Mittelalter kursierten regelrechte Schauergeschichten: Simon Petrus, der Christ, kann Tote auferwecken, Simon Magus, der Heide, dagegen scheitert. Zornentbrannt trachtet Simon Magus seinem frommen Kontrahenten nach dem Leben. Bösartige Zauberhunde sollen ihn zerfetzen. Simon Petrus aber weiß sich zu wehren. Er läßt die Bestien geweihtes Brot fressen – und schon ist die Gefahr gebannt. Mit einem ganz besonderen Trick aber will Simon Magus den Wettstreit doch noch für sich entscheiden: Dank magischer Kraft ist es ihm möglich, sich wie ein Vogel in die Lüfte zu schwingen. Kaiser Nero, als eine Art Schiedsrichter involviert, ist offensichtlich beeindruckt. Es sieht ganz so aus, als werde er Simon Magus zum Sieger erklären. Simon Petrus aber gibt nicht auf. Er schickt ein Gebet gen Himmel und wird erhört. Sein Kontrahent, Simon Magus, stürzt vom Himmel und bleibt zerschmettert liegen.

Die Langlebigkeit der Wettkampferzählung in ihren verschiedenen Varianten beweist: So offensichtlich waren die Unterschiede nicht zwischen guter Wundertätigkeit und böser Zauberei. Heiden, Juden und Christen warfen sich gegenseitig vor, verbotene Magie zu betreiben. An der Realität von übernatürlichen Kräften gab es keinen Zweifel.

In den kanonischen Text des Neuen Testaments wurde kein Wettkampf in Sachen Wundertätigkeit und Zauberei aufgenommen. In der Apostelgeschichte (Kapitel 8) klingt der Wettkampf der Magier lediglich an. Jacques Bergier, Schriftsteller und Experte in Sachen Grenzwissenschaften, schreibt über Magie: »Der Magier verfügt über eine Kraft, die es ihm ermöglicht, Zauberei zu betreiben. Diese Kraft entspricht dem elektrischen Strom, etwa in einer Batterie. Damit kann man eine Glühbirne zum Leuchten bringen. Der Strom speist die Lampe. Die Kraft des Magiers ermöglicht es ihm, seine ›Wunder‹ zu vollbringen.«

Der Magier kann die Kraft des Zaubers einsetzen, solange er sie besitzt. Er kann sie aber auch verlieren – und mit ihr seine paranormalen Fähigkeiten. Am ehesten läßt sich dieses Verständnis von Magie mit der Idee einer Zauberenergie umschreiben, die aufgebraucht werden oder verlorengehen kann. Jesus selbst scheint diese Vorstellung von der Kraft der Magie gehabt zu haben. So schildert er im Evangelium nach Lukas (Kapitel 8, Verse 43–48) das Entweichen eben dieser Kraft. Dr. Christa Tuczay (»Magie und Magier im Mittelalter«, Seite 44) hierzu: »Jesus … spricht … vom Weggehen von Kraft, was an den antiken heidnischen Kraftbegriff gemahnt.«

Der Historiker und Theologe für Neues Testament an der Universität Notre Dame, Prof. David Aune, erhebt in Sachen

Jesus und Magie scharfe Vorwürfe: Viele christliche Theologen, so klagt er an, »schreiben so, als gehörten sie einer Verschwörung an, deren Ziel es ist, die Rolle der Magie im Neuen Testament herunterzuspielen oder zu ignorieren ... Es scheint nicht angemessen zu sein, Jesus als Magier zu bezeichnen, jedoch hat Jesus von magischen Techniken Gebrauch gemacht, die einfach als magisch angesehen werden müssen!«

Selbst Menschen, die noch nie in der Bibel gelesen haben, kennen recht kurios anmutende Geschichten aus dem Neuen Testament, in denen Jesu Wunderheilungen beschrieben werden. Dabei kommt wiederholt Jesu Speichel zum Einsatz – etwa bei der Heilung eines Taubstummen (Evangelium nach Markus, Kapitel 7, Vers 33) oder eines Blinden (Evangelium nach Markus, Kapitel 8, Vers 23). Skeptiker belächeln solche Wunderberichte. Biblische Fundamentalisten suchen verzweifelt nach »natürlichen« Erklärungen. Ob Jesus vielleicht lediglich vereiterte Augen reinigte und damit Menschen das Augenlicht zurückgab? Bibelfreunde wie Bibelgegner übersehen dabei, daß Jesus offensichtlich magische Rituale vollzog: Dem Speichel von Magiern sagt man schon seit Jahrtausenden heilsame Wirkung nach.

Prof. Dr. Dr. Otto Böcher läßt keinen Zweifel aufkommen, daß Jesu Heilwunder mit Speichel keineswegs eine christliche Besonderheit darstellen. Vielmehr bediente sich Jesus offensichtlich uralten Wissens, das schon lange vor ihm zu den Grundkenntnissen von Heilmagiern gehörte.

In der Apostelgeschichte des Neuen Testaments anerkennt Simon Magus die magische Kraft der frühen Christen, mit der sie Wunder tun können. Er akzeptiert sie als real und wirksam. Er gibt zu, daß Jesus und seine Jünger über eine Kraft verfügen, die ihm nicht zur Verfügung steht. Simon Magus möchte unbedingt in den Besitz dieser geheimnisvollen Kraft kommen. Deshalb bietet er Simon Petrus Geld für das Geheimnis des christlichen Zaubers an. Der lehnt jedoch empört ab. Deutlich wird, worauf nach Ansicht des Verfassers der Apostelgeschichte christliche Wundertätigkeit basiert: auf der Kraft des Heiligen Geistes. Wer den Heiligen Geist besitzt, der kann Wunder tun. Oder anders ausgedrückt: Wer über den Heiligen Geist verfügt, der kann Magie bewirken.

Voller Bewunderung heißt es in der »Legenda Aurea« von Jacobus de Voragine, dem populärsten Buch des Mittelalters, über Paulus: »Er war der Apostel der Heiden. Zu Lystra machte er einen Lahmen gesund; er erweckte einen Jüngling, der sich aus dem Fenster zu Tod hatte gefallen, und tat noch viele andere Wunder. Auf der Insel Mytilene kroch eine Natter auf seine Hand, aber sie tat ihm nichts, sondern er schüttelte sie ab in ein Feuer. Man sagt auch, daß alle Nachkommen des Mannes, der damals Paulum herbergte, von giftigen Schlangen nimmer mögen verletzt werden. Darum wird in die Wiege ihrer neugeborenen Kinder allezeit eine Natter gelegt, damit prüfen sie, ob die Kinder ehelich sind.«

Auf seiner ersten Missionsreise kam Paulus mit seinen Gefährten von Seleucis nach Zypern (Apostelgeschichte, Kapitel 13, Vers 4). Die Männer wanderten weiter nach Paphos. Dort stießen sie auf einen gewissen Bar Jesus, der als Prophet verehrt wurde. Von ihm hieß es, er sei ein mächtiger Zauberer. Bar Jesus (zum deutsch etwa »Sohn des Jesus«) soll versucht haben, den römischen Landvogt Sergius Paulus zu beeinflussen: Der trug sich mit dem Gedanken, den christlichen Glauben anzunehmen. Das aber wollte Bar Jesus verhindern.

Wiederum kam es zu einer Art Wettstreit der Magier. Schließlich gelang es Paulus, den mächtigen Römer für sich zu gewinnen – mit handfester Magie (Apostelgeschichte, Kapitel 13, Verse 11 und 12): »Und nun siehe, die Hand des Herrn kommt über dich, und du sollst blind sein und die Sonne eine Zeitlang nicht sehen! Auf der Stelle fiel Dunkelheit und Finsternis auf ihn, und er ging umher und suchte jemanden, der ihn an der Hand führte. Als der Statthalter sah, was geschehen war, wurde er gläubig und verwunderte sich über die Lehre des Herrn.«

Christliche Magier nutzten ihre Kräfte also nicht nur zum Nutzen und Frommen ihrer Mitmenschen. Wenn es ihnen hilfreich zu sein schien, schreckten sie auch vor dem Schadenzauber nicht zurück, der nach mosaischem Gesetz mit der Todesstrafe geahndet werden mußte.

Wiederum wird die Kraftquelle der christlichen Magie eindeutig benannt: Es ist der Heilige Geist, der Paulus zur Verfügung steht. Dank des Heiligen Geistes kann Paulus seinen Rivalen erblinden lassen.

7. Maria Magdalena, Jesus und das wahre Sakrileg

Maria Magdalena und Jesus in Verbindung mit Magie zu bringen erscheint vielen Christen als Sakrileg. Unter »Sakrileg« verstand man ursprünglich den Raub heiliger Gegenstände aus einem Tempel oder die Entweihung einer sakralen Stätte.

Begeht man ein Sakrileg, wenn man Maria Magdalena und Jesus magische Künste nachsagt? Wer diese Frage voreilig bejaht, der übersieht eine bemerkenswerte Tatsache: Magie steht am Anfang der Bibel. Und Gott selbst tritt als Magier auf. Die Schöpfung wird gleich zu Beginn des Ersten Buch Mose als magische Handlung beschrieben: »Und Gott sprach: ›Es werde Licht!‹ Und es ward Licht.«

Gott dirigiert das Geschehen mit Worten. Seine Worte bestimmen die Wirklichkeit: Licht kommt in die Finsternis. Eine Feste entsteht zwischen den Wassern. Land und Meer werden getrennt. Bäume, Pflanzen beginnen zu wachsen. Sonne, Mond und Sterne werden platziert. Lebewesen bevölkern Land, Luft und Wasser.

Die Schöpfung folgt nicht der Logik, sondern dem Willen Gottes, seinem magischen Wort. Wäre die Schöpfung nach logischen Gesichtspunkten erfolgt, dann hätte die Sonne vor den Pflanzen geschaffen werden müssen, da Pflanzen bekanntlich nicht ohne Sonnenlicht existieren können.

Gott dirigiert nicht nur die Geschehnisse wie ein Magier, er verleiht auch dem ersten Menschen, Adam, magische Macht. Gott kreierte (Erstes Buch Mose, Kapitel 2, Vers 19) »alle die Tiere auf dem Felde und alle die Vögel unter dem Himmel und brachte sie zu dem Menschen, daß er sähe, wie er sie nennen möge«.

Damit überließ Gott dem Menschen magische Macht. Indem Adam den Tieren Namen verlieh, gewann er nach magischem Verständnis Gewalt über sie (Vers 20): »Und der Mensch gab einem jeden Vieh und Vogel unter dem Himmel und Tier auf dem Felde seinen Namen; aber für den Menschen ward keine Gehilfin gefunden, die um ihn wäre.«

Wie die Geschichte weiter verläuft, ist bekannt: Gott erschafft Adam eine Frau. Und Adam nennt seine Frau Eva. Warum? Die Erklärung lautet (Erstes Buch Mose, Kapitel 3, Vers 20): »Denn sie wurde die Mutter aller, die da leben.« Verständlich wird der Sinn dieser Worte nur, wenn man sie im hebräischen Original liest. Angeblich bedeutet »Eva« in der hebräischen Sprache der Bibel »Leben« und »Leben schenken«. Das aber ist falsch.

Der hebräische Name von »Eva« lautet »Chawah«. Das Hebräische ist eine reine Konsonantenschrift. Im hebräischen Original des Alten Testaments steht »ChWH«. »ChWH« aber bedeutet nicht Leben im Althebräisch der Thora. »ChJH« bedeutet Leben, konkreter: etwas Lebendes, ein Tier, ein Raubtier. Gelegentlich wurde »ChJH« auch auf Menschen angewandt. Im Psalm 68 zum Beispiel werden die Ägypter als »ChJH« bezeichnet. Damit war wohl gemeint, daß sie aus Sicht der Kinder Israels Bestien in Menschengestalt waren.

»ChJH« als Verb bedeutet leben, allerdings im Aramäischen. Da hat es eine ganz besondere Bedeutung. Wenn man dem

König ein langes Leben wünschte, dann benutzte man »ChJH«. Im kleinen Buch Daniel heißt es (Kapitel 2, Vers 4): »Da sprachen die Wahrsager zum König auf aramäisch: ›Der König lebe ewig!‹« In gleicher Bedeutung kommt »ChJH« etwas später erneut bei Daniel vor (Kapitel 3, Vers 9): »Der König lebe ewig!«

»ChWH«, Evas hebräischer Name, lässt sich also nicht so leicht auf »Leben« oder »leben« zurückführen. Der Unterschied ist nur klein, aber entscheidend. Das hebräische »W« (»Waw«) und das »J« (»Jod«) unterscheiden sich im Schriftbild zwar nur unwesentlich, aber dieser kleine Unterschied kann den Sinn eines Wortes vollkommen verändern.

Eigentümlich: Jesus machte eine seltsame Äußerung zum kleinsten Buchstaben der hebräischen Schrift, zum »Jod«. Er forderte, daß das »Gesetz« aufs »Jod« genau erhalten bleiben müsse und nicht verändert werden dürfe (Evangelium nach Matthäus, Kapitel 5, Verse 17–20): »Denn wahrlich, ich sage euch: Bis der Himmel und die Erde vergehen, soll auch nicht ein Jota (Jod) oder ein Strichlein von dem Gesetz vergehen, bis alles geschehen ist.« Das Alte Testament, speziell die Fünf Bücher Mose, bezeichnete man im Hebräischen auch als Gesetz. Daran, so forderte Jesus, dürfe kein »Jod« geändert werden. Doch genau diese von Jesus ausdrücklich untersagte Abänderung muß man vornehmen, um Eva mit »Leben« oder »leben« übersetzen zu können.

»Und Adam nannte sein Weib Eva, denn sie wurde die Mutter aller, die da leben« (Erstes Buch Mose, Kapitel 3, Vers 20) ist also falsch übersetzt, wie schon bei flüchtigem Lesen auffällt. Die vermeintliche Erklärung paßt nämlich gar nicht in den Zusammenhang!

Erst nachdem Adam seine Frau »Eva« genannt hatte, tadelte

Gott die ersten Menschen scharf, weil sie sein Verbot übertreten hatten, vom Baum der Erkenntnis zu essen. Erst danach verstieß Gott Adam und Eva aus dem Paradies und stellte Wachen auf, um sie an der Rückkehr zu hindern.

»Eva« steht also nicht in direktem Bezug zu »Leben« oder zu »Leben schenken«. Sollte »Eva« also eine andere Bedeutung haben als stets von der Theologie behauptet wird? Tatsächlich gibt es im biblischen Hebräisch wie in der aramäischen Sprache ein Wort, das sich – wie Eva – »ChWH« schreibt. In beiden Sprachen bedeutet es »verkünden« – etwa von prophetischen Träumen. Im Nachschlagewerk »The Complete Word Study Dictionary Old Testament« von Warren Baker und Eugene Carpenter (S. 318) wird »ChWH« so erklärt: »Es weist hin auf das Wissen, welches die Himmel in ihren Bewegungen und in ihrer Erscheinung offenbaren.«

Mit anderen Worten: »ChWH« deutet auf die Kunst des Wahrsagens hin, auf die magische Fähigkeit der Zukunftsschau im Traum – auf die astrologische Prophezeiung, auf das Offenbaren von geheimem Wissen! Oder etwas allgemeiner ausgedrückt: »ChWH« hat mit Magie zu tun! Und was strengen Vertretern des Eingottglaubens besonders mißfällt: Hinter der jungen biblischen Eva verbergen sich uralte Göttinnen, die lange vor Niederschrift des Alten Testaments verehrt und angebetet wurden! Karel van der Toorn hat mit einigen Kollegen ein »Dictionary of Deities and Demons in the Bible« herausgegeben. In akribischer Detektivarbeit haben sie eruiert, wo sich in der Bibel überall uralte Göttinnen und Götter verbergen.

Bei Eva wurden sie fündig (Seiten 316 und 317). Ihre Ergebnisse seien kurz zusammengefaßt: Hinter Eva verbirgt sich eine Göttin wie nin-ti, Herrin des Lebens. Eine besonders interessante Kandidatin ist auch die akkadische »belet kala ili«, die »Geliebte der Götter«. Die Experten sind überzeugt: Eva spielt die Rolle einer Göttin, die mit Jahwe liiert ist. Und diese Verbindung war alles andere als nur platonisch, heißt es doch im Ersten Buch Mose (Kapitel 4, Vers 1): »Und sie sprach (Eva): ›Erworben habe ich einen Mann mit Jahwe.‹«

Andere Übersetzungsvarianten sind ebenso möglich: »Ich habe geboren einen Mann von Jahwe!« Oder: »Erworben habe ich einen Mann, Jahwe.« Nach Karel van der Toorn ist es letztlich gleichgültig, für welche Übersetzungsvariante man sich entscheidet: Immer schwingt uraltes Wissen mit, von Eva als Göttin und einem Gott als Partner – und von gemeinsamem Nachwuchs! Letztlich läuft alles wiederum auf die Heilige Hochzeit hinaus: Die symbolischen Elemente weisen hin auf eine Verbindung zwischen Eva und der Göttin Aschera, die Frau Jahwes.

Es scheint, als ob die Geschichte von Maria Magdalena und Jesus nach dem vielleicht ältesten Drehbuch der Welt ablief: seit Eva und Jahwe geht es immer wieder um die Heilige Hochzeit zwischen Göttin und Gott. Die Geschichte wiederholt sich, nur die Namen der Göttin und des beteiligten Gottes ändern sich.

Es mag eine unbequeme Wahrheit sein: Maria Magdalena und Jesus spielen Rollen, die seit Jahrtausenden immer wieder vorgeführt werden. Es ist kein Sakrileg, nach uralten Hintergründen zu suchen. Es ist aber ein Sakrileg, Maria Magdalena zur Hure zu degradieren, die sie nie war, und ihre Beziehung zu Jesus zu verdrängen!

Maria Magdalena kam etwa im Jahr 25 nach Christus aus

Ägypten ins Heilige Land. Sie schloß sich der Gemeinschaft um den zornigen Johannes an, den man den Täufer nannte. Dort begegnete sie Jesus. Beide wurden den damaligen Konventionen zum Trotz ein Paar.

Maria Magdalena muß Johannes dem Täufer ein echtes Ärgernis gewesen sein: Sie war Nichtjüdin, also eine Heidin in den Augen des gestrengen Täufers. Heiden waren die Feinde des Täufers. Er wetterte gegen sie, weil sie nicht nach den strengen Regeln und Geboten Jahwes lebten und handelten. Als Rabbi mußte Jesus nach damaligem Verständnis heiraten. Sich keine Frau zu nehmen, keine Kinder zu zeugen galt für den jüdischen Mann als Sünde, denn Jahwe forderte von den Menschen, sie sollten fruchtbar sein und sich mehren. Als Rabbi mußte Jesus demnach eine jüdische Frau heiraten und mit ihr Kinder in die Welt setzen.

Doch was tat Jesus? Er nahm sich eine Nichtjüdin zur Frau – und vollzog mit ihr das uralte Ritual der Heiligen Hochzeit. Allerdings mit einem Unterschied: Die passive Frau wartete nicht mehr auf den aktiven Mann, sondern umgekehrt: der passive Jesus empfing die aktive Maria Magdalena.

Jesus entschied sich offenbar für das Leben mit Maria Magdalena. Er verließ das vertraute Umfeld von Johannes dem Täufer und zog mit Maria Magdalena und einigen Jüngern durch Galiläa. Maria Magdalena war ständig bei ihm. Es ist zu vermuten, daß sie über einiges Geld verfügte. So konnte sie Jesus und seine Jünger finanziell unterstützen. Im Evangelium nach Lukas (Kapitel 8, Vers 3) heißt es über Maria Magdalena, Jesus und seine Jünger: Sie tat »ihnen Handreichungen aus ihrer Habe«. Die Übersetzung spiegelt die Voreingenommenheit jener wieder, die den Text aus der griechischen in die deutsche Sprache übertrugen. Die Übersetzer hatten ein feststehendes Bild von Maria Magdalena. Sie konnte doch wohl nur eine dienende Funktion gehabt haben. Als Frau durfte sie doch wohl allenfalls als Hilfskraft für untergeordnete Tätigkeiten in Frage gekommen sein.

Doch der Text spricht eben nicht von Maria Magdalena als Dienerin. Sie hatte eine »eigene Habe«, was für die Zeit vor rund zwei Jahrtausenden im Heiligen Land höchst ungewöhnlich war. Im allgemeinen hatte eine Frau keinen Besitz, sie gehörte einem Mann, zunächst ihrem Vater, später ihrem Ehemann. Bei Maria Magdalena war das ganz offensichtlich anders: Sie verfügte über Eigentum und konnte es nach eigenem Gutdünken einsetzen.

Offenbar war Maria Magdalena auch des Schreibens kundig. Sie machte sich als Augenzeugin Notizen und schrieb vermutlich wichtige Worte Jesu in aramäischer Sprache auf. Doch was wurde aus ihren Aufzeichnungen?

Jesus vollzog ein letztes Mal das Ritual der Heiligen Hochzeit. Und zum ersten Mal beging er den uralten feierlichen Akt bis zur letzten Konsequenz. Zur Heiligen Hochzeit in ihrer vollständigen Form gehört nicht nur die Vereinigung mit der göttlichen Frau, sondern auch der Opfertod des Bräutigams. Er mußte sterben, um wie die Natur zu neuem Leben zu erwachen.

Was geschah nach Jesu Tod? Nach dem Theologen Ramon K. Jusino gab es nach Jesu Verschwinden einige kleine Splittergruppen. Da waren nach wie vor die treuen Anhänger von Johannes, den man den Täufer nannte. Und da gab es natürlich die Gefolgsleute Jesu. Nachdem sie nicht mehr ihrem geliebten Messias lauschen konnten, hielten sie sich an Maria

Magdalena. Sie war doch die Lieblingsjüngerin Jesu! Sie hatte Jesus in seine Geheimnisse eingeweiht.

So war es nur konsequent, daß Maria Magdalena die erste, älteste christliche Gemeinde anführte. Und zwar in einem patriarchalischen System! Petrus wurde rasch ihr Gegenspieler. Er haßte offensichtlich Maria Magdalena und organisierte den Widerstand. Als Maria sich ohne den Schutz Jesu seinen Anfeindungen immer weniger gewachsen fühlte, entschied sie sich zu fliehen – vor Petrus, aber vermutlich auch vor den Römern. Die Römer hatten Jesus als aufständischen Rebellen hingerichtet. Zwangsläufig mußte ihnen auch seine Frau verdächtig erschienen sein.

Es mag indes noch einen weiteren Grund für Maria Magdalenas Flucht gegeben haben. Nachdem Jesus die Römer nicht aus dem Land gejagt und in den Augen so manches Anhängers als Messias versagt hatte, setzten enttäuschte Anhänger nun vielleicht ihre Hoffnung auf einen Sohn Jesu. Wenn Maria Magdalena aber keinen Sohn, sondern eine Tochter gebar? Dann wurde aus manchem Anhänger Jesu ein Feind von Maria Magdalena.

Maria Magdalena entschied sich für die Flucht aus dem Heiligen Land. Wen würde sie mitnehmen? Vermutlich wohl ihren Bruder Lazarus! Daß Lazarus der Bruder Maria Magdalenas war, daran läßt das Evangelium nach Johannes – in der Urfassung von Maria Magdalena selbst geschrieben! – keinen Zweifel (Kapitel 11, Vers 2): »Die Maria aber, deren Bruder Lazarus krank war, war dieselbe, welche den Herrn gesalbt und seine Füße mit ihren Haaren abgetrocknet hatte.«

Es scheint, als ob noch ein anderes, unheimlich anmutendes Ritual Maria Magdalena, Jesus und Lazarus miteinander verband. Zu den gespenstischsten Szenen, die das Neue Testament beschreibt, gehört ohne Zweifel die Geschichte von der Auferweckung des Lazarus von den Toten. Sie findet sich ausführlich im Johannes-Evangelium (Kapitel 11). Martha, Schwester Maria Magdalenas, vermeldet Jesus, daß Lazarus krank sei. Jesus bleibt völlig gelassen (Vers 4): »Diese Krankheit ist nicht zum Tode.« Zwei Tage wartet er noch ab, bis er sich mit seinen Jüngern auf den Weg nach Judäa macht. Seine Jünger haben Angst (Vers 8): »Rabbi, vor kurzem erst wollten die Juden dich steinigen, und du willst wieder dahin ziehen?«

Jesu Antwort klingt rätselhaft (Verse 9 und 10): »Sind nicht des Tages zwölf Stunden? Wer des Tages wandelt, der stößt sich nicht, denn er sieht das Licht dieser Welt. Wer aber des Nachts wandelt, der stößt sich, denn es ist kein Licht in ihm.« Diese Worte wirken seltsam deplaziert. Sie haben mit der konkreten Situation nichts zu tun. Jesus wagt sich nach Judäa, wo man ihn unlängst töten wollte. Um möglichen Angriffen aus dem Weg zu gehen, müßte er nachts die gefährliche Reise antreten. Am Tage würden ihn doch alle sehen. Offen würde er dann feindlichen Angriffen ausgeliefert sein.

Der Kundige aber weiß: Diese Worte sind ein deutlicher Hinweis auf magische Praktiken. Jesus warnt vor der schwarzen Magie. Wer sie praktiziert »wandelt des Nachts«, nimmt Schaden: »Denn es ist kein Licht in ihm.« Wer weiße, positive Magie praktiziert, will keinen Schaden anrichten, sondern Gutes bewirken. Er will Kranke heilen, nicht Gesunde krank machen. Wer weiße Magie praktiziert, nimmt keinen Schaden: »Er sieht das Licht dieser Welt.«

Warum aber sollte Jesus auf dem Wege zu Maria Magdalenas Bruder Lazarus von schwarzer und weißer Magie sprechen?

Weil offenbar mit Lazarus ein mystisch-magisches Ritual vollzogen werden soll. Darauf will Jesus seine Jünger vorbereiten. Sie sollen keine Angst haben, denn es wird keine schwarze Magie praktiziert werden.

Jacques Bergier, grenzwissenschaftlicher Sachbuchautor von Weltruf, erklärte dazu dem Verfasser: »Zu Jesu Zeiten gab es im Heiligen Land eine Reihe von Geheimkulten, in denen geheimnisvolle Zeremonien praktiziert wurden. Manchmal wurden Zeugen zugelassen, wenn die Rituale gefeiert wurden. Die Bedeutung der Rituale wurde strikt geheimgehalten. Es war so, wie wenn man einem Uneingeweihten einen Text in Geheimschrift zeigt. Er sieht ihn wohl, versteht ihn aber nicht. Genau so verhielt es sich mit so manchem Ritual: Der Uneingeweihte sah das äußerliche Geschehen, verstand aber nicht seinen tieferen Sinn. Es ging zumeist um mysteriöse Geheimnisse. Oftmals stand die Vermittlung verborgenen Wissens an die Eingeweihten im Zentrum der geheimen Gesellschaft. Man trat ihr bei oder wurde eingeladen, um Wissen zu erlangen, das den übrigen Menschen unzugänglich war.«

Konkreter: Offenbar ging es um ein Aufnahmeritual. Noch heute verstehen Geheimgesellschaften wie die Freimaurer den Beitritt als eine Geburt im geistigen Sinne. Oder anders ausgedrückt: Erst wer in die Gemeinschaft eintritt, beginnt wirklich zu leben. So wird die Aufnahme in eine geheime Gesellschaft gern als »Tod und Auferstehung« dargestellt. Der Neuling verabschiedet sich vom alten Leben, indem er »stirbt«. Der symbolische Akt kann durchaus realistisch gestaltet sein. Dazu können die Umwickelung des »Toten« mit dem Leichentuch und eine »Bestattung« gehören. Manchmal bereitet sich der Neuling in einem »Grab« auf sein neues Leben als

Wissender vor. Solch eine magisch-rituelle Zeremonie ist offenbar auch für Lazarus geplant.

Doppeldeutig ist ein Satz im Evangelium nach Johannes, der meist überlesen wird (Kapitel 11, Vers 16): »Da sprach Thomas, der genannt ist Zwilling, zu den Jüngern: ›Laß uns mitziehen, daß wir mit ihm sterben!‹« Vordergründig kann man den Satz so verstehen: Gehen wir gemeinsam mit Jesus nach Judäa, wo man Jesus nach dem Leben trachtet! Wir wollen mit Jesus sterben! Der Satz hat aber einen verborgenen Sinn: Es geht um das magische Aufnahmeritual des Lazarus. Er wird zum Schein sterben und symbolisch wieder auferweckt – zu seinem neuen Leben als Eingeweihter. Thomas, der Zwilling (Bruder Jesu) möchte mit zu Lazarus, um »mit ihm zu sterben«. Der leibliche, physische Tod kann damit nicht gemeint sein. Lazarus lebt also noch, sein Tod ist nur ein symbolischer Übergang als Aufnahmeritual in eine mystische Geheimgesellschaft.

Die Auferweckung des Lazarus wird aber nicht im geheimen vollzogen. Es gibt Zeugen bei dem gespenstisch anmutenden Schauspiel (Evangelium nach Johannes, Kapitel 11, Verse 43–45): »Als er das gesagt hatte, rief er mit lauter Stimme: ›Lazarus, komm heraus!‹ Und der Verstorbene kam heraus, gebunden mit Grabtüchern an Füßen und Händen, und sein Gesicht war verhüllt mit einem Schweißtuch. Jesus spricht zu ihnen: ›Löst die Binden und laßt ihn gehen!‹ Viele nun von den Juden, die zu Maria gekommen waren und sahen, was Jesus tat, glaubten an ihn.«

Das vermutlich von Maria Magdalena so schaurig inszenierte Aufnahmeritual wurde von ahnungslosen Beobachtern als echte Totenauferweckung gesehen. Offenbar waren zumindest manche Zeugen so beeindruckt, daß sie an Jesus als den wundertätigen Messias glaubten. Petrus wußte gewiß von den wahren Hintergründen. Offensichtlich sah er in Maria Magdalena eine Gefahr für die kleine Glaubensgemeinschaft der Jesusanhänger. Wie würden die Menschen darauf reagieren, daß die Sache mit Lazarus ein inszeniertes Spektakel war? Würden sie Jesu Lehren als die bedeutungslosen Worte eines Scharlatans ansehen?

Petrus mußte Maria Magdalena loswerden, um ihre Stelle als Nachfolgerin Christi annehmen zu können. Sie sollte sterben oder das Land verlassen. Je länger die Geliebte Jesu blieb, desto größer wurde ihre Autorität, und desto mehr sanken seine Aussichten auf die Nachfolge Christi. Petrus mußte also schnell handeln. Vielleicht log er sich auch noch ein Motiv zum Wohle der jungen Glaubensgemeinschaft zurecht, um das eigene Gewissen zu beruhigen. Denn immerhin arbeitete er ja gegen Jesu Lieblingsjüngerin, die Frau an der Seite des Rabbi.

Maria Magdalena hatte also berechtigte Gründe, um ihr Leben zu bangen, aber nicht nur sie, auch ihr Bruder Lazarus schwebte in Lebensgefahr und mußte so schnell wie möglich fliehen.

Die Flucht mußte im geheimen geplant und überraschend durchgeführt werden, was auch bedeutete, daß man nur das Notwendigste mitnehmen durfte. Wohin mag die überstürzte Flucht geführt haben? Vermutlich zunächst nach Ägypten. Ägypten kann als das traditionelle Ziel für wichtige Verfolgte aus Israel angesehen werden.

Für eine Flucht Maria Magdalenas mit ihren Freunden nach Ägypten spricht auch, daß man dort im Wüstensand von Nag Hammadi vor wenigen Jahrzehnten die verbotenen Evangelien der Gnosis fand. Aus Ägypten stammt auch das legendäre Evangelium nach Maria Magdalena. Hier entdeckte man des weiteren die Akten des Philippus, in denen von einer geheimnisvollen Reise die Rede ist.

Bei ihrer Flucht hatte auch Maria Magdalena den legendären Kelch dabei, den Jesus beim letzten Abendmahl benutzt hatte. Diesen Kelch setzte sie als magisches Hilfsmittel ein, als höchste Gefahr drohte. In den Akten des Philippus wird die dramatische Szene so beschrieben: »Und sie fielen zu Boden, sie alle beteten Gott an ... Philippus und Bartholomäus und Maria Magdalena. Und Philip sprach: ›Nun ist es an der Zeit, daß wir uns der Worte des Herrn erinnern: Fürchtet nichts, weder Verfolgung noch die Schlangen auf dem Land noch den schwarzen Drachen. Laßt uns fest stehen und seine Stärke wird versagen.‹ ... So nahmen sie den Kelch und beteten ... Und er sagte: ›Nun erhebt euch und hebt hoch euere Hände, mit dem Kelch ...‹«

Maria Magdalena ist es, die den Heiligen Kelch emporhält – und den fürchterlichen Drachen besiegt. Man darf diese Schilderung nicht vorschnell als unglaubwürdiges Märchen abtun. Ausgesagt wird: Maria Magdalena geriet mit ihren Getreuen auf der Flucht in Lebensgefahr. Mit positiver Magie konnte die höchst bedrohliche Situation überstanden werden.

Im Evangelium nach Philippus steht der inzwischen durch Dan Browns Bestseller berühmt gewordene Satz über Maria Magdalena und Jesus (Wort 55b): »Der Messias liebte Maria Magdalena mehr als alle Jünger und er küßte sie oftmals auf ihren Mund.« Bis heute werden fundamentalistische Christen nicht müde zu beteuern, daß Jesu Küsse in keiner Weise erotisch waren. Vielmehr seien die häufigen Küsse nur eine rein geistig-spirituelle Angelegenheit gewesen. Die konservativen Theologen verschweigen aber einen konkreten Hinweis (Wort 31) im Evangelium nach Philippus: »Denn die Vollkommenen werden durch einen Kuß schwanger.«

Das heikle Thema der Schwangerschaft Maria Magdalenas kommt auch im griechischen Text der Philippus-Akten zur Sprache. Da sagt Jesus zu Maria Magdalena: »Ich weiß, daß du gut und mutig bist und gesegnet unter den Frauen.« (Philippus-Akten, zitiert nach Brock, Ann Graham: »Mary Magdalene, The First Apostle«, S. 125) Eine deutliche Anspielung auf das Evangelium nach Lukas, wo Elisabeth zu Maria, der Mutter Jesu, sagte (Kapitel 1, Vers 42): »Gesegnet (gebenedeit) bist du unter den Weibern und gesegnet (gebenedeit) ist die Frucht deines Leibes.«

Wann aber gebar Maria Magdalena ihr Kind, das sie offenbar empfangen hatte? Noch im Heiligen Land? Nach einer alten französischen Überlieferung schenkte Maria Magdalena einem Mädchen das Leben. Gab die Geburt des Kindes den Ausschlag für die Entscheidung zur Flucht? Verlor Maria Magdalena viele ihrer Anhänger, weil sie ein Mädchen und keinen Knaben gebar? Viele ihrer Gefolgsleute hofften doch, daß sie Jesu Sohn – den Messias – zur Welt bringen würde.

Nach einer mittelalterlichen Überlieferung war auch ihr Bruder Lazarus mit dabei, als Maria Magdalena auf ihrer Flucht bei Les-Saintes-Maries-de-la-Mer in der französischen Camargue an Land ging. Außerdem sollen Maria Kleophas und Maria Saloma mit Maria Magdalena ihre lebensgefährliche Flucht in Frankreich beendet haben. Den Marien zu Ehren wurde das kleine Fischernest »Die heiligen Marien vom Meer« genannt. Außerdem baute man ihnen eine Wallfahrtskirche.

Seit 1862 wird zudem immer am 25. Mai ein ganz besonderes Pilgerfest zelebriert: Im Mittelpunkt stehen angebliche »Marien-Reliquien«. Die frommen Pilger begrüßen sie an jenem Tag mit lauten »Es leben die heiligen Marien!«-Rufen und ziehen zum Meer. Im Jahr 45 n. Chr. soll Maria Magdalena mit ihrem kleinen Gefolge hier an Land gekommen sein. An diesen Moment erinnert man sich in feierlicher Andacht. Festlich gekleidete Marienstatuen werden in einem Boot aufs Meer geschafft. Begeisterte Pilger waten ihnen entgegen. Sie spielen ein Szenario, wie es wohl niemals stattgefunden hat. In der geschichtlichen Realität kam Maria Magdalena vermutlich zunächst unbemerkt an Land.

So unklar wie ihre Herkunft ist, so diffus ist ihr Ende. Maria Magdalena soll mit großem Erfolg in Frankreich für das Christentum missioniert haben. Irgendwann, so heißt es, zog sie sich im Massif de la Sainte-Baume in eine Grotte zurück. Hier soll sie ihr Leben als Einsiedlerin beendet haben. Acht Päpste, elf Könige und vier Herrscher Frankreichs haben die schlichte Behausung Maria Magdalenas aufgesucht. Mancher soll vom Wasser der Sainte-Madeleine-Quelle getrunken und von Krankheit geheilt worden sein. Am 22. Juli, am Tag Sankt Magdalena, wird alljährlich eine Prozession zur Höhle durchgeführt.

Wo Maria Magdalena ursprünglich bestattet wurde, ist unbekannt. Niemand vermag zu sagen, wann sie und wie oft sie im Zuge der Reliquienverehrung umgebettet wurde. Vézelay (Mittelfrankreich), Saint-Maximin-la-Sainte-Baume (Provence) und Senigalli (bei Ancona) beheimaten jeweils die angeblich echten Reliquien der Maria Magdalena. Vézelay kann darauf verweisen, daß die Päpste Lucius III. (verstorben 1185),

Urban III. (verstorben 1187) und Clemens III. (verstorben 1191) die dort ruhenden Reliquien für die wahren erklärten.

Es muß Menschen des beginnenden dritten nachchristlichen Jahrtausends pietätlos anmuten, wie mit den angeblichen sterblichen Überresten Maria Magdalenas umgegangen wurde. Da wurden etwa Arme und zahllose Finger aufbewahrt und öffentlich zur Schau gestellt, die angeblich Maria Magdalena gehörten. Offensichtlich war Maria Magdalena eine der beliebtesten Heiligen. Unzählige Pilger strömten zu den verschiedenen Orten, um ihre Reliquien zu sehen. Nach uralter Tradition haftet ihnen etwas Heiliges an, das Wundersames bewirken kann. Körperteile von Heiligen gelten als in höchstem Maße wirksam. Als schwächer werden solche Reliquien angesehen, die einst mit einem Heiligen in Berührung kamen, zum Beispiel Kleidungsstücke. Jahrhundertelang gab es einen geradezu abschreckenden, aber schwunghaften Handel mit Heiligen. Dabei wurden oft die angeblichen »sterblichen Überreste« von Heiligen zerstückelt und auf unzählige Kirchen verteilt. Man glaubte, daß auch ein noch so kleines Teilchen eines toten Heiligen eine Kirche in ganz besonderer Weise »heiligt«.

So erfreulich es ist, daß sich jetzt auch wieder eine breite, religiös nicht festgelegte Öffentlichkeit für Maria Magdalena interessiert, so sehr leiten schlagzeilenträchtige Fragen in die Irre: Wie alt mag Maria Magdalena gewesen sein? War sie eine schwarze Ägypterin? Wie viele Kinder hatte Maria Magdalena mit Jesus? Was wurde aus diesen Kindern? Ist das Königshaus der Merowinger die Nachkommenschaft Jesu? Leben noch heute Nachkommen Jesu? Hat der umstrittene Geistliche Bérenger Saunière (1852–1917) bei Renovierungsarbeiten in der Kirche von Rennes-le-Chateau Dokumente entdeckt, die mit Maria Magdalena in Verbindung stehen? Gefährden diese Dokumente den Status der Kirche? Konnte der Geistliche die katholische Kirche um Millionenbeträge erpressen? Förderte er Dokumente über Maria Magdalena zutage, die die Autorität der katholischen Kirche in Frage stellen? Kaufte die katholische Kirche diese Dokumente, um sie verschwinden zu lassen – oder gar zu vernichten? Oder fand Bérenger Saunière ein rätselhaftes Grab, wie aus einer seiner Notizen hervorgeht? Wer war darin bestattet: Maria Magdalena oder Jesus selbst?

Nicht erst seit Dan Browns Buch »Sakrileg« werden von Laien diese und andere Fragen aufgeworfen. Damit kein falscher Eindruck entsteht: Es muß selbstverständlich noch sehr viel geforscht und versucht werden, Antworten auf noch so unbequeme Fragen zu finden. Doch ist es falsch, voreilig phantastische Thesen aufzustellen, bevor Fakten auf dem Tisch liegen. Es dürfen aber bei aller Begeisterung über kühne Spekulationen die nicht minder sensationellen Tatsachen nicht vergessen werden.

Kontroverse Thesen über Maria Magdalena lösen heiße Diskussionen zwischen Geistlichkeit und Laien aus. Dabei wird leicht übersehen, daß bereits die bekannten Fakten über Maria Magdalena sensationell sind: über die Heilige Hochzeit etwa. Es ist kein Sakrileg, über Maria Magdalena und Jesus zu sprechen, sondern weiterhin die Geschichte von Maria Magdalena und Jesus zu verfälschen. Jesus steht im Zentrum des christlichen Glaubens. Wer wirklich wissen will, worum es im Christentum geht, muß Maria Magdalena genauso ernst nehmen wie Jesus selbst.

Die Wirklichkeit sieht indes anders aus: Aus den vier biblischen Evangelien wurde Maria Magdalena verdrängt und mit Absicht entfernt. Verbotene Evangelien – niemand weiß, wie viele – wurden bereits Jahrzehnte nach Jesu Kreuzigung systematisch gesucht und vernichtet. Und was geschah mit Maria Magdalenas Evangelium? Dr. Bernhard Zürner schreibt in seinem kritischen Werk »Paulus ohne Gott« (Seite 5) über Paulus: »Man stelle sich vor: Eine Winzerei vertreibt einen edlen, naturherben Wein, doch ein Hergelaufener verschafft sich diesen Wein vom Lager, süßt ihn nach und verkauft ihn unter gleichem Etikett auf eigene Rechnung. Da er den rechtmäßigen Kaufleuten das Geschäft verdirbt, schleppen diese ihn vor Gericht. Wie verteidigt sich der Beklagte? *Er* wäre der Hersteller und fachkundige Weinbesitzer, die anderen seien die Panscher, die ihm nachstellten und zusetzten, um ihm den gewinnbringenden natur*süßen* Wein abzujagen.«

Das von Dr. Zürner gewählte Bild läßt sich abgewandelt auf Maria Magdalena übertragen: Maria Magdalena produzierte einen naturherben Wein, ein Evangelium aus der Sicht einer Augenzeugin. Geschäftstüchtige Winzer jagten ihr den Wein ab. Sie hatten eine erfolgversprechende Strategie: Statt des echten Etiketts »Maria Magdalena« klebten sie ein neues auf die Flaschen: »Johannes«.

Die Manipulationen erwiesen sich als geschickt durchgeführt – und sehr erfolgreich. In einer Zeit, in der die Frau zu schweigen und zu gehorchen hatte, war das Evangelium einer Frau nicht verkäuflich. Bearbeitet und mit dem Etikett eines männlichen Jüngers versehen, wurde es aber zum Erfolg.

Ende des 19. Jahrhunderts wurde in Ägypten – Jahrzehnte bevor im Wüstensand die berühmten gnostischen »verbotenen Texte« entdeckt wurden – das Evangelium nach Maria

Magdalena gefunden. Fast zwei Jahrtausende war es unerreichbar für Theologen. Kaum jedoch war der sensationelle Text aufgetaucht, wurde er nach Berlin geschafft – und »vergessen«. Es dauerte mehr als ein halbes Jahrhundert, bis er endlich publiziert wurde.

Das Evangelium nach Maria Magdalena ist nicht das ursprüngliche Original, es wurde aber vermutlich bei weitem nicht so verfälscht wie das Evangelium nach Johannes. In der heute vorliegenden Form dürfte das Evangelium nach Maria Magdalena schon im zweiten nachchristlichen Jahrhundert aus zwei eigenständigen Texten zusammengefügt worden sein. In der ersten Hälfte des so entstandenen Evangeliums spielt Maria Magdalena eine erstaunlich untergeordnete Rolle.

Dazu schreibt Wilhelm Schneemelcher in seinem Standardwerk »Neutestamentliche Apokryphen« (6. Auflage, Band 1, Evangelien, S. 315): »In der Tat besteht ein Gegensatz zwischen der beherrschenden Rolle, die diese heilige Frau im zweiten Teil spielt, und dem bescheidenen Platz, den sie im ersten Teil einnimmt.«

Der bei Nag Hammadi ausgegrabene Text ist mit Sicherheit nicht das Original, sondern eine Übersetzung. Wenn die heute vorliegende Fassung in koptischer Sprache im zweiten Jahrhundert entstand, wann wurde die griechische Vorlage geschrieben? Aber auch die war nicht das Original. Maria Magdalena sprach und schrieb nicht in griechischer Sprache, sondern im galiläischen Dialekt Jesu. Das Galiläische dürfte – da Maria Magdalena wohl aus Ägypten stammt – eine Fremdsprache für Jesu Geliebte gewesen sein. Verfaßte sie ihre Aufzeichnungen erst in ihrer Heimatsprache oder in der Sprache Jesu?

Maria Magdalenas Urtext wurde also aus dem Ägyptischen

ins Galiläische und dann erst ins Griechische übertragen. Eine solche langwierige Entstehungsgeschichte läßt eine recht frühe Entstehungszeit der originalen Vorlage vermuten, die bereits im ersten Jahrhundert nach Christus aufgezeichnet worden sein mag.

Im Evangelium nach Maria Magdalena (Apokryphe Evangelien aus Nag Hammadi, S. 258) heißt es: »Petrus sprach zu Maria: ›Schwester, wir wissen, daß der Erlöser dich mehr geliebt hat als die anderen Frauen. Sage uns daher die Worte des Erlösers, an die du dich erinnerst, die du kennst, wir aber nicht, und die wir auch nicht gehört haben.‹«

Das Evangelium nach Maria Magdalena vermittelt Erstaunliches über die Lehren Jesu, so wie er sie offenbar nur seiner engsten Vertrauten mitteilte. Es ist das wahre Sakrileg, daß bis heute diese so wichtige Quelle nicht genutzt wird. Warum? Anscheinend weil da Lehren offenbart werden, die zum Umdenken zwingen. Zwei Alternativen bieten sich an: Man kann endlich die verbotenen Evangelien der Gnosis – wie das Evangelium nach Maria Magdalena – als mindestens gleichberechtigte Quellen neben den Evangelien des Neuen Testamentes akzeptieren. Oder man kann weiterhin herablassend auf sie herabblicken, ohne sich zu informieren. Doch dazu besteht wirklich kein Anlaß. Das Evangelium nach Maria Magdalena erweist sich als moderner und aktueller als sich selbst wohlwollende Theologen vorstellen können.

Am Anfang, so meinen »aufgeklärte« Wissenschaftler, verstand der primitive Mensch nichts von den vermeintlichen Geheimnissen. Weil er keine wissenschaftlichen Erkenntnisse hatte, glaubte er an eine übernatürliche Wirklichkeit hinter dem Sichtbaren. Angeblich bildete er sich ein, daß unsichtbare

Geister und Götter bewerkstelligten, was letztlich nur die Folge natürlicher Abläufe ist. Von echten Erkenntnissen unbeleckt, erfand der primitive Mensch Götter, die das scheinbar Unbegreifliche erklärbar machten.

Wenn es donnerte, polterten eben die Götter im Himmel. Wenn es blitzte, dann waren das auch die Götter. So bekamen angeblich Fragen wie jene nach dem Ursprung des Menschen eine Antwort: Gott hat das gemacht. Gott schuf ... glaubte der angeblich Unwissende. Die logische Wissenschaft wollte Gott durch Wissen ersetzen, Gott überflüssig machen. Das schien auch zu gelingen.

Die modernen Wissenschaften aber verloren nach und nach das Gesamte aus den Augen. Wissenschaftler spezialisierten sich immer mehr auf immer kleinere Teilgebiete. Anders war das auch angesichts der Flut an Fakten und Erkenntnissen, die zusammengetragen wurden, gar nicht mehr möglich.

Und mit den wachsenden technischen Möglichkeiten erkundete man auf der Suche nach Erkenntnis die Welt des Mikrokosmos. Eine faszinierende Welt tat sich dank modernster Geräte auf. Es zeigte sich schließlich, daß das Atom keineswegs das kleinste Teilchen ist. Doch als die fortschrittlichsten Wissenschaftler in den subatomaren Bereich vordrangen, entdeckten sie Verblüffendes: Im subatomaren Bereich können einzelne Teilchen nicht isoliert betrachtet werden. Alle Phänomene hängen zusammen.

Und was im Kleinsten gilt, das trifft auch für das Größte zu: Die moderne Physik weiß heute, daß das Universum ein unteilbares Ganzes ist, dessen »Teile« durch ein komplexes System von Beziehungen miteinander verknüpft sind. Diese neuzeitliche, vermeintlich »hochaktuelle« Erkenntnis mußte mehr als eine herbe Enttäuschung für jene atheistischen Wissenschaftler sein, die das Göttliche aus der Schöpfung wegerklären wollten.

Das sensationelle »neue« Weltbild ist allerdings uralt. Nach den Aufzeichnungen von Maria Magdalena war es bereits Jesus vor rund zwei Jahrtausenden bekannt (Jean-Yves Leloup: »Das Evangelium der Maria«, S. 45): »Der Erlöser antwortete: … ›Alle Elemente der Natur sind miteinander verwoben und verbunden. Alles Zusammengesetzte wird sich auflösen; alles geht zu seinen Wurzeln zurück; die Materie wird zu den Ursprüngen der Materie zurückkehren.‹«

Somit hat Jesus – nach den Aufzeichnungen der Maria Magdalena – nicht nur korrekt das Universum als großes Ganzes beschrieben, worin alles miteinander verbunden ist. Er beschreibt auch noch eine moderne Kosmologie vom Universum: Alles was ist wird zu den Ursprüngen zurückgehen. Es gibt nicht nur eine fortschreitende Weiterentwicklung, sondern auch ein »Zurück zu den Anfängen«. Das Universum breitete sich einst bei einem Punkt beginnend aus (»Urknall«), nur um nach einer Phase der Ausdehnung wieder in sich zusammenzufallen … um dann erneut zu expandieren.

Eingebettet in moderne Kosmologie, findet sich im Evangelium nach Maria Magdalena – in wenigen, schlichten Worten zusammengefaßt – eine Erklärung für »Sünde« und »Leid«. Dabei argumentiert Jesus weder jüdisch noch christlich. Am ehesten könnte man seine klaren Gedanken als hinduistisch-buddhistisch bezeichnen.

Wiedergeburtsglaube kann man als Abtragen von Sünden aus früheren Leben verstehen. Ein Mensch wird demnach so oft wieder auf die Erde zurückkommen müssen, bis er durch ein gutes, ehrbares und sündenfreies Leben die Schuld aus früheren Leben abgetragen hat. Diese Vorstellung von Schuld und Sünde, die von Generation zu Generation weitergereicht wird, gibt es in ganz ähnlicher Form auch im Christentum.

Im Christentum ist allerdings der Mensch nicht selbst dazu in der Lage, aus eigener Kraft die Erbsünde zu tilgen. Nach christlicher Theologie muß erst Gottes Sohn als Opferlamm sterben – für die Sünden der Welt. Mit anderen Worten: Es gibt nur die »Fremderlösung«, nicht aus eigener Kraft. Auf diese Weise wird der Mensch entmündigt und ist auf die Hilfe der Geistlichkeit angewiesen. Denn die vermittelt ihm, was er zu glauben hat, um an der Erlösung von den Sünden teilhaben zu können. Dieser Umweg war von Jesus selbst nicht vorgesehen. Kranke wurden geheilt, weil ihnen ihr Glaube half – ohne Vermittelung durch Geistliche.

Buddha glaubte – rund 600 Jahre vor Jesus – an die Wiedergeburt, aber nicht an das Weiterreichen von Schuld von Generation zu Generation. Nach Buddha ist es das egoistische Verlangen des einzelnen Menschen, das ihn immer wieder an das irdische Dasein fesselt und daran hindert, eins zu werden mit dem Göttlichen. Mit anderen Worten: Nicht die Sünden der Vorväter halten den Menschen im unvollkommenen Diesseits fest, sondern vielmehr sein eigener Egoismus.

Jesus offenbart im Evangelium nach Maria Magdalena genau dieses buddhistische Denken: »Es gibt keine Sünde. Ihr seid es, die der Sünde Bestand verleiht, wenn ihr den Gewohnheiten eurer ehebrecherischen verderbten Natur folgt.« Der mißverständliche Ausdruck von der »ehebrecherischen verderbten Natur« hat nichts mit ehelicher Untreue zu tun. Er ist von allgemeinerer Bedeutung und steht für die negativen Schemata, denen der Mensch immer wieder folgt. Und Jesus leugnet nicht grundsätzlich die Existenz von Sünde, wohl aber von ewig währender Sünde, die von Generation auf Generation übertragen wird.

Jean-Yves Leloup schreibt in seinem hochinteressanten Kommentar im Anschluß an den deutschen Text vom Evangelium der Maria Magdalena (S. 72): »Was bedeutet es, ›den Gewohnheiten einer ehebrecherisch verderbten Natur zu folgen‹? Es handelt sich darum, Gewohnheiten und Denkmustern zu folgen, die, wie man gewöhnlich sagt, zu unserer zweiten Natur geworden sind – zu einer Natur, die sich unserer wahren, unschuldigen Natur überlagert hat; eine Hülle aus Projektionen …, die wir mehr oder weniger von unserer Umgebung übernommen haben und die wir ohne einen Gedanken an Analyse oder Überprüfung benutzen.«

Ganz im Geiste Buddhas erklärt Jesus im Evangelium nach Maria Magdalena«, daß jeder Mensch für seine eigene, aktuelle Misere selbst verantwortlich ist. Maria Magdalena übermittelt uns die eindeutige Aussage Jesu: »Deshalb leidet ihr … das ist die Folge eurer Taten.« Jesus stellt klar: Was der einzelne Mensch heute tut oder läßt, das wirkt sich morgen oder übermorgen negativ auf sein eigenes persönliches, individuelles Leben aus – nicht auf das Leben seiner Enkel oder Urenkel und Nachkömmlinge in ferner Zukunft.

Daß die vermeintliche Sünde Evas von allen künftigen Generationen »ausgebadet« werden muß, mag zu einem negativen Frauenbild der katholischen Kirche passen, nicht aber zu Jesu Verständnis von der Frau. Über viele Jahrhunderte hinweg galt die Frau als verachtenswertes Wesen, das die Sünde in die Welt gebracht hatte und am Elend der Welt schuld war.

Jesus hingegen sah die Frau als gleichberechtigten Menschen an, nicht als minderwertiges, sündhaftes Wesen. Für ihn war Maria Magdalena eben nicht die Nachfahrin der »bösen« Eva, die auf den Teufel hörte und den arglosen Adam verführte.

Zurück zum Buddhismus: Buddha lehrte wie Jesus auch nicht die vererbte Sünde, die man in späteren Leben tilgen muß. Buddha hatte kein so schlichtes Bild von der Wiedergeburt. In seinem Weltbild kann der Mensch erst dann eine Serie der Wiedergeburten beenden, wenn er seinen Egoismus, seine Ichbezogenheit, seine beißende Sehnsucht nach Besitz und Ruhm aufgibt. Der einzelne Mensch erlöst sich dann selbst, aus eigener Kraft und ohne Opfertod eines »Gottessohnes«.

Es geht nicht um alte Verfehlungen in früheren Leben, sondern immer um die augenblickliche Gegenwart: um die mögliche Korrektur falschen Denkens und Wünschens im jetzigen Leben. Im Evangelium nach Maria Magdalena ist das so formuliert (S. 47): »Das Haften an der Materie erzeugt eine Leidenschaft gegen die Natur.«

Niemand trägt als Unschuldiger die Sündenlast seiner Vorfahren. Somit warf Jesus bereits vor rund zwei Jahrtausenden die Lehre von der »Erbsünde« über Bord. Oder historisch korrekter ausgedrückt: Jesus äußerte sich gegen die Idee der »Erbsünde«, die erst nach seinem Tod formuliert wurde. Jesus geht in diesem Punkt mit dem Alten Testament vollkommen konform. So heißt es doch im Fünften Buch Mose (Kapitel 24, Vers 16): »Die Väter sollen nicht für die Kinder noch die Kinder für die Väter sterben, sondern ein jeder soll für seine Sünde sterben.«

Diese eindeutige Position wird auch von Hesekiel vertreten (Kapitel 18, Vers 20): »Denn nur wer sündigt, der soll sterben. Der Sohn soll nicht tragen die Schuld des Vaters, und der Vater soll nicht tragen die Schuld des Sohnes, sondern die Gerechtigkeit des Gerechten soll ihm allein zugute kommen, und die Ungerechtigkeit des Ungerechten soll auf ihm allein liegen.«

Dessenungeachtet halten die christlichen Kirchen auch heute noch an der Erbsünde fest. Der Katechismus der katholischen Kirche (S. 134) versucht zudem eine Erklärung: »Indem Adam und Eva dem Versucher nachgeben, begehen sie eine persönliche Sünde, aber diese Sünde trifft die Menschennatur, die sie in der Folge im gefallenen Zustand weitergeben.« Durch die Verfehlung von Adam und Eva wurde nach diesem Denkschema der Mensch zur sündigen Natur. Alle Menschen werden demnach für ihre Natur bestraft.

Weiter heißt es im Katechismus der katholischen Kirche: »Deswegen ist die Erbsünde ›Sünde‹ in einem übertragenen Sinn: Sie ist eine Sünde, die man ›miterhalten‹, nicht aber begangen hat, ein Zustand, keine Tat.«

Auch dem Protestantismus ist der Begriff der Erbsünde keineswegs fremd. In den 28 Artikeln des Augsburger Bekenntnisses werden die Grundlagen des protestantischen Glaubens dargelegt. Gleich im zweiten Artikel heißt es über die Erbsünde: »Weiter wird bei uns gelehrt, daß nach Adams Fall alle natürlich geborenen Menschen in Sünde empfangen und geboren werden, das heißt, daß sie alle von Mutterleib an voll böser Lust und Neigung sind und von Natur keine wahre

Gottesfurcht, keinen wahren Glauben an Gott haben können, ferner, daß diese angeborene Seuche und Erbsünde wirklich Sünde ist und daher alle die unter den ewigen Gotteszorn verdammt, die nicht durch die Taufe und den Heiligen Geist wieder neu geboren werden.«

Man ist also Sünder, auch wenn man nicht selbst gesündigt hat. Man ist schuldig, ohne selbst etwas verschuldet zu haben, weil jemand Generationen früher schuldig wurde. Diese Vorstellung ist mit einem modernen Rechtsverständnis unvereinbar. Vor allem: Nachvollziehbar ist ein solcher Gedankengang eigentlich nicht. Wenn die Taufe doch die Erbsünde abwäscht, warum ist sie dann nicht nach unzähligen getauften Generationen endgültig verschwunden? Wieso muß die Taufe dennoch immer wieder durchgeführt werden? Selbst der Katechismus der katholischen Kirche muß zugeben: »Die Weitergabe der Erbsünde ist jedoch ein Geheimnis, das wir nicht völlig verstehen können.«

Ein solcher Begriff von Erbsünde widerspricht fundamental Jesu Ausführungen im Evangelium nach Maria Magdalena: Nach Jesus gibt es keine Sünde, die immer Bestand hat, sondern nur die, die von den Menschen immer wieder aufs neue ins Leben gerufen wird. Im Inneren des Menschen sieht Jesus nicht die Erbsünde, sondern das Gute, ja das Göttliche (Evangelium der Maria, Seite 47): »Seid wachsam, damit niemand euch in die Irre führe, mit Worten wie: ›Seht hier, seht da.‹ Denn in eurem Inneren wohnt der Menschensohn; folget ihm nach: Wer ihn sucht, der wird ihn finden. Erhebt euch! Verkündet das Evangelium vom Reich Gottes!« Jesus fordert die Menschen auf, das Göttliche zu suchen. Und er weist sie darauf hin, daß sie es finden werden – in sich selbst!

Zwei Jahrtausende nach Christus hat sich für viele Zeitgenossen die Religionsthematik gravierend verändert. Die großen Amtskirchen verlieren in gravierendem Maße an Anhängerschaft. Das heißt aber nicht, daß sich alle Menschen dem Atheismus zuwenden. Allerdings wollen sich viele Menschen nicht mehr vorschreiben lassen, was sie zu glauben haben und was nicht. Sie wollen es nicht mehr akzeptieren, daß kirchliche Obrigkeit bestimmt, wer Rechtgläubiger und wer Ketzer ist. Viele Menschen sind zudem nicht mehr dazu bereit, eine bestimmte, konkrete Religion als Ganzes ohne Vorbehalt zu übernehmen.

Das Evangelium nach Maria Magdalena ist der Schlüssel zur Religion von morgen. Dieser Schlüssel öffnet die Tür zum Christentum, aber auch zu anderen Religionen, wie etwa zum Buddhismus und Hinduismus. Die Öffnung zu anderen Religionen aber ist die Voraussetzung für ein friedliches Miteinander der Menschen. Maria Magdalena kann so – zwei Jahrtausende nach Jesu Tod – den Christen wieder den eigenen Glauben näherbringen. Und sie kann Menschen anderer Konfessionen den Zugang zum Christentum erleichtern.

Voller Optimismus schreibt Jean-Yves Leloup gegen Ende seines Kommentars zum Evangelium der Maria (Seite 218): »Ist das nicht ein weiterer Größenwahn, eine bloße Utopie? Mußte man dieses Evangelium zuerst dem Wüstensand und dann den Bibliotheken und dem Ruhm der Gelehrten entreißen, um es am Ende des zwanzigsten Jahrhunderts in die Straßen und Städte zu tragen? Manche sehen darin das Evangelium, das wir erwarteten, das die Thora, das Christentum, den Islam vollendet, aber noch einen Schritt weiter geht, über die Dualismen hinaus, an die uns Gesellschaften, Kirchen und Religionen gewöhnt haben.

Sollte das Maria-Evangelium wirklich das Evangelium des dritten Jahrtausends sein, das uns helfen könnte, den Übergang zu schaffen?«

Das dritte Jahrtausend hat begonnen. Noch kann nicht die Rede davon sein, daß das Evangelium nach Maria Magdalena bereits »in die Straßen und Städte getragen« wurde. Aber das Interesse an Maria Magdalena war noch nie so groß wie heute. Hoffentlich wird das Evangelium nach Maria Magdalena von möglichst vielen Laien gelesen. Und hoffentlich versuchen viele Christen, den wichtigen Text selbst zu verstehen, und lassen sich nicht von Theologen vorsagen, was sie über dieses Evangelium zu denken haben.

»Zweifel kommen nur dem,
der nach Wahrheit fragt.«
Günther Weber

Nachwort:
Maria Magdalena – eine moderne Frau

Maria Magdalena wurde verdrängt und vertrieben. Petrus trat die Nachfolge Christi an. Nach und nach wurde die christliche Kirche nur noch von Männern geleitet. Dabei verdankt die christliche Kirche ihren Aufstieg von der bedeutungslosen kleinen jüdischen Sekte zu einer der großen Weltreligionen dem selbstlosen Einsatz von Frauen.

Im 1. Brief des Paulus an Timotheus (Kapitel 3) schildert Paulus die Voraussetzungen für das Amt des Bischofs und des Diakons. Von Zölibat ist nicht die Rede, im Gegenteil! Ein Bischof, so fordert Paulus, darf nicht nur verheiratet sein – er muß es sogar (Vers 2): »Darum soll ein Bischof unsträflich sein, eines Weibes Mann.« Seine Kinder, so Paulus weiter (Vers 4), »halte er im Gehorsam«.

Paulus nennt keine Bedingungen, die von Bischöfinnen erfüllt werden mußten. Und doch hat es in der jungen christlichen Kirche neben Bischöfen auch Bischöfinnen gegeben. Es bedarf allerdings geradezu detektivischen Spürsinns, um sie in den Schriften des Neuen Testaments ausfindig zu machen. Die Sprachforscherin Joan Morris (»The Lady was a Bishop«) entschlüsselte eine scheinbar freundliche Anrede als verschleierte Amtsbezeichnung. Der zweite Brief des Johannes beginnt mit der Anrede: »Der Älteste an die auserwählte Herrin und ihre Kinder …«

Hinter der »auserwählten Herrin« verbirgt sich, so John Morris, eine »Aufseherin« einer christlichen Gemeinde – eine Bischöfin. Wie viele Bischöfinnen mag es gegeben haben? Wohl einige. Man hat sie im Zuge der »Vermännlichung« der Kirche wohl schnell aus den Schriften verdrängt.

Für die Verbreitung des christlichen Glaubens waren die Diakone oft wichtiger als die Bischöfe. Wurden doch Diakone in die entlegensten Gefilde gesandt, um dort das Wort Gottes zu verkünden. Ohne sie gab es keine Verbreitung der Lehre, also auch keine Bischöfe. Ursprünglich durften Frauen wie Männer Diakone sein – und das in einer extrem patriarchalisch dominierten Welt. Erst mit Hilfe eines kleinen »Übersetzungstricks« wurde auch das Amt des Diakons eine reine Männerdomäne.

Im 1. Brief des Paulus an Timotheus (Kapitel 3, Verse 8–13) faßt Paulus die Voraussetzungen für das Amt eines Diakons zusammen. Zunächst geht es ganz allgemein um Grundsätzliches (Kapitel 3, Vers 8 und 9): »Desgleichen sollen die Diakone ehrbar sein, nicht zweizüngig, nicht dem Wein ergeben, nicht schändlichen Gewinn machen, sondern das Geheimnis des Glaubens in reinem Gewissen haben.«

Dann geht es um Diakoninnen (Vers 11): »Desgleichen die Frauen: sie sollen ehrbar sein, nicht Lästerinnen, nüchtern, treu in allen Dingen.« Schließlich wendet sich Paulus männlichen Diakonen (Vers 12) zu und erteilt erneut dem Zölibat eine Absage: »Die Diakone laß einen jeglichen sein eines Weibes Mann, ihren Kindern wohl vorstehen …«

Luther wollte vom Zölibat nichts wissen, also beließ er die deutlichen Absagen an die Zwangsehelosigkeit von Diakonen und Bischöfen im Text. Aber Frauen im Amt des Diakons konnte er nicht ertragen. Also griff er ein. Sein Übersetzungstrick ist so einfach wie wirksam. Paulus schildert, welche moralischen Anforderungen Frauen erfüllen müssen, wenn sie Diakonin werden wollen. Luther macht daraus durch eine kleine Abänderung Anforderungen an die Frauen der Diakone. Im Original steht »desgleichen die Frauen«, bei Luther wird daraus »desgleichen ihre Frauen«.

Nachdem Luther durch eine falsche Übersetzung Frauen das Amt des Diakons versagte, durften natürlich auch keine Diakoninnen mehr im Text des Neuen Testaments auftauchen. Wieder schummelte er gezielt bei der Übersetzung.

Im Brief des Paulus an die Römer heißt es im griechischen Original (Kapitel 16, Vers 1): »Ich befehle euch unsere Schwester Phöbe, welche ist Diakon(in) in der Gemeinde zu Kenchereä.« Luther läßt das Wort Diakon verschwinden und degradiert Phöbe zur einfachen Bediensteten: »Ich befehle euch unsere Schwester Phöbe, welche ist im Dienste der Gemeinde zu Kenchereä.« So wurde bei Luther aus einer Frau, die ein äußerst wichtiges Amt bekleidete, eine subalterne Dienstmagd.

Man sieht: In einer patriarchalischen Welt, in der Frauen dienstbar zu sein hatten, paßte Luther das Neue Testament seinen Vorstellungen an. Er suchte also nicht nach Erkenntnis – Gnosis. Vielmehr glaubte er die Wahrheit bereits zu kennen und veränderte biblische Texte in Sinne seiner Vorstellung von der Wirklichkeit. Anstatt nach Erkenntnissen in den Texten zu suchen, zwang er seine Ansichten den Texten auf.

In der Wirklichkeit Luthers hatte auch eine Jüngerin Maria Magdalena keinen Platz. Zwar dürfen Frauen in der protestantisch-evangelischen Kirche als Pfarrerinnen predigen, doch in der Regel müssen auch sie eine rein männliche Theologie vertreten.

Auch zu Beginn des dritten nachchristlichen Jahrtausends wird Maria Magdalena immer noch keine Gerechtigkeit zuteil. Sie aber muß endlich rehabilitiert werden und die Anerkennung finden, die sie verdient: als die Gefährtin, Geliebte und – wahrscheinlich – Ehefrau Jesu.

Günter Weber, der als Direktor des Katechetischen Instituts Aachen mit der Ausbildung von Religionslehrerinnen und Religionslehrern beauftragt war, forderte in seinem Werk »Ich glaube, ich zweifle«: »Alles Lebendige muß immer wieder seine alte Gestalt hinter sich lassen, um in neuer Gestalt weiterleben zu können. Sonst bleibt es nicht lebendig. Dem Glauben geht es nicht anders.«

Manchmal muß aber der Glaube Verfälschungen ablegen und zu seiner alten, ursprünglichen Form zurückfinden. Im konkreten Fall ist es unbedingt erforderlich, daß Maria Magdalena als Apostelin der Apostel anerkannt wird. Mit ihr könnte die über fast zwei Jahrtausende verdrängte weibliche Seite des Christentums den christlichen Glauben endlich wieder vollständig werden lassen.

Literaturverzeichnis

Das vorliegende Sachbuch »Maria Magdalena – Die Wahrheit über die Geliebte Jesu« basiert auf einer jahrzehntelangen, umfangreichen und intensiven Beschäftigung mit der Entstehungsgeschichte der biblischen Schriften und des Christentums.

Um die Lektüre möglichst lesefreundlich und das Buch übersichtlich zu gestalten, wurde auf umfangreiche Fußnoten verzichtet. Die wichtigsten Literaturhinweise wurden direkt in den laufenden Text eingefügt.

»Maria Magdalena – Die Wahrheit über die Geliebte Jesu« stützt sich in besonderem Maße auf biblische Texte sowie auf »verbotene Evangelien«, also auf Schriften, die nicht in den Kanon des Neuen Testaments aufgenommen wurden.

Von ganz besonderer Wichtigkeit sind folgende Quellen, deren Lektüre dem interessierten Leser empfohlen wird:

Altes Testament/gute Übersetzungen

Die vierundzwanzig Bücher der Heiligen Schrift, übersetzt von Leopold Zunz, Victor Goldschmidt Verlag, Basel

Die fünf Bücher der Weisung, verdeutscht von Martin Buber gemeinsam mit Franz Rosenzweig, Jakob Hegner, Köln und Olten

Bücher der Kündung, verdeutscht von Martin Buber gemeinsam mit Franz Rosenzweig, Jakob Hegner, Köln und Olten

Bücher der Geschichte, verdeutscht von Martin Buber gemeinsam mit Franz Rosenzweig, Jakob Hegner, Köln und Olten

Die Schriftwerke, verdeutscht von Martin Buber, Lambert Schneider, Heidelberg

Neues Testament/Die vier Evangelien

Aland, Kurt (Herausgeber): Synopse der Evangelien/Griechisch-Deutsche Ausgabe der Synopsis Quattuor Evangelicorum, Stuttgart 1989

Wichtige apokryphe Schriften

Daniel-Rops, Henri (Herausgeber): Die apokryphen Evangelien des Neuen Testaments, Zürich 1956
Dietzfelbinger, Konrad: Apokryphe Evangelien aus Nag Hammadi, Andechs 1988
Dietzfelbinger, Konrad: Schöpfungsberichte aus Nag Hammadi, Andechs 1989
Leloup, Jean-Yves: Das Evangelium der Maria, München 2004
Lüdemann, Gerd, und Janßen, Martina: Bibel der Häretiker – Die gnostischen Schriften aus Nag Hammadi, Stuttgart 1997
Meyer, Marvin: The Gospels of Mary, New York 2004
Nagel, Peter (Übersetzer): Der Tractatus Tripartitus aus Nag Hammadi, Codex I, Tübingen 1998
Pfabigan, Alfred: Gottes verbotene Worte/Was die Bibel verschweigt, erweiterte Auflage, Frankfurt 1991
Robinson, James M. (Herausgeber): The Nag Hammadi Library in English, San Francisco 1988
Schindler, Alfred (Herausgeber): Apokryphen zum Alten und Neuen Testament, Zürich 1993
Schneemelcher, Wilhelm (Herausgeber): Neutestamentliche Apokryphen, Band 1, Evangelien, 6. Auflage, Tübingen 1990
Schneemelcher, Wilhelm (Herausgeber): Neutestamentliche Apokryphen, Band 2, Apostolisches, Apokalyptisches und Verwandtes, 5. Auflage, Tübingen 1989

Zu den einzelnen Kapiteln empfehle ich nachfolgende Werke, die eine intensivere Auseinandersetzung mit meinen Thesen ermöglichen:

1. Maria Magdalena – von Golgatha zum Felsengrab

Adam, Gottfried u. a.: Jesu Gleichnisse, Passion und Auferstehung, Gütersloh 2002
Hesemann, Michael: Die stummen Zeugen von Golgatha. Die faszinierende Geschichte der Passionsreliquien Christi, München 2002
Hoppe, Rudolf: Jesus/Von der Krippe an den Galgen, Stuttgart 1996
Lemke, Uwe: Das Kreuz als Lebensmotiv. Frauenschicksale um das Mysterium von Golgatha, Stuttgart 2002
Malvern, Marjorie M.: Venus in Sackcloth, Carbondale 1975
Stuhlmacher, Peter: Was geschah auf Golgatha, Stuttgart 1998

2. Maria Magdalena schrieb das Evangelium nach Johannes

In diesem Kapitel wird – auch – die Abendmahlsdarstellung von Kirchbrak behandelt. Umfangreiche Informationen zur Kirche von Kirchbrak werden auf der empfehlenswerten Homepage in Wort und Bild geboten: http://www.st.michael-kirchbrak.de

Boer, Esther A. de: Mary Magdalene and the Disciple Jesus Loved, Manuskript
Brown, Raymond E.: The Community of the Beloved Disciple, New York 1979
Brown, Raymond E.: The Gospel According to John, New York 1970
Jusino, Ramon K.: Mary Magdalene: Author of the Fourth Gospel?, Manuskript
Langbein, Walter-Jörg: Das Sakrileg und die Heiligen Frauen, Berlin 2006
Langbein, Walter-Jörg: Das Lexikon der Irrtümer des Neuen Testaments, München 2004

Mohri, Erika: Frauenbilder in Evangelientexten des 1. bis 3. Jahrhunderts, Marburg 2000
Ruschmann, Susanne: Maria von Magdala im Johannesevangelium/ Jüngerin, Zeugin, Lebensbotin, Neutestamentliche Abhandlungen, Folge 40, Münster 2002

3. Maria Magdalena, Jesus und die »Heilige Hochzeit«

Conzelmann, Hans: Geschichte des Urchristentums, Göttingen 1989
Cronenburg, Petra von: Schwarze Madonnen, München 1999
Eliade, Mircea: Das Heilige und das Profane, Hamburg 1957
Fraenger, Wilhelm: Die Hochzeit zu Kana. Ein Dokument semitischer Gnosis bei Hieronymus Bosch, Berlin 1950
Zingsem, Vera: Der Himmel ist mein, die Erde ist mein, Tübingen 1997

4. Der Heilige Geist, Maria Magdalena und Jesus

Andia, Ysabel de, und Hofrichter, Peter Leander: Der Heilige Geist im Leben der Kirche, Innsbruck 2005
Hahn, Udo: Heiliger Geist, Gütersloh 2001
Ohlig, Karl-Heinz: Ein Gott in drei Personen, Mainz, Luzern 1999
Schneider, Herbert: Das franziskanische Verständnis des Wirkens des Heiligen Geistes in Kirche und Welt, Mönchengladbach 2006
Smith, Morton: Auf der Suche nach dem historischen Jesus, Berlin 1974
Stahl, Heidrun: Hinweise auf die Kirche von Urschalling in persönlichem Brief vom 29.3.2006

5. Maria Magdalena, Jesus und die Entscheidung in der Wüste

Fichtner, Rudolf: Taufe und Versuchung Jesu in den Evangliorum libri quattuor des Bibeldichters Juvencus, Stuttgart 1994

Lamsa, George M.: Die Evangelien in aramäischer Sicht, Gossau 1963
Neugebauer, Fritz: Jesu Versuchung, Tübingen 1986
Thielicke, Helmut: Zwischen Gott und Satan/Die Versuchung Jesu, Mannheim 1987

6. Maria Magdalena, der Messias und ihre Magie

Kollmann, Bernd: Neutestamentliche Wundergeschichten, Stuttgart 2002
Kollmann, Bernd: Jesus und die Christen als Wundertäter, Göttingen 1996
Lüdemann, Gerd: Jesus nach 2000 Jahren, Lüneburg 2000
Mensching, Gustav: Das Wunder im Glauben und Aberglauben der Völker, Leiden 1957
Mertens, Heinrich A.: Handbuch der Bibelheilkunde, Düsseldorf 1966
Öhler, Markus: Elia im Neuen Testament, Berlin 1997
Röhrig, Michael: Das Evangelium Jesu/Eine andere Lesart des Neuen Testaments, Norderstedt 2004
Schneemelcher, Wilhelm: Neutestamentliche Apokryphen, Tübingen 1990, S. 349–359, Kindheitserzählung des Thomas
Temporini, Hildegard und andere: Aufstieg und Niedergang der römischen Welt, 3 Teile in Einzelbänden, Berlin 1992
Theißen, Gerd, und Merz, Annette: Der historische Jesus, 3., durchgesehene und um Literaturnachträge ergänzte Auflage, Göttingen 2001

7. Maria Magdalena und das wahre Sakrileg

Baker, Warren, und Carpenter, Eugene: The Complete Word Study Dictionary Old Testament, Chattanooga 2003
Brock, Ann Graham: Mary Magdalene, The First Apostle, Cambridge 2003

Leloup, Jean-Yves: Das Evangelium der Maria, München 2004
Panikkar, Raimon: Gottes Schweigen/Die Antwort des Buddha für unsere Zeit, München 1972
Toorn, Karel van der, und andere (Herausgeber): Dictionary of Deities and Demons in the Bible, Leiden, Boston, Köln 1999
Zimmer, Heinrich: Joga und Buddhismus/Indische Sphären, Frankfurt 1973

Nachwort: Maria Magdalena – eine moderne Frau

Grünewald, Hans-Walter: Glaube mit Vernunft, Norderstedt 2005
Weber, Günther: Ich glaube, ich zweifle, Zürich und Düsseldorf 1996

Die folgenden Werke waren von ganz besonderer Bedeutung für die Erarbeitung von »Maria Magdalena – Die Wahrheit über die Geliebte Jesu«.

Sie können herangezogen werden, um nachzuvollziehen, auf welche Fakten sich der Autor stützt. Sie sind aber auch höchst hilfreich bei einer weiterführenden Auseinandersetzung mit den Gedanken des Verfassers. Sie enthalten zudem zusätzliche Belege für die Thesen des Verfassers, auf die im Buch aus Gründen der Übersichtlichkeit verzichtet werden mußte. Sie hätten sonst den Rahmen des Buches gesprengt. Die angeführten Werke enthalten in der Regel wiederum Literaturverzeichnisse mit zusätzlichen weiterführenden Werken. So können weitere Werke eruiert werden, die ein noch intensiveres Beschäftigen mit den teilweise durchaus kontroversen Themen des vorliegenden Werkes ermöglichen.

Berlinghof, Regina: Mirijam/Maria Magdalena und Jesus, Eschborn 1998
Bornkamm, Günther: Jesus von Nazareth, Stuttgart 1995
Brock, Ann G.: Mary Magdalene, the first Apostle, Harvard 2003
Bultmann, Rudolf: Geschichte der synoptischen Tradition, Göttingen 1958

Campbell, Joseph: Die Masken Gottes, Band 3, Mythologie des Westens, Basel 1991
Crossan, John D.: Was Jesus wirklich lehrte: die authentischen Worte des historischen Jesus, München 1997
Derlon, Pierre: Die Gärten der Einweihung, Basel 1991
Deschner, Karlheinz: Das Kreuz mit der Kirche/Eine Sexualgeschichte des Christentums, 2. Auflage, Düsseldorf 1974
Eller, Cynthia: Living in the Lap of the Goddess, New York 1993
Frankenberg, Gisela von: Kulturvergleichendes Lexikon, Bonn 1985
Freeke, Timothy: Jesus and the Lost Goddess, New York 2001
Graves, Robert von Ranke, und Patai, Raphael: Hebräische Mythologie, Reinbek bei Hamburg 1990
Hartenstein, Judith, und Petersen, Silke: Das Evangelium nach Maria/Maria Magdalena als Lieblingsjüngerin und Stellvertreterin Jesu, in: Schottroff, Luise und Wacker, Marie-Theses (Herausgeber): Kompendium Feministische Bibelauslegung, Gütersloh 1998
Haskins, Susan: Mary Magdalena, London 1993
Hengel, Martin: Die Zeloten, Leiden, Köln 1976
Heussi, Karl: Kompendium der Kirchengeschichte, Tübingen 1976
Janßen, Martina: Apokryphe Jesustraditionen; in: Lüdemann, Gerd: Jesus nach 2000 Jahren, Lüneburg 2000
Katechismus der katholischen Kirche, München 1993
König, Eduard: Hebräisches und aramäisches Wörterbuch zum Alten Testament, Leipzig 1922
Langbein, Walter-Jörg: Lexikon der biblischen Irrtümer, Berlin 2006
Langbein, Walter-Jörg: Die Geheimnisse der sieben Weltreligionen, Berlin 2005
Langbein, Walter-Jörg: Lexikon der Irrtümer des Neuen Testaments, München 2004
Lapide, Pinchas: Ist die Bibel richtig übersetzt?, Band 2, Gütersloh 1994
Lüdemann, Gerd: Jesus nach 2000 Jahren, Lüneburg 2000
Markale, Jean: The Church of Mary Magdalene, Rochester 2004

Meyer, Marvin: The Gospels of Mary/The Secret Tradition of Mary Magdalene the Companion of Jesus, San Francisco 2004
Päpstliche Bibelkommission: Über die geschichtliche Wahrheit der Evangelien, Instruktion der Päpstlichen Bibelkommission vom 21.4.1964, Klosterneubuurg 1965
Picknett, Lynn, und Prince, Clive: The Templar Revelations, New York 1998
Reimarus, Hermann Samuel (Herausgeber: Gotthold E. Lessing): Von dem Zwecke Jesu und seiner Jünger, Braunschweig 1778
Rost, Leonhard: Einleitung in die alttestamentlichen Apokryphen und Pseudepigraphen einschließlich der großen Qumran-Handschriften, Heidelberg 1979
Sjöö, Monica: Wiederkehr der Göttin/Die Religion der großen kosmischen Mutter und ihre Vertreibung durch den Vatergott, Braunschweig 1985
Smith, Morton: Auf der Suche nach dem historischen Jesus, Berlin 1974
Starbird, Margaret: The Goddess in the Gospels, Rochester 1998
Stone, Merlin: Als Gott eine Frau war/Die Geschichte der Urreligionen unserer Kulturen, München 1989
Thomas, Gordon: The thirteenth disciple, Tempe 2001
Twelftree, Graham H.: Jesus: The Miracle Worker, Grand Rapids 1999
Walker, Barbara G.: Das Geheime Wissen der Frauen, Frankfurt 1993
Weidel, Karl: Jesu Persönlichkeit, Halle 1908
Zürner, Bernhard: Paulus ohne Gott, Bonn 1996

Last but not least gilt mein Dank dem Schriftsteller Jacques Bergier sowie den Professoren Dr. Ernst Bammel (Theologie), Dr. Georg Fohrer (Theologie) und Dr. Hans Schindler-Bellamy (Archäologie), deren persönliche Mitteilungen ich wiederholt zitiert habe.

»Man muß sich die Kunden des Aufbau-Verlages als glückliche Menschen vorstellen.«

SÜDDEUTSCHE ZEITUNG

Streifzüge mit Büchern und Autoren:
Das Kundenmagazin der Aufbau Verlagsgruppe erhalten Sie kostenlos in Ihrer Buchhandlung und als Download unter www.aufbau-verlag.de. Abonnieren Sie auch online unseren kostenlosen Newsletter.

aufbau
VERLAGSGRUPPE

Walter-Jörg Langbein
Das Sakrileg und die Heiligen Frauen
Das Geheimnis um die Nachkommen Jesu
231 Seiten
ISBN 3-7466-8141-3

Hatte Jesus Kinder?

Was ist der »Heilige Gral«? War Maria Magdalena Jesu Geliebte oder Ehefrau? Die Wahrheit findet sich versteckt in der Bibel. Walter-Jörg Langbein, ein renommierter Religionswissenschaftler, hat sich auf Spurensuche begeben. Er zeigt auf, wie die Heiligen Frauen in der Kirchengeschichte zurückgedrängt wurden und die Männer die Herrschaft übernahmen. Anschaulich und packend dargestellt – die Hintergründe von Dan Browns Weltbestseller »Das Sakrileg«.

Mehr von Walter-Jörg Langbein:
Lexikon der biblischen Irrtümer. AtV 8140
Die Geheimnisse der sieben Weltreligionen. ISBN 3-352-00656-3

Mehr Informationen erhalten Sie unter
www.aufbau-verlag.de oder in Ihrer Buchhandlung

aufbau taschenbuch
AUFBAU VERLAGSGRUPPE

Die Schein-Heiligen: Bücher über Kirche und Vatikan

HORST HERRMANN
Die heiligen Väter
Päpste und ihre Kinder
Immer noch ein Tabu der Kirchengeschichte: Viele Päpste haben, bei gleichzeitiger Betonung der Zölibatspflicht, Kinder gezeugt und sie nach Kräften gefördert. Für Papstkinder wurden auf Kosten der Kirche Hochzeiten ausgerichtet, der Nachwuchs wurde sogar in höchste Positionen gehievt. Verschiedene anerkannte Päpste waren selbst Söhne früherer in den offiziellen Listen geführter Päpste. Horst Herrmann, renommierter Religionssoziologe aus Münster, weist nach, daß es 50 eher unheilige Väter auf dem Papststuhl gab. Hochspannende, amüsante Kirchengeschichte der ganz anderen Art.
Roman. 299 Seiten. AtV 8110-3

HORST HERRMANN
Sex und Folter in der Kirche
2000 Jahre Folter im Namen Gottes
Herrmann zeigt die dunkle Seite des christlichen Glaubens: die Anfälligkeit vieler Männer in der Kirche für Barbarei und Folter. Die strenge Morallehre der Kirche leitete das natürliche Verlangen nach Sexualität um in die Lust an Hexenjagden, Martern und dunklen Obsessionen. Nicht zufällig treten nur Männer als Täter auf, Frauen finden sich ausschließlich auf seiten der Opfer. Ein immer noch erschreckend aktuelles Buch.
Roman. 352 Seiten. AtV 8130-8

DISCEPOLI DI VERITA
Ihr habt getötet
Der Machtkampf der Logen im Vatikan
Am 4. Mai 1998 findet man unweit der Privatgemächer des Papstes drei Leichen: Alois Estermann, Oberstleutnant der Schweizergarde, seine Ehefrau und Vizekorporal Cédric Tornay. Die vatikanische Polizei sowie die Staatsverwaltung vertuschen den Vorfall. Immer neue Versionen des Tathergangs und Halbwahrheiten bestimmen die Berichterstattung. In diesem Buch bricht eine Gruppe Geistlicher und Laien innerhalb des Vatikans ihr Schweigen.
Roman. 244 Seiten. AtV 8122-7

I MILLENARI
Wir klagen an
Zwanzig römische Prälaten über die dunklen Seiten des Vatikans
Ein Buch sorgt in der katholischen Welt für Aufsehen. Erstmalig beschreiben hohe Beamte aus dem Innern des Vatikans die Zustände an seiner Spitze. Das heilige Amt als Pfründe, die Intrige als Machtinstrument und ein bißchen Heiliger Geist zur Verbrämung – von irdischen Lüsten ganz abgesehen: so die Vorwürfe der Autoren. Sie fordern dagegen die radikale Läuterung der Kirche.
Roman. 342 Seiten. AtV 7030-6

Mehr unter
www.aufbau-verlagsgruppe.de
oder bei Ihrem Buchhändler

aufbau taschenbuch
AUFBAU VERLAGSGRUPPE

Fred Vargas
Der vierzehnte Stein
Kriminalroman
Aus dem Französischen
von Julia Schoch
479 Seiten
ISBN 3-7466-2275-1

Vargas macht süchtig

Nach sieben erfolgreichen Kriminalromanen, unter anderem ausgezeichnet mit dem Deutschen Krimipreis, nun der nächste große Wurf der Bestsellerautorin: Durch Zufall stößt Adamsberg auf einen gräßlichen Mord. In einem Dorf wird ein Mädchen mit drei blutigen roten Malen gefunden, erstochen mit einem Dreizack. Eines ähnlichen Verbrechens wurde einst sein jüngerer Bruder Raphaël verdächtigt. Doch seitdem sind 30 Jahre vergangen, der wirkliche Mörder ist längst begraben. Wer also mordet weiter mit gleicher Waffe? Für Adamsberg beginnt ein atemloser, einsamer Lauf gegen die Zeit und er wird selbst zum Gejagten.

»Ein Krimi, so atemlos wie fesselnd.« ELLE

Mehr von Fred Vargas (Auswahl):
Der vierzehnte Stein. Lesung. DAV 3-89813-515-2
Fliehe weit und schnell. AtV 2115-1
Die schöne Diva von Saint-Jacques. AtV 1510-0
Als Kriminalhörspiel. DAV 3-89813-180-7
Es geht noch ein Zug von der Gare du Nord. AtV 1512-7
Als Kriminalhörspiel DAV 3-89813-312-5

Mehr Informationen erhalten Sie unter
www.aufbau-verlag.de oder in Ihrer Buchhandlung

aufbau taschenbuch
AUFBAU VERLAGSGRUPPE